W I Z A R D

WIZARD BOOK SERIES Vol. 86

バン・K・タープ＋D・R・バートン・ジュニア
＋スティーブ・ジュガード［著］
柳谷雅之［監修］　井田京子［訳］

魔術師たちの投資術

経済的自立を勝ち取るための安全な戦略

Safe Strategies for Financial Freedom

Pan Rolling

監修者まえがき

本書は安全な投資戦略によって経済的自立を達成するまでのステップを具体的かつ詳細に記述した“Safe Strategies for Financial Freedom”の邦訳である。バン・K・タープ博士の前作である『魔術師たちの心理学——トレードで生計を立てる秘訣と心構え』(パンローリング)はシステムトレーディングに関する絶好の教科書であったが、本書は経済的自立に焦点を当て、だれもが実行可能な投資戦略と資産を守るノウハウに満ちた内容になっている。

読者の多くは年金などに頼らずに経済的自立を実現することは難しいと考えることと思う。簡単に思いつく方法は、利子や配当だけで生活することだが、これには巨額の資産が必要となってしまう。本書は、何億という資産を築かなくとも、発想の転換と年十数パーセントの運用能力(あるいはそれ相当の不労所得)さえあれば、経済的自立が実現できることを教えてくれる。

本書を読むことによって、これまで雲の上の存在だったものが、努力すれば手が届くかもしれないというレベルにまで近づくことだろう。経済的自立を目標としなくとも、本書を通して伝授される数々のノウハウは、投資の実践においてとても役に立つはずだ。

翻訳を担当した井田京子氏、編集・校正を担当した阿部達郎氏には感謝の意を表したい。両氏の偉業なしには本書を日本に送り出すことはできなかったであろう。また本書をタイムリーにリリースできたのは後藤康徳氏の英断のおかげである。

タープ博士は経済的自立を実現するための一番の鍵となるのは自分自身だと教えている。「自分の人生は自分でコントロールできる」とは、何と心強い言葉だろう。監修者もこれまでを振り返り考えると、博士に百パーセント賛同したい。

読者もいつの日か経済的自立を達成し、新しい人生を手にすることを願って止まない。

2005年２月

柳谷雅之

本書を、この本の発行を可能にしてくれた筆者の天使たちに捧げる。天使たちの名は、アナ、キャシー、カーラ、クリスティー、メリタ、ナンティビニ、そしてタミカ。筆者にとって特別な存在であるあなたたちがいなければ、この本を完成することはできなかっただろう。
――バン・K・タープ

私の人生は、主イエス・キリストの下にあり、私の心は私の人生に真実の愛を与えてくれるキャシー、メグ、ジョッシュの下にある。そして、私を常に愛し、信じてくれた父と母には感謝を捧げ、すべての人に本書を捧げる。
――D・R・バートン・ジュニア

私の仕事を信じ、投資の世界をへの扉を開いてくれた人たちに本書を捧げる。新しい順に、ポーター・スタンズベリー、ジョエル・ナゲル、ジュリア・ガス、ビル・ボナー、クリス・フォスター、フォード兄弟、アンドリュー・ウエスト、アレックス・グリーン、ディエゴ・ビティア、ビル・オリンジャー、そしてブレンダ・ビーティ、あなたがたの助けがなければ、今の私はあり得ない。本当にありがとう。
――スティーブ・ジュガード

CONTENTS 目次

CONTENTS

CONTENTS

CONTENTS 目次

謝辞

筆者が最初に書いた２冊の本のタイトルには、両方とも「financial freedom（経済的自立）」という言葉が入っている。そのため、これを見た人から「トレードで経済的に自立なんてできるのか」「そもそも経済的に自立するとはどういうことで、何人が実現したのか」などという質問をずいぶんされた。もし「経済的自立」を、例えば十億ドル単位の大金を稼ぐことだと定義してしまうと、これはほとんど不可能だろう。しかし、もしこれを「もう二度と仕事をしなくてよいこと」と考えれば、ほぼだれにでも可能になる。本書は、仕事をやめて投資によって生計を立てながら、人生を楽しんでいる多くの人たちに捧げたい。自立を達成した彼らは筆者に力を与えてくれている。

マクグロウヒルと本書の出版について最初に話をしたときは、以前出版した『魔術師たちの心理学』（パンローリング）の簡易版のようなイメージがあって、あまり乗り気がしなかった。しかし、よき友人であるＤ・Ｒ・バートン・ジュニアが一部を書いてくれることになった。もし彼の協力がなければ、本書が刊行されることはなかったと思う。

書き進めていくうちに、読者がいつ、どのような状況でどのような戦略を用いればよいかを判断するためのモデルが必要になった。そこで、この手のモデルに関して非常に詳しいスティーブ・ジュガードに加わってもらうことにした。彼は期待どおり、素晴らしい貢献をしてくれた。

不動産の天才であるジョン・バーリーとは、お互いのセミナーに参加したり、一緒に『インフィニット・ウエルス』（無限の富）という講義テープを作ったりしている。彼は非常に面白い考えを持っているだけでなく、有言実行の人でもある。多くの人が高リターンなど不可能だと思っているが、バーリーは最低40％のリターン（キャッシュフロー）が見込めなければ契約書にサインしない。そして、実際にそのような契約を1000件以上結んでいる。彼が本書のために１章を書いてくれることに承諾してくれたときは、本当にわくわくした。

ジャスティン・フォードとは、友人のボブ・メイヤーを通じて知り合った。フォードが親を対象にしたプログラムで、子供を大学を出てすぐに経済的に自立できるようにさせる方法について教えていると聞いて非常に興奮したのを覚えている。彼の書いた章は、子供たちのお金に対する考えに大きな影響を与えるだろう。フォードの教えに感謝するとともに、すべての子供たちが自分の好きなことをしながら、経済的に自立できるようになることを願っている。

本書の外国不動産に関する部分に協力してくれたキャサリン・ペディコードは、自分の枠の外にもたくさんのチャンスがあるということを示してくれた。素晴らしい貢献をありがとう。

ブルース・デュ・ブ、ケン・ロング、ジョン・モールディンの３人も、まる１章分の原稿を書いてくれた。残念ながら長さの関係で本書に載せることはできなかったが、３人の協力と資料の提供（本書の補足情報として、無料で公開することに同意してくれた）、そして素晴らしい友情に深く感謝している。

また、書き損じやミスが満載の草稿を読んでくれた人たちにも、特別にお礼を述べたい。なかでも、ごく初期の原稿を読んでくれたジョン・マーティンのコメントによって、当初の資料の多くを廃棄し、本書の現在の形が出来上がった。また、最終原稿のチェックには、ロン・イシバシとサラ・リッチが驚異的な手腕を発揮してくれた。そして、バラージとミーナ・アガーワルは、手書きの草稿を判読可能な形に直すためのさまざまな協力をしてくれた。

プロのライターで、読者を引きつけるコピーを考える才能を持つマイク・パルマーも、草稿の段階で大きな貢献をしてくれた。分かりにくい個所を指摘し、読みやすくするためのさまざまなアドバイスには本当に助けられた。ありがとう。

IITM（インターナショナル・インスティチュート・オブ・トレーディング・マスタリー）のスタッフにも感謝している。あなたがたがいなければ、本書を書くことはできなかった。あなたがたのおかげで、筆者は自分の好きなことであり、得意なことでもある書くという作業を行う時間を手に入れることができた。メリタ・ハントとアナ・ウォールはいつも新しいアイデアを出し、それを強い意志で実現してきた。書くのが得意なメリタは、本書にもいくつかの素晴らしいアドバイスをしてくれた。キャシー・ハッチー、タミカ・ウィリアムス、ドリーン・ドゥブロック、クリスティー・バーボーもみんな原稿に目を通して有益なアドバイスをしてくれた。

グレッグ・ゴデックは、読者がわくわくしながら読み進めていけるような構成になるように工夫を凝らしてくれた。彼の協力と、本書の販売にかかわってくれた全員に感謝している。

また、マクグロウヒルの編集者各氏にも大いに助けてもらった。スティーブ・イザックスはこのプロジェクトの進行を助け、ジュリア・アンダーソン・バウアーは最終原稿の編集とさまざまな手助けをしてくれた。

最後に、本書で紹介したエピソードを提供してくれた人たちにも感謝したい。プライバシーを考慮して名前は変えてあるが、だれのことかは分かると思う。たくさんの人がこれらの話をヒントにして同じような成功を手にすることになれば嬉しい。

そして、ここに記すことのできなかった多くの人たちの貢献にも深い感謝の意を捧げたい。

バン・K・タープ

バン・タープと知り合ってから何年もたつが、その間、われわれの関係は顧客、知人、親しい友人と発展していった。タープの見識がなければ、本書がこのような形に発展することはなかっただろう。

ブライアン・アランデルは、本書の編集のために彼の時間と才能を惜しみなく発揮してくれた。本書のメッセージを明確にしてそれを形作り、機能するようにしてくれたアランデルは、真のプロだと思う。タイムリーな協力をありがとう。

筆者の滞りがちになペンを何度も動かしてくれたジョン・マーチンの時間とエネルギーにもとても感謝している。一級の頭脳を持ち、思いやりのある友人でもあるマーチンを心から尊敬している。このような友人を持てることは、筆者の誇りでもある。

ジョン・リドルの技術と経験によって、筆者は出版業界を大分理解することができた。才能を開花させながら仕事をしている友人とともに仕事をするのは、非常に楽しい経験だった。

D・R・バートン・ジュニア

著者全員から、本書の販売にかかわったアントワネットとジャレッド・クーリッツおよびベロニカ・バーンサイドにも感謝の意を表したい。

仕事をやめる方法——それも永遠に！

Preface : How You Can Quit Working--Forever!

「十分が十分であることはけっしてない」
——フェリンギ人、金儲けの秘訣第97条

経済的な自立は可能である。そしてこれを達成すれば、さまざまな可能性が開けてくる。仕事をやめることだってできるし、収入のため会社に頼る必要もなくなる。だから、そりの合わない上司の命令に従わなくてすむし、通勤地獄からも解放される。そして、何より重要なのは、自分の好きなことを始められることだろう。家族や友人と過ごす時間も増える。できれば、新たに得た時間の一部をほかの人のために使ってもらえばなお嬉しい。また、本書をヒントにして自由になった時間の一部で、新たな投資チャンスを見つけたくなるかもしれない。

経済的な自立は、手の届くところにある。これは、最低賃金で働いて毎日のやりくりに苦しんでいる労働者でも、仕事が楽しくてたまらないエリートでも変わらない。いずれにしても、２～３年で経済的自立を確保する方法を習得することができるだろう。実際、節約型のライフスタイルを会得した人ほど、自立は楽に達成できる。本書では、この方法を詳しく説明していくが、これはクーポンを集めたり、１セント単位の節約をしようというのではない。経済的自立は、現在のライフスタイルを維持しつつ（あるいはそれを向上させながら）仕事はしなくてよいという状態を意味している。もし仕事を続けたいのであれば、余ったお金で生活水準を上げたり、ほかの人を助けたりするなど、選択肢はたくさんある。

本書は、自由を永遠に手に入れるための簡単な戦略を学ぶためのもので、これを会得すれば好きな所に住み、好きなことをして暮らせる。そしてそのためには、パートⅠの簡単な演習を行い、パートⅡとパートⅢの戦略のいくつかを実行しつつ、パートⅣの手法でリスクを管理すればよい。一度始めてしまえば、１カ月ごとに経済的自立に近づいていくのが実感できるだろう。本書では、この過程をモニターする方法も合わせて学んでいく。

筆者がこの概念を最初に学んだときには、これを実行して経済的に自立するまでに６カ月かかった。次に、この原理を「インフィニット・ウエルス」というワークショップで教え始めた。このワークショップには30人が参加したが、終了した時点ですでに５人が経済的自立を果たしていたということが分かった。彼らはお金のことで悩んでいた。そうでなければセミナーに参加していない。ところが５人が経済的自立を果たすために必要だったのは、発想の転換と、いくつかの簡単なステップだけだった。残りの25人は自立するために６カ月～５年かかるという見通しが立った。現在、筆者のもとには参加者から成功談が次々と寄せられている。そのうちのいくつかは、本書のなかでも紹介している。

本書を読めば、経済的自立は実現可能な目標になる。これは、何も世界中のお金を手に入れようなどということではないし、どんなに浪費しても遊んで暮らせるとてつもないお金を稼ぐということでもない。経済的自立というのは、発想を転換してお金のために働くのをやめ、お金に働かせるようにするということで、現在の経済状況と心理状態にもよるが、6カ月から7年くらいの期間で達成できる。これは、パッシブ収入、つまり仕事をしてもしなくても手に入る収入を確保するということで、もしこの収入が自分の支出より多ければ、仕事を続ける必要はなくなる。

経済的自立は、お金をいくら持っているかということでも、おもちゃをいくつ持っているかということでもない。この概念は、20世紀が生んだ創造の天才、R・バックミンスター・フラー博士が考案したもので、バッキー（博士の愛称）曰く、「もし、今日仕事をやめたらこれまでどおりの生活をあとどのくらい続けられるのか？　もし1カ月ならば1か月分の金持ち、5年ならば5年分の金持ちということになる。そして、もし永遠に持ちこたえられるならば、インフィニットリー・ウエルシー（永遠の金持ち）ということになる」。多くの人は、これを「1カ月に4000ドル必要で、貯金が40万ドルあるならば、100カ月分の金持ちだ」と解釈する。

しかし、これにはもっと良い見方がある。もし、40万ドルの預金がパッシブ収入、つまり仕事をしなくても得られる収入を生めばどうなるだろう。例えば、もし40万ドルを特定の株式に投資して、それが12%のパッシブ収入を生めば、年間で4万8000ドルが手に入る。これを12カ月で割ると1カ月4000ドルになり、永遠に経済的に自立して暮らしていけることになる。もう二度と仕事をしなくてもよいのである。

もちろん、いくつかの問題点はある。12%も配当を支払ったり、値上がりしたりする銘柄なんて非現実的だと思うかもしれないが、それは違う！　正しい投資先さえ探すことができれば、今日のマーケットでも15%以上のリターンを生む銘柄は存在している。例えば、スティーブ・ジュガード（著者のひとり）は、最近見つけたいくつかの銘柄を「仮想銀行」と呼んでいる。そのうちのひとつであるアンウォースは、2002年8月に初めて推奨して以来、配当が2年間で43%に上っている。また、2003年3月に推奨したアナリー・モーゲッジもこれに近い配当を行っている。本書執筆時点でも、２社は高水準の配当を維持しているうえ、ジュガードの推奨以降、大きく値上がりもしている。どんなときでも、チャンスは存在している。ただ、本書は銘柄選択に関する本ではない。筆者のゴールは、このようなチャンスを見つける方法を伝授すること、いやそれよりもさまざまな投資分野でこれよりも高いリターンを得る戦略を示すことといってよいだろう。

ここで、経済的自立に必要な4000ドルに、税額を含めるべきかどうかが気になるかもしれない。もちろんこれは含むべきだが、もし4000ドルが税引き後の金額であれば税額を最低額に下げる工夫をするか、１カ月の必要額に含めるかのどちらかにすればよい。ちなみに、パッシブ収入の税率は所得税よりかなり低い。お金に働かせたリターンにかかる税金は、お金のために働いて得た収入にかかる税額よりもはるかに少なくなる。

それでは、もし株価が下がったり、配当額が減ったりしたらどうなるのだろう。これは、リスク管理上、当然考慮するべき点で、これについてはパートⅣを読んでほしい。大事なのは、さまざまな分野からパッシブ収入を得られるようにしておくことで、こうしておけばひとつの分野が低迷しても、別の分野がそれを補ってくれる。もし、パッシブ収入が支出より多ければ、仕事をする必要はない。つまり、永遠のお金持ちになって経済的自立を果たしたことになる。

経済的自立の公式の残り半分は、支出に関する作業になる。筆者の場合は、２年間ほど買い物に夢中になった期間があった。思いつくかぎり欲しいおもちゃはすぐ手に入れた。おもちゃを手に入れることは筆者にとって最高の喜びである。しかし、一度手に入れてしまうと今度は自分がおもちゃに所有されているような気分になる。故障したら直し、磨き、なくなっていないか確認しなくてはならないのに、売るときには購入金額をかなり下回る。やはり、これは所有されているというべきだろう。

現在の消費者社会では、満足を得るために大きな家、高級車、たくさんのおもちゃなど贅沢品を手に入れる必要があると教えられる。「一番たくさんおもちゃを手に入れた人が勝ち」というのが、多くの人にとって生活のルールになってしまっている。このような発想はすぐに手に入る喜びを求め、これはたいてい自分が持っている以上の支出、つまり借金につながる。そして、それを助長するように大学に入った途端、クレジットカードを持つことも可能になる（アメリカの大学の３年に在籍しているマレーシア人の姪がいるが、この国で一度も働いたことがないのに、クレジットカード入会のダイレクトメールが毎週２～３通は届くという）。クレジットカードで大きな負債を抱え、年間18～21％という利息を支払っている人がたくさんいる。ちなみに、世の中の金利が下がっても、大部分のクレジットカードの金利は下がらない。

社会人になるとき、ほとんどの人がすでにクレジットカードの負債を抱えている。そして、頭金がたまると、すぐに住宅ローンを借りて借金を一本化する。しかし、こうなるとさらにクレジットカードの借り入れが増え、結局は家を失うことになりかねない。平均的なアメリカ人世帯では、クレジットカードの負債が7000ドルを超えており、このために毎月約100ドルを支払っている。恐らくこの100ドルは毎月の貯蓄額をはるかに上回っており、この状態が多くの人を経済的自立から遠ざけている。

USAトゥデー紙（2003年８月12日）によると、平均的な大学４年生は、3000ドル以上のクレジットカード負債を抱えており、そのうちの28％は7000ドル以上だという。これにさらに学費ローンも加わるために、負債は慢性的な問題になっていく。これに対処する方法は第３章を見てほしい。

お金に関する知識は、友人や家族から学ぶことが多い。この人生における臨時学校ではたいてい「しっかり勉強すれば良い会社に入れる。

そうすれば、良い家も新車も大型テレビも買える。住宅ローンは1カ月1200ドル、自動車ローンは400ドル、テレビのローンも120ドルだから十分返済できる」などというアドバイスがなされる。しかし残念ながら、これでは経済的自立に近づくことはできない。むしろ、これは所有しているかぎり今後もお金のかかる物のために働き続けるという条件を整えてしまう。もし、銀行にお金を借りに行けば、これらの資産が担保にされてしまう可能性だってある。

ここで、「資産」の正しい定義を紹介しよう。資産とは、プラスのキャッシュフローを定期的に生むもので、所有しているだけでお金を生むものであれば、どんなものでも含まれる。逆に、所有していることが支出につながるものは、負債ということになる。

この定義を基にして考えると、現在住んでいる家は恐らく負債に当たる。もし住宅ローンが終わっていたとしても、住んでいれば保険、税金、修繕費などがかかるためで、逆に1セントのキャッシュフローも生んでいない可能性が高い（価格が上がっていれば収入を生む資産だという反論があるかもしれないが、売らないかぎりその収入は得られない）。また、この家があれば家賃の支出がなくなるという考えもあるが、これは単に負債が減少しただけで、ここでいう資産にはやはり該当しない。本当の資産として認められるためには、定期的な収入、つまりプラスのキャッシュフローを生む必要がある。

筆者は、自分の所有物に所有されているということを考えるようになって、フラーの唱えた永遠の富という概念をそれまでとは別の形でとらえ始めた。そして、パッシブ収入と永遠の富を組み合わせて考えるようになったとき、経済的自立の目標額が急速に減り始め、6カ月で経済的自立を達成してしまった。このために特別な頭脳は必要ない。簡単な発想の転換と、いくつかの行動を起こせば、だれにでもできる。

本書のゴールは、このように発想を転換させ、実際にとるべきステップを伝えることにある。ここでカギとなるのは、自分が経済的に自立できる金額を知ることで、だれかに聞かれたら即座に「あと1カ月2400ドルで経済的に自立できる」などと答えられるようになってほしい。経済的自立とは、この数字を減らしていくことであり、本書を読めばそれを実現する方法が分かる。

本書は、5つのパートに分かれている。パートⅠは、経済的自立を達成するために必要なステップが示してあり、ひとりひとりに合った計画の立て方を4章にわたって紹介していく。このパートを読み終えれば、これが実現可能であることを納得してもらえるだろう。

パートⅡは、株式市場について書いてある。年間20%以上のリターンを上げるための戦略も紹介している。第5章では、株式市場の長期的な展望を検証していく。また、簡単な1－2－3モデルを更新して自分自身で今後もマーケットの検証を続けられる方法も学ぶ。もちろん株価が下落したり、横ばいのまま推移する可能性もあり、今後10年間で多くの人が損失を被るだろう。しかし、ここで紹介する投資原則に基づいたモデルで、マーケットの状況を把握しておけば、20%以上、いやそれよりずっと高いリターンを上げることも可能になる。

第6章は、株を買って単に保有することの危険性について述べてある。しかし、ケン・ロングがミューチュアルファンドを乗り換えながらマーケットリターンを上回る戦略を開発してくれた。この最新バージョンの入手方法や、絶対リターンを誇るヘッジファンドを買える人のために、それに関する情報も載せてある。

第7章では、マーケットが下げているときにパフォーマンスを上げるための戦略を学んでいく。2001年と2002年にベア相場用のミューチュアルファンド戦略のひとつを採用していれば、両年とも25%以上のリターンが上がっていたことになる。第8章は、今日の株式市場で特によく機能する戦略を紹介している。あとは、自分に合うものを選ぶだけでよい。

パートⅢでは、上記以外の戦略を見ていく。インフレやデフレをモニターして、もし再びインフレになったら第９章の資産タイプに投資することで大きなリターンを得ることができる。ここでは、景気の状況に合わせた資産の選び方について学んでいく。第10章は、米ドルが大幅に下落した場合に金利戦略で利益を上げる方法について書いてある。このなかには、毎年一度判断を下すだけで、米ドルの変動を避けることができる戦略も含まれている。ドルの価値が下落しているときもっとも効力を発揮するこの方法を実行していれば、1970年に投資した１万ドルが、今日では32万3000ドルになっていた計算になる。

第11章は、不動産市場に影響を及ぼす要素について簡単に紹介したあと、第12章で最高の不動産戦略のいくつかを学ぶ。第12章を執筆したジョン・バーリーは、年間リターンが40％以下の案件には見向きもしないのに、過去10年間で1000件以上の契約を結び、それぞれが毎月収入をもたらしている。バーリーのやっていることは読者にもできる。

パートⅣは、リスク管理について書いてある。本書のなかでこの部分がもっとも複雑だが、もっとも重要なところでもあるといってよいだろう。ここで紹介するテクニックがパートⅡとパートⅢで紹介した素晴らしい戦略を安全性の高い戦略へと転換させる手助けをしてくれる。もし25％や50％のリターンが上がるとしても、すべてを失う可能性があるのならば価値はない。パートⅣはそのようなことが起こらないための情報だと思ってほしい。

第13章は、選択した戦略を安全に実行するための６つの基本概念を紹介する。そのうちのひとつは、いつどのように戦略を終了するのかということで、第14章のポジションサイジングは本書のなかでももっとも重要な個所といってよいだろう。どんな戦略もポジションサイジングをしなければ、安全とは言えない。しかし、なかにはこれを知らないプロもいる。逆にいえば、ここを理解することで同じ目的を持ったプロよりも優位に立つことができるようになる。この章の内容は、完全に理解してほしい。

第15章は、戦略を隅々まで知るということについて述べている。マクロ経済がマーケットに与える影響をモニターしつつ、採用した戦略のリスク・リワード配分をシミュレーターにかけることで将来の期待値を知ることができるようになっている。

そして、パートVは将来について書いてある。第16章では、間違いを修正する方法について学ぶ。これを読めば投資家としてもっとも重要な資質は責任感だということが分かるだろう。もしこの資質を備えていれば、間違いを犯してもそれを修正して運命を自分で作り上げていくことができる。逆に、もしこの資質がなければ、同じ間違いを何度も繰り返すことになる。

第17章は、将来の安定を確保するために子供たちを正しく教育することについて書いてある。ジャスティン・フォードが子供たち（および孫たち）が喜んでできる簡単な戦略を教えてくれる。今から始めておけば、大学を卒業するころには経済的に十分自立できている可能性も高い。ここはぜひ、よく読んでほしい。

最後に、第18章は今すぐ始めるための４つのステップを紹介している。このなかには、景気を見極め、機能する戦略を探すことや、自分と現在の状況に合った戦略を選択する方法、戦略を安全に実行するためのリスク管理の仕方、そしてもっとも重要なステップである継続ということについても触れている。経済的自立を達成するためのもっとも重要な要素は、自分自身なのである。

本書は、読者がこれまで読んだなかでもっとも重要な本になるかもしれない。それではさっそく始めよう。

PART I

仕事をやめるための計画作り

Developing Your Plan To Quit Work Now

　経済的自立とは、仕事をやめて二度と働かなくてもよいようになることをいう。上司に別れを告げ、いやな残業もなく、通勤地獄からも解放される。そして、その代わりにやりたかったことを始め、好きな場所に住み、手を差し伸べたい人を助け、人生を拘束する要素をほとんど取り除くことができる。なかなかよさそうではないか。ちなみに、このために何かをあきらめたりする必要はなく、ただひとつ、お金に対する考えを少し変えるだけでよい。

　もし、仕事にうんざりしていたり、仕事は好きでももっとほかにやってみたいことがあれば、本書が役に立つだろう。これはすでに多くの人が発想を転換して５年以内に経済的自立を果たすのに使った簡単な公式を学ぶためのもので、これを学んだ人はたいてい３カ月～２年で実現する見通しが立つ。そして、しばらくすると、その成功談が次々と寄せられてくる。

　フレッドのケースを見てみよう。４年前にピークパフォーマンスというセミナーに参加したとき、彼はあまりお金を持っていなかった。そのうえ、今ある資金も再び学校に通うことで吐き出そうとしていた。しかし、このセミナーに参加することで、フルタイムの学生でありながら経済的自立への道も歩み出した。セミナーのあと、フレッドは妻と一緒にピークパフォーマンスの概念を実行に移した。まず、それぞれが別々に自分に必要なものを見極めたあと、今度は二人で金銭的なこと以外の価値観も含め、目指したい方向を定めた。

そして、経済的自立に向けて何段回かに分けた戦略を組み上げた。これは低リスクで高利回りの株式と不動産投資、および住宅ローンの早期返済を中心にした計画になっていた。フレッドは、ダウの配当利回り戦略が自分にはぴったりくると考え、これを妻とともに開設したロスIRA（利子に一切税金がかからない個人退職金口座）でトレードし始めた。

不動産戦略は、安定したキャッシュフローを目指して住宅用の物件を購入し、貸すことにした。また、買取選択権付き賃貸にするか、自己金融にして、非課税の利益を目指すことにした。フレッドの試算では、２人の負債がなくなればキャッシュフローを確保するために必要なのは良い不動産５つだけで、あとは堅実な株式だけで経済的自立を目指せばよいことが分かった。そして、それから２年でフレッドは40の物件を所有し、それらがすべてプラスのキャッシュフローを生んでいた。この間、フレッドは学業に専念し、パートナーが資産を管理していた。しかし、卒業したければ不動産はやめろと教授に通告され、この時点でパートナーとは離れた。

フレッドは、今でも５つの不動産を所有し、妻の分も含めて自動車ローンを払い終え、株を売ればいつでも住宅ローンを終えられるようになっている（返済を早め、あと２～３年でローンが終了するため、今のところ特にこれ以上急ぐ必要がない）。つまり、株と住宅ローンの早期返済だけで２人はあと４年で負債を完済できる状態に達している。妻は、不動産ブローカーの講座を終了して、フレッドとともに仕事を始めるのを楽しみにしている。本書が出版されるころにはフレッドもすべての単位を修得して、卒業後３～６カ月で経済的自立も手に入れることができるだろう。フレッドは、ピークパフォーマンス・セミナーを基にして、彼と妻の目標を統合したことが、２人の投資戦略の原動力になったと確信している。

フレッドは、自分自身を知り、自分の性格に合った低リスク、高利回りの戦略による自立の計画を立てたあとは、それに焦点を絞って実行していくことで自立が実現できるということをよく理解している。そして何より大事なことは、彼が人生でもっとも価値があると考えることのすべてを厳選して、そこに集中することで実現したことだろう。このなかには、お金以外のゴールも含まれている。彼は今、尽きることのないお金への欲求を満たし続けるのではなく、１日１日を楽しみながら生きている。また、経済的自立を目指すピークパフォーマンスへの道の途中で、お金以外の思わぬ財産も手に入れたと言っている。このなかには、夫婦の絆が強まったこと、ほかの人の意見に頼らなくなったこと、バランスのよいダイエットによってアルコール消費量が減った代わりにフィットネスに目覚めたこと、見習いたいと思える人たちと出会ったことなどが含まれている。

フレッドができたことは、読者にもできる。ここで約束しよう。パートＩの課題をこなせば、１～７年（個人の現在の経済状況によって変わる）で経済的自立を達成するための計画の立て方が分かる。そして、計画さえ出来上がれば、もう自立への道はスタートしたといってよい。

本書の後半では、普通は夢でしかないと思われているリターンを得るための戦略について学ぶ。マーケットの状態を読んで、今どんな戦略ならば機能するのか、そしてそのなかでどれが自分に合っているのかを選ぶ方法を紹介する。そして、さらに儲かる戦略を安全なものにするための方法についても学んでいく。このなかに、難しいステップはひとつもない。ひとつひとつを実行していくということがすべてだと、思ってほしい。

パートIは、経済的自立を実現するための計画作りを具体的かつ徹底的に紹介している。第1章では、経済的自立を実現するための計画作りを徹底的かつ具体的に紹介する。自立のための目標額を定めるためのテクニックをステップごとに示し、これをゼロ以下にしていくことで自分の将来を変えていくことができる。しかし、そのためにはまず行動を起こさなくてはならない。

第2章は、経済的自立の基本概念である自分への投資（貯蓄）について書いてある。他人をあてにせず、まずは自分のために支出しよう。ここで紹介するスタートのためのテクニックを参考にしてほしい。

第3章は、経済的自立のための目標額を減らすために、すぐできることを示してある。これは、何もライフスタイルを変えるということではなく、支出を減らすための簡単なステップが示されている。

第4章は、自立の目標額のもうひとつの側面、つまり資産について書いてある。ここでは、まず手持ちの資産をすべて書き出し、それがどれだけのパッシブ収入を生んでいるかを調べる。そして、この情報をもとにこれらの資産を使って安全性を確保しつつさらに高いリターンを生む方法がないかを考えていく。本書後半では、今日のマーケットでも安全にリターン率を上げる方法を紹介している。しかし、まずは自分の現状を現実的に把握することが第一ステップになる。

そのほかに、本書ではパラダイムシフト、つまり考え方の元になる概念的枠組みを変えることについても紹介していく。簡単なパラダイムシフトとほんの少しのステップを踏むだけで、経済的自立はすぐに実現する。そして、そうなったら永遠に働かなくてすむのである。

第1章

二度と働かなくてよくなるためにすべきこと

Saving For Your Financial Freedom

「投資計画と富の蓄積の間には、強い相関性がある」
――トーマス・スタンレー、ウィリアム・デンコー

死ぬまで働かなくてよいというのは、どんな感じだろう。もしそれでも働くのであれば、そのお金はライフスタイルを向上させたり、大切に思う人を助けたりすることに使うことができる。あるいは、毎年2カ月間の休暇をとって、なかなか行くことのできないエキゾチックな土地を訪れることだってできる。

自分の時間の大部分を好きなことに使えるようになれば、毎週最低30時間を趣味のために使ってもよいし、さまざまな案件や投資チャンスを探すという新たな関心事も加わるだろう。そして、驚くべきことに、この新しい楽しみはかつて週50時間働いていたときよりも、ずっと多くの収入をもたらしてくれるかもしれない。

そのうえ、体操をして、正しく食べ、楽しく暮らす時間もたっぷりできる。経済的に自立するだけで、このすべてがかなうのである。そのためにすべきことは、お金に対する考えを少し変えるだけでよい。実際に経済的自立を達成するには、約18カ月かかるかもしれないが、

最初の一歩は簡単なステップ、つまり**経済的自立までの目標額**を設定することから始まる。

経済的自立の目標額を算出する

経済的に自立するためには、何百万ドルものお金が必要だと思い込んでいる人が多いが、これは違う。経済的自立はお金持ちになることでもなければ、天才にしかできないことでもない。十分な生活を送るために１カ月にいくら必要かを知り、それを自分が働くのではなく資産に働かせて得る方法さえ見つかればよい。このパッシブ収入を毎月確保できれば、経済的自立は達成されたことになる。

まずは最初のステップ、つまり自立のための目標額を設定することから始めよう。この金額は、パッシブ収入と支出の差額を意味している。もしパッシブ収入が支出よりも多ければ、すでに自立はできている。複雑なことは何もない。

それでは早速この目標額を割り出す練習をしてみよう。恐らく15分ほどでできるだろう。上司や仕事、そしてお金の心配を取り除くために何が必要かが分かるのだから、この時間を使う価値は十分あるだろう。

ステップ１――１カ月の支出額を算出する

もし個人と家計の支出額を記録していれば、このステップは簡単に終わる。しかし、もしつけていなくてもがっかりしないでほしい。まずは支出を概算するのだが、記録を使っても使わなくても、ここでは各支出項目に１分以上時間をかけないでほしい。理由は簡単で、人は対処メカニズム（精神的苦痛や問題に対処するときに働く仕組み）によって、嫌な仕事を先延ばしにしようとするからである。そこで、すべての記録がそろったらすぐにこのステップを実行すると決めてしまったほうが楽になる。一度立ち止まってしまうと、記録を集めるだけで１日、１週間、あるいは１年が過ぎてしまう。大事な作業にとりかかるのに、そんなに待つことはできないし、直感で出した予想値は、案外当たっていることも多い。まずは、スタートだ！　実際の支出額をもとに、**図1.1**のワークシートを完成してみよう。

まず、１カ月の収入を書き入れよう。

１カ月の収入は、＿＿＿＿＿＿＿＿。これは、もしアメリカの納税者であれば、フォーム1040（所得税申告書）の22行目の数字を12で割った数字になる（米国人以外は、各国の所得税申告から該当する数字を選ぶ）。

例えば、もし毎月300ドルの寄付をしていれば、その金額を最初の分類である寄付金の欄に記入する。次に、もし670ドルの税金を支払っていれば、それを次の欄に書き入れる。もし、すべてを記入してみて支出が収入より多い（すべての収入を合計した金額よりお金を使っている）ようであれば、計算間違いなのか、それとも使いすぎているのか（預金を取り崩しているのか借金をしていることになる）を調べてほしい。ただ、ここで問題が見つかったとしても、それを修正する方法をあとで学ぶので、心配はいらない。

ここまでの作業が終わったら、内容を再度チェックして数字のつじつまがあっているかどうかを確認してほしい。例えば、１カ月の収入が4000ドルで、月末になるとたいていお金が足りなくなるのに、毎月の支出が貯金を除いて3500ドルだったらこれはおかしい。3500ドルしか使わなくて月末に困るわけがない。明らかに何かを抜かしているはずなので、それを突き止める必要がある。もし、数字の上では毎月500ドルの貯金ができていることになっているのであれば、必ずそれは実行しなくてはいけない。ここは、正直にお金の行き先を見極める必要がある。

図1.1　1カ月の支出項目

年間支出は12で割った値を記入

支出項目	月の支出額
1.寄付	
2.税金	
a.連邦所得税	
b.州所得税	
c.社会保障費	
d.医療税	
e.固定資産税	
f.消費税	
g.動産税	
h.その他税金	
3.住宅	
a.ローンまたは家賃	
b.公共料金	
c.保険	
d.維持費	
4.食費	
a.食料品	
b.外食	
c.スナック類	
5.車（ローンは項目7）	
a.ガソリン代	
b.維持費	
c.保険	
6.個人保険	
a.生命保険	
b.健康保険	
c.その他	
7.返済（上記以外）	
a.クレジットカード	
b.車	
c.家具	
d.家電	
e.投資	
f.学費	
g.その他	
8.娯楽	
a.休暇	
b.その他旅行	
c.外出（コンサート、映画など）	
d.その他（ビデオ、CDなど）	
9.衣服	

支出項目	**月の支出額**
10.医療費	
a.保険対象外医療費	＿＿＿＿
b.保険対象外薬代	＿＿＿＿
c.医療保険	＿＿＿＿
11.個人的な出費	
a. 散髪、化粧品ほか	＿＿＿＿
b.クリーニング	＿＿＿＿
c.アルコール	＿＿＿＿
d.タバコ	＿＿＿＿
e.その他	＿＿＿＿
12.教育費	＿＿＿＿
13.その他	＿＿＿＿
1カ月の支出小計	＿＿＿＿
14.評価損（株価下落による損失など）	＿＿＿＿
15.貯金	＿＿＿＿
1カ月の支出合計	＿＿＿＿

もしその他（15）の支出額が多かったり、「どこに支出しているのかが分からない」場合は、自分と家族の2週間の支出を毎日記録してみるとよい。どれほど不必要な支出をしているかに驚くだろう。まず、お金の行き先を知っておこう。

この作業の目的は、自分のおおよその支出額を把握するためのもので、記入した数字の合計が正しければ、目的の90%は達成できたと考えてよい。もし、もっと正確なものにしたければ、時間をかけて最初の予想値を確認、修正してもよい。

この時点で、現在の生活水準を維持するためのコストが分かった。これが基本の数字であり、多くの人にとっては経済的自立の目標額にもなる。

ステップ2――パッシブ収入額を算出する

経済的自立までどのくらいかかるかを知るためには、現在のパッシブ収入の額も知る必要がある。通常、パッシブ収入源のリストは支出リストよりもずっと短くなる。パッシブ収入とは、お金自体（あるいはお金で買った資産）が生む収入で、投資した不動産、会社、株、債券、そのほかの金融商品から得られるキャッシュフローを指している。パッシブな収入源からのキャッシュフローは自分の時間の対価として得たお金ではなく、資産が働いた結果得たものではあるが、それでもやはり管理と監督を怠ってはいけない。最初のフェーズでは、むしろ通常の仕事よりも時間とエネルギーをつぎ込まなくてはいけないかもしれないが、いずれは収入に見合う時間を犠牲にしなくても、資産がキャッシュフローを生んでくれるようになる（つまり、パッシブ収入を得られるようになる）。

パッシブ収入とは、例えば家賃収入からすべての経費（元金、金利、税金、広告費、維持費、管理費、空き家になった場合のコスト、保険ほか）を差し引いた金額がそれに該当する。しかし、すべての経費を差し引くと支出になってしまうのであれば、家賃を上げるかコストを下げるかして収入を生むようになるまではマイナスキャッシュフローの物件として記録する必要がある。

もし、毎月家賃から経費を差し引いたあとの残金があれば、それはプラスキャッシュフローの財産ということになる。もちろん、物件を維持したり集金したりするための時間は必要になるが、収入に比例した時間を割いているわけではない。このように、自分の物件（資産）が生むキャッシュフローを、われわれはパッシブ収入と呼んでいる。

ここで、資産のなかに物件の価値（値上がり）が含まれていないことに注目してほしい。確かに価格は上下するが、実際に売るときまでその価値は分からない。それに、価格が変動したとしてもキャッシュ

図1.2　パッシブ収入用ワークシート

できるかぎり記入する。正確な数字が分からなくても中断しない。また、1項目に1分以上費やさない。はっきりしない部分に関しては控えめに書く。自分をごまかして実際に得ている以上の収入を書いても仕方がない。それよりもあとで訂正したら、思っていた以上のパッシブ収入額に達していて喜ぶほうがよいだろう。

パッシブ収入項目	月の支出額
1.家賃収入（経費後）	＿＿＿＿
2.株式、その他配当金（再投資分を除く）	＿＿＿＿
3.リミテッドパートナーシップからの収入（納税申告書の数字）	＿＿＿＿
4.運用委託先から得られる定期収入（例　ミューチュアルファンド、ヘッジファンド。損失になっていたら、マイナスの数字を記入。パートナーシップになっている分は重複して計上しないように注意）	＿＿＿＿
5.所有していても運営に大きくかかわっていない事業からの収入（ほかの人が経営しているか、事業自体がキャッシュを生んでいるもの）	＿＿＿＿
6.本、音楽などの著作料	＿＿＿＿
7.投資活動（週に1時間以上費やさないもの）からの収入	＿＿＿＿
8.特許料	＿＿＿＿
9.信託からの収入	＿＿＿＿
10.離婚、扶養手当	＿＿＿＿
11.その他	＿＿＿＿
パッシブ収入合計	＿＿＿＿

フローを生むわけではなく、損益は紙上の評価でしかない。パッシブ収入はあくまで毎月（あるいは毎四半期、毎年）実際に受け取ることのできる現金収入を指すことにする。

副業で得た追加収入も、パッシブ収入ではない収入源とみなす。例えば、エンジニアが週末に調査のアルバイトをしたり、工場で働く労働者が残業したりして収入を得たとする。しかし、両方とも収入のためにそれ相当の時間を割いているため、これはパッシブ収入ではない。

図1.2にパッシブ収入をタイプ別に示してある。ワークシートを記入するときは、必ず１カ月分の数字を書き込むように注意してほしい。

もし、現在ひとつもパッシブ収入がなくても、心配はいらない。だからこそ、本書を読んでいるのではないか。それよりも、正直に自分の状態を見極めれば、経済的に自立するために何をすべきかが正確に分かる。

ステップ3――経済的自立のための目標額を設定する

パッシブ収入額と1カ月の支出額という目標額算定のための2つの数字がそろった。まず、1カ月のパッシブ収入額から現在の支出額を引いてみよう。もし、この答えがゼロ以上（つまり、1カ月のパッシブ収入が支出より大きい）であれば、すでに経済的に自立できていることになる。おめでとう！　あとは、しっかりお金と投資を管理していけば、この状態を維持することができる。

もし数字がゼロ以下であれば、これからこれをゼロ以上にしていくことが目標になる。これ以降のステップは、それを達成するだけのためにある。毎日の支出を減らしながらパッシブ収入を増やすという2本立てのアプローチで、経済的自立を目指していこう。

そこで、まず目標額を算出してみる。仮に、1カ月の支出合計が3700ドルで、パッシブ収入が400ドルであれば、自立までの目標額はその差額の－3300ドルになる。もし支出を3300ドル減らすか、パッシブ収入を3300ドル増やすか、両方を組み合わせて最終的に差額がゼロになれば、経済的に自立できる。これは比較的早期に実現できる可能性もある。

先のワークシートは手元において、常に目標額を確認しておくとよい。また、支出帳をつけて、毎月目標額を算出し直すのもよいだろう。追加のワークシートやアドバイスが欲しいときは、IITMに連絡すればよい。われわれは、読者が経済的に自立できることを願っている。

経済的自立のための目標額の意味

本書のこれ以降の部分は、経済的自立のための目標額を減らす方法について書かれている。このなかには、今の生活水準を維持するために必要のない支出や、税金や、負債の減らし方、現在持っている資産を活用してパッシブ収入を増やす方法、そしてパッシブ収入を生む新たな資産を獲得する方法などが含まれている。

目標は、一言で言えばパッシブ収入が支出を上回ることであり、経済的自立までの目標額がその物差しになる。そしてこの額がゼロに近づくほど自立に近づくことになる。もし、現在の目標額が－1500ドルであれば、－9000ドルの人よりずっと少ない時間と努力で、自立を達成できるだろう。つまり、自分が貧乏だと思っていたら、実際には目標額に近かったというケースもあり得ることになる。逆に、すぐに自立できると思っていたのに、数字が大きいために、時間がかかったという場合もある。しかしどんな金額であれ、考え方さえ変えることができれば、経済的自立は5年以内で手に入れることができる。これは本当だ！

《キーアイデア》

- ▶百万長者にならなくても、経済的自立は達成できる。
- ▶パッシブ収入が支出額と同じになれば、経済的自立は達成される。

《アクションステップ》

▶現在の１カ月の支出額を算出する。

▶現在の１カ月のパッシブ収入額を算出する。

▶１カ月のパッシブ収入額から１カ月の支出額を引く。
経済的自立までの目標額は、＿＿＿＿＿＿＿＿＿＿。

▶下記から無料レポートの『セブン・アイデア・オン・リデューシング・ユア・ファイナンシャル・フリーダム・ナンバー』を入手する。

電話（米国）　919-852-3994
　　　　　　　800-385-4486
サイト　　　　http://www.iitm.com/

第2章

経済的に自立するための貯金

Saving For Your Financial Freedom

「秘訣は、残ったお金を貯金するのではなく、貯金したあと残ったお金を使うこと」
――フランソワ&ムリエル・ニューマン

ジム・ジャクソンは、地元の州立大学を卒業して社員20人ほどの技術系のコンサルティング会社を経営しているごく普通の青年である。彼は週に約50時間働いているが、明日会社を売却しても、暮らしには困らない。静かな住宅地にある4LDKの自宅も自動車もローンが終わっているし、65万ドルの貯金を投資して毎年約5万ドルのリターンをを受け取ることができるようにしてある。これは、ジャクソンのライフスタイルを維持し、寄付を行い、好きな所に旅行しても十分足りる金額で、借金はない。これはすべて貯金から始まった。

しなければいけないと分かっていても、アメリカ人は貯金があまり得意ではない。2001年10月には、アメリカ人の貯蓄率が大恐慌以来の低さである収入の0.3%にまで落ち込んだ。だれでも大部分のアメリカ人のように、貯金がほとんどなくて一生働き続けてもよいし、自分を変えてジム・ジャクソンのようになることもできる。どちらを選ぶかは明らかだろう。今こそ貯蓄の習慣をつけ、経済的自立までの旅の燃料を蓄えよう。

まずは自分のための支出――自動積立で投資資金をためる

お金を集めようと思ったら、最初にその分を取らなければいけないことを、政府はよく知っている。だから、所得税は給与明細を見てもいないうちにすでに引かれている[1]。このやり方はまねしなければいけない。一度手にしたお金を貯金するという計画は、うまくはいかない。貯蓄額は、給料をもらう前に天引きされるよう設定しておこう。

もっとも簡単なのは、毎月自動で投資口座に振り替えてくれるサービスを利用することで、ほとんどの銀行やファンド会社が提供している。たいていの人は、どうしても口座に残高がなくなるまで使ってしまうため、最初に収入の10％を別口座に移し変えてしまうことがカギとなる。このようにしたとしても、恐らく何の支障も感じず、むしろ毎月着々と投資資金が積み上がっていく安心感が得られると思う。

毎月、収入の一部を貯金するようにしておけば、時間をかけずに経済的自立の基礎が構築されていく。こうしてためたお金の運用の仕方は、パートⅡとパートⅢで説明する。パートⅠでは、お金に関する考え方を変えるための決心を固めてほしい。実現する前から、経済的に自立した人と同じように考えてほしい。ここでの目標は、資産の基礎を作るために貯金を始める（または続ける）ことにある。

複利の力を使う

35歳のマックス・ウォーカーの１カ月の収入は2000ドルで、毎月その10％に当たる200ドルを貯金することにしてる。もしこれを年率５～25％の非課税口座に入れておいたら、どうなるかを見てみよう。

表2.1　1カ月200ドルの貯金を金利別に複利運用したリターン

期間	5%リターン	10%リターン	15%リターン	20%リターン	25%リターン
5年	$13,601	$15,487	$17,715	$20,352	$23,480
10年	$31,056	$40,969	$55,043	$75,219	$104,386
15年	$53,458	$82,894	$133,701	$233,140	$383,174
20年	$82,207	$151,874	$299,448	$621,930	$1,343,823
25年	$119,102	$265,367	$648,706	$1,697,057	$4,654,029
30年	$166,452	$452,098	$1,384,656	$4,595,568	$16,060,352

表2.2　1カ月200ドルの貯金から得るパッシブ収入を金利別に複利運用したリターン

期間	5%リターン	10%リターン	15%リターン	20%リターン	25%リターン
5年	$56.64	$129.06	$221.44	$339.19	$489.16
10年	$129.40	$341.41	$688.04	$1,253.65	$2,174.71
15年	$222.74	$690.78	$1,671.27	$3,719.00	$7,982.80
20年	$342.53	$1,265.61	$3,743.10	$10,365.51	$27,996.31
25年	$496.26	$2,211.39	$8,108.82	$28,284.29	$96,958.95
30年	$693.55	$3,767.48	$17,308.20	$76,592.79	$334,590.67

表2.1は利率別に年複利で試算したもので、35歳の投資家がロスIRA（利子に一切税金がかからない個人退職金口座）で得られるリターンを基にしている。

20%で運用するとマックスは57歳で百万長者になるし、15%でも63歳でなれる。しかし、本書は百万長者になるための本ではなく、経済的に自立するためのものなので、次は**表2.2**を見てみよう。こちらは貯蓄額別の1カ月のパッシブ収入額を示している。これならマックスは、現在の収入の代わりに1カ月に2000ドル得られればよい。ちなみに、これはマックスが現在のライフスタイルに満足していて、インフレで必要額が激増しないことが前提になっている。

今後10%のリターンがあれば、マックスはこれから紹介するステップを踏まなくても24年で経済的に自立できる。もし、25%のリターンであれば、10年ですむ。

こんなリターンは現実的ではないと思うかもしれないが、それは違う。本書で紹介しているもっとも簡単な戦略でも、もっと高いリターンを得られるものがいくつかある。例えば、第７章で紹介するベア相場用のミューチュアルファンドを使う戦略は、１週間に一度判断を下すだけで、下落相場では年間平均25%以上のリターンを上げている。第10章で紹介する最大利回り戦略は、１年に一度の判断で、１万ドルが32万3000ドル以上になったケースもある。

もしマックスの収入と支出が毎月2000ドルではなくて、毎月5000ドルだったらどうなるのだろう。その場合も同様に収入の10%を貯金していけば、ほぼ同様な展開になる。つまり、きちんと10%の貯金をしていけば、ほぼ同じタイミングで経済的自立を達成できるのである。

自立のための貯金は、氷山の一角でしかない。一夜にして１カ月のキャッシュフローを5000ドル以上増やすアイデアだってある。経済的自立の概念を理解し、目標額を減らす方法について考えるようになれば、アイデアはわいてくる。実際、子供がまだ小さいうちから貯金を始める手助けをしておけば、大学を卒業して何年かのうちに自立することも難しくはないだろう。子供が経済的自立を達成する手助けの方法は、ジャスティン・フォードが第17章で紹介する。

《ヒント――経済的自立の目標額を1000ドル単位で減らす方法》

ジルは、大きなキャッシュフローをもたらす巨額案件を何件も締結するテクニックについて学んだものの、自己資金がほとんどなかった。それでも十分なリターンを確保できれば、それを分配することで出資者はいるだろうと考えている。

3カ月後に適当な案件を見つけたジルは、投資家にわずかな頭金で500万ドルの物件が押さえられると説明した。テナントも見つかったので、年間14万ドルのキャシュフローが見込めることになった。投資家は喜び、あとはジルが計画に盛り込んだオプションに合意すれば契約は成立する。結局、ジルがキャッシュフローの半分に当たる年間7万ドルを得ることになり、3カ月間の作業で、彼女の毎月のパッシブ収入は5833ドル増加した。

貯金の仕方を学ぶ

経済的自立のための貯金には、2つのポイントがある。

まず、クレジットカードや借金を使えば、「今すぐ手に入る」という衝動を乗り越えなくてはいけない。このような消費の仕方は負債を拡大し、複利がメリットではなくデメリットとして襲いかかってくる。負債は経済的自立の目標を増大させる。もしすでに大きな負債を抱えているのであれば、負債の減らし方について述べた次の章は、特に注意して読んでほしい。

2つめのポイントは、常に自分の目標額を自覚しておくということで、自分の目標額と自立の重要性を知っていれば、常にこの額を減らそうという意識が働く。買い物をするときも、それが目標額にどのように影響するか、もっと効率的な方法がないかなどと考えられるようになる。どうしたらもっとお金や物が手に入るかを悩む代わりに、どうしたら目標額を減らせるかに考えを巡らすようになる。

一度、経済的自立を確保したあと収入がさらに増えれば、それで資産を買うと、パッシブ収入はさらに増える。結局、経済的自立の状態のまま、生活水準を上げたり、ほかの人に手を差し伸べたりすることが短期間で可能になる。もし、1カ月に3000ドルのパッシブ収入を

5000ドルに上げることができれば、生活水準も１カ月2000ドル分上がると考えてほしい。

《アクションステップ》

今すぐ次のどれかに電話しよう（すべてアメリカの電話番号）。

▶チャールズ・シュワブ（証券会社）　800-435-8000

▶Ｔ・Ｄ・ウォーターハウス（会計事務所）　800-934-4448、オプション４

▶ライデックスファンド（ベアファンドで有名）　800-820-0888

▶プロファンズ（ベアファンドで有名）　888-776-3637

経済的自立という目標は、これまでの「もっと儲ける」という目標とはまったく違って、もっと楽しく実現可能で、満足度も高い。その計画を立てるための次のステップに移ろう。

上の番号に電話をしたら、口座開設と自動振替の申し込み用紙をもらう。もし、ロスIRAを持っていなければ、この書類ももらう。[2]年間約3000ドルを拠出できるこの口座は利子にいっさい税金がかからない（グーグルで「Roth IRA」を検索すれば、正確な金額が分かる）。

ここに挙げた企業は、投資先のほんの一例であり、本書で紹介することで見返りを受けているわけではない。ここで紹介したのは、これらがディスカウントブローカーやインバースインデックスファンド（第７章参照）を含むインデックスファンドに特化しつつ、幅広いミューチュアルファンドやファンドファミリーを提供している会社だからである（ファンドファミリーとは、ファミリー内で自由にファンドを乗り換えられるサービスで、日本のファミリーファンドとは違う）。

貯金の少ない最初の時期はインデックスミューチュアルファンドに投資し、１万ドル以上たまったらもっと複雑な戦略へ移行するとよいだろう。

《キーアイデア》

▶最初に貯金するというのは簡単な概念だが、ほとんどのアメリカ人はこれを無視している。
▶自動振替を利用すれば、苦労せずにまず貯金を実行できる。
▶「すぐ欲しい」という思考態度を乗り越える。経済的自立を手にするためには、自分の持っているお金で手に入れられるようになるまで待たなければならない。

《アクションステップ》

自動振替開始日　＿＿＿年＿＿＿月＿＿＿日

注

１．パッシブ収入の多くは、税金が先に引かれることはない。
２．ロスIRAには限度額があるため、口座を開設する前に資格などを確認する必要がある。また、今後拠出額が5000ドル以上に増える見通しなので、常に状況を把握しておくようにする。

第3章

2～3年で借金をなくす

Getting Out Of Debt In Just A Few Years

「ノアの原理――大雨を予想するだけでは助からないが、箱舟を作れば助かる」
――ロバート・キャンベル

恐らく、自分では気づいていないだろうが、毎年何千ドルも捨てている人は多い。しかし逆に言えば、これを確保することで簡単に経済的自立に近づくことができる。さっそく始めよう。

まず、第1章で記入したワークシート（**図1.2**）のなかから、現在のライフスタイルを変えずに減らす、または失くすことのできる項目（あるいはその中のひとつでもよい）を探す。例えば、もしアルコール、タバコ、ジャンクフードなどに依存しているのならば、驚くほどの出費になっている。もしひとつでも減らすことができれば、健康になることでライフスタイルも改善する。

仮に、もし目標額が5000ドルの人が毎月タバコに250ドル支出していれば（愛煙家なら十分あり得る金額）、これをやめるだけで目標額に5％近づくうえ、健康にも良い。これは、パッシブ収入を得るために3万ドルを投資して、10％のリターン、つまり毎月250ドルを得るのと同じ効果がある。

お勧めをあといくつか挙げておこう。車は、オークションやeベイを利用すれば卸値で買える。また、高級車のほうが減価率が少ない。例えば、走行距離10万マイルのレクサスは１万ドル以下で買えるが、それをあと５万マイル乗ってから売っても、ほぼ同じ値段で売れる。

多くの人が毎月自動車ローンに350ドル程度を支払っている。もし経済的自立の目標額が5000ドルだったとして、毎月350ドル（あるいはその一部でも）がなければ、目標額は７％も減る。タバコの５％と合わせて、目標額に12％も近づくのである。

苦労しないで支出を減らす方法

次に挙げる常識的なアドバイスだけでも、最大20％の支出を減らすことができる。

クレジットカードを使わない

お金がなければ買わない。すでにクレジットカードの負債を抱えている人にとっては、とくに重要。買うのは、お金がたまるまで待つ。

思い立ったときに買わない

１日待って、それでもまだ欲しければ買う。結局買わなくてすむことも多いはず。買っても使わなくなったもののなかには1000ドル以上のものがいくつもあると思う。もし、それぞれが毎月10ドルのパッシブ収入を生んでいれば、経済的自立までの道のりはずっと短くなっていただろう。

大きな買い物が目標額に与える影響を計算する

今使おうとしているお金は、12％以上で運用して（これについては、パートⅡとパートⅢ参照）毎月１％のパッシブ収入をもたらすこともできるということを、思い出してほしい。つまり、もし1000ドルのものを買うのであれば、１カ月10ドルのパッシブ収入を犠牲にしている（つまりそれがあれば、目標額が10ドル減った）ということを理解してほしい。

シンガポールに旅行して、現地の電気店でソニーのPC120カメラを1150ドルで買ったとする。しかし、たとえ新品でも買った途端に中古品になって価値が300ドル程度下がるうえ、次のモデルが出れば、損失は500ドル近くなるだろう。もしこのお金を12％で投資すれば、経済的自立の目標額が１カ月に11ドル、それも一生減ることになる。実際には、12％以上だって十分狙える。カメラを買うために、一生涯毎月11ドルの収入を犠牲にしてもよいのかを考えてみるとよい。小さな金額で大した影響はないと思うかもしれないが、これが積み重なって自分や家族の経済的自立は実現する。このチャンスを、カメラや家族写真のために逃すことはない。買い物をするときは、常にその代償について考えてほしい。

インターネットで買う

たいていの新製品は、店で買うよりもインターネットを使うほうが安く手に入る。買うときはまず、グーグルやｅベイなどでインターネット上の価格を調べるようにする。ｅベイで買うときは、過去の取引における売り主の評価も見て、もし気になる点があれば迷わず問い合わせる。

例えば、どうしてもソニーPC120が欲しくて近所のサーキットシティ（大手ディスカウントストア）を見に行くと、1499ドルで売っていたとする。次に、グーグルで検索すると、ニューヨークのカメラ店がシンガポールより安い1095ドルで売っている。通常の保障も、399ドルの延長保障も変わらない。どちらで買うべきかは明らかだろう。

小売店で買うのならば、最安値を探す

店主は絶対にまけないと言っているかもしれないが、一応聞いてみればよい。そして、もし相手が10%と言えば、20%ではだめかと尋ねる。意外な結果になることもある。もし200ドルの製品であれば、店主に「インターネットならば150ドルで買えるけれど、できれば今買いたい」と言ってみると、その価格かその近くまで下げてくれるかもしれない。聞くことで失うものは何もない。

値下げを頼むときは、予算いっぱいだと言う

店主に、ある金額以上は上司や妻（夫）の承諾を得られないと言ってみる。案外、うまくいくこともある。

買う前に、その分のパッシブ収入を得る方法を考える

新しいパソコンに毎月70ドルかかるとしたら、それをパッシブ収入として得るためにはどのくらい投資しなければいけないかを考える。経済的自立を目指すには、このような考え方を始める必要がある。

《コラム――アニタのケース》

毎週一度の経済的自立のためのセミナーに12週間参加したアニタの最初の目標額は、3700ドルだった。実は、アニタは破産状態で、目標額には１カ月2000ドルの住宅ローンが含まれていた。しかし、返済が滞って自宅は差し押さえ寸前になっており、アニタは困惑していた。自立のための目標額を減らすなどほど遠く、どうしたら自宅を手放さなくてすむかで頭がいっぱいで、自分がなぜこの途方もない支出を生んでいるのかが分からないまま、この状況を抜け出す方法ばかりを模索していた。

しかし、セミナーに参加したことで、解決への道があることをアニタは知った。１週間で、住宅ローンを肩代わりしてくれる投資家を見つけ、ボーナスを活用した短期の返済計画を立てた。そのうえで、別の友人がローンの保証人になってくれたために、アニタはこの家をローン完済後は購入する前提で賃借できることになった。これで銀行からのローンはなくなり、毎月900ドル（以前の返済額より1100ドル少ない）を投資家に支払うようにしたために、自立のための目標額も１カ月2600ドルに減った。これは、投資家も、銀行も、アニタ自身も満足する解決策になった。

このことで、アニタは次のことを学んだ。

１．一度立ち止まって、正直に本当の経済状況を洗い出してみる。このとき、見栄を張ってはいけない。

２．現在の状況に責任を持って対処することで、二度と過ちを繰り返さない。

３．助けを求める。

４．新しい提案に耳を傾ける。アニタは、現在も同じ家に住んでいるが、目標額は1100ドル減った。

5．パッシブ収入について学ぶ。お金のために働くのではなく、お金に働かせるということを理解したアニタは、パッシブ収入を増やすためのチャンスに常に目を向けるようになった。

《ミニ知識――アメリカの税金の歴史》

連邦政府が所得税を徴収できるようになったのは、1913年に憲法修正第16条が可決してからだった。この案は、政府が個人の所得税は７％を超えずほとんどの人が免除されると約束したため、3分の2の州が賛成して批准された。実際、第２次世界大戦まで個人の所得税はGDP（国内総生産）の２％以下に抑えられていたが、政府が資金難に陥ると状況は変わった。

税金が最大の支出になっている場合もある

支出を削減するとき、もっとも時間がかかるのが税金部分かもしれない。自分が負担すべき分はきちんと支払わなければいけないが、課税額を超える分は１セントたりとも払う必要はない。

節税のための戦略

自分の税率が50～55%に上ると聞いて驚く人もいるかもしれない。第１章で作成したワークシート（**図1.1**）を見て、税金が支出の総額に占める割合を計算してみよう。サラリーマンの場合は、雇用主が支払っている社会保障税（実質的には税金と同じ）として、実質的に10

％を加算してもよい。このお金は本人が目にすることはなくても、雇用主からすれば支払っている給料の一部と考えられる。

勤労所得（給与収入）からパッシブ収入（投資による収入）に転換すると、社会保障、医療保険、医療扶助、失業、労災などの税金が減る。もし現在１カ月に3500ドルが必要ならば、恐らく約750ドル（21％）の税金を支払っていると思うが、もし3500ドルをパッシブ収入で得ていれば、課税額が約260ドル以上は下がる。つまり、毎月少なくとも260ドルの追加資金が得られるため、実際の経済的自立の目標額は3240ドルになり、当初考えていたより７％も少なくなる。

もうひとつの節税法は株式会社（Ｃコーポレーションの形態）を設立することで、こうすると事業内容によるが、所得の最初の５万ドルの税率は15％ですむ。そのうえ、現在社員として税引き後に支払っている支出が、会社であれば税引き前の経費として認められる可能性がある。実際、米内国歳入法にも、ほかの形態（Ｓコーポレーションを含む）では認められない経費の控除項目が229も載っている（Ｓコーポレーションは、Ｃコーポレーションとは別形態の株式会社で、株主が米国居住者か市民権保持者であることなどの制約がある）。

ただし、寄付のための支出だけは減らすべきではない。**富める人は、豊かさがほかの人に分け与えることで得られるということを知っている。**たくさん与えれば、得るものも多くなる。ただし、それが寄付する理由ではなく、あくまで相手のために寄付してほしい。さまざまな面で、想像以上に得るものがあるだろう。筆者も、本書の印税の13％を寄付に充てようと考えている。

合法的に税金を減らす方法は、本書の範疇ではない。筆者たちも税金が専門ではないし、税法も毎年変わるため、個別の質問は専門家に尋ねてほしい。

ここまでの準備が整ったら、毎月の結果をモニターしていこう。

毎月の支出が減り始め、特にもし税額が下がれば、次は支出項目のもうひとつのカギである負債の削減について考えていく。そして、支出面が終わったら、次は経済的自立の公式の反対側に当たる収入面を見直していく。

《アクションステップ》

今月、削減できる支出を最低５つ書き出してみよう。

１．＿＿＿＿＿＿＿＿＿＿＿＿＿＿＿＿＿＿＿＿＿＿＿＿

２．＿＿＿＿＿＿＿＿＿＿＿＿＿＿＿＿＿＿＿＿＿＿＿＿

３．＿＿＿＿＿＿＿＿＿＿＿＿＿＿＿＿＿＿＿＿＿＿＿＿

４．＿＿＿＿＿＿＿＿＿＿＿＿＿＿＿＿＿＿＿＿＿＿＿＿

５．＿＿＿＿＿＿＿＿＿＿＿＿＿＿＿＿＿＿＿＿＿＿＿＿

《ミニ知識――消費者負債》

１人当たりの消費者負債は1961年と比較して2001年には18倍にもなっている[2]。多くの人にとって、ここが支出を大幅に減らすことができる部分になると思う。

クレジットカード会社は、１カ月の支払額を少なくするように勧め、そうすると返済してもそれは金利分でしかなかったり、ひどいときはそれさえも払いきれていない。これが罠だ！　例えば、セールで高解像度テレビを2500ドルで買ったとする。利息の支払いは３カ月後からということで、一見よい話のようだが、利息の支払いが始まると利率は何と18％、毎月の支払額は最低40ドルだという。つまり、経済的自立の目標額が毎月40ドルも上が

ってしまったことになる。しかも、最低額で返済していくと、このテレビを完済するだけで18年もかかるうえ、金利が複利で膨らんでいく。支払いが終わったとき、時代遅れのテレビに支払った総額は、8280ドルにもなっている。

返済テクニックで負債を減らす

ファイナンシャルプランナーのジョン・バーリーは、32歳で引退を可能にする秘訣を『オートマチック・ウエルス（Automatic Wealth)[3]』という素晴らしいマニュアルで公開している。このなかで彼は、住宅ローンを含めて５～10年で負債をすべてなくす方法を紹介している。彼のやり方は、現在の返済額を10％増やすだけでよいという。この興味深い方法を詳しく見ていこう。

負債をすべてなくすための第一歩は、その月のうちに全額を支払える見通しがないかぎりクレジットカードは使わないことで、負債が残っているカードは今すぐはさみを入れて捨ててしまおう。このポイントはすでに紹介しているが、まだ捨てていなければ今すぐ実行してほしい。

ステップ２は、すべての負債の記録を作ることで、これには残高と毎月の最低返済額も書き入れる。次に、残高を最低返済額で割ると、完済するまでの期間が分かるので、支払いの返済順位が決まる。典型的な負債は住宅ローン、自動車ローン、家電ローン、クレジットカード３枚といったところだろう。

表3.1の返済順位は、金利や残高とはまったく無関係に、負債残高を最低返済額で割った値を出し、値が小さい順に返済順位をつけていく（一番右の列）。例えば、家電ローンは比率が9.24カ月でもっとも早く完済できるため、返済順位を１番目にする。同様に、マスターカ

表3.1　返済順位の算出例

借入先	負債残高①	最低返済額②	返済月数 (①÷②)	返済順位
住宅	$257,000	$1,775	144.80	6
車	$18,475	$395	46.77	4
家電	$3,945	$427	9.24	1
ビザカード#1	$7,245	$195	37.15	3
マスターカード	$2,391	$183	13.07	2
ビザカード#2	$1,475	$25	59.00	5
合計		$3,000		

ードの負債が２番目になる。

最後のステップは、負債削減に向けて現在の返済額を10%増やす。**表3.1**の１カ月の返済額は3000ドルなので、返済を加速するためにはその10%に当たる300ドルを返済順位１位の家電ローンの返済に追加する。300ドルを現在支払っている最低返済額の427ドルと合わせて、次回からは家電ローンは毎月727ドルを返済していくと、６カ月でこの支払いが終わる。もちろん、これ以外の負債は最低額を返済していく。

負債がひとつなくなったら、１カ月だけこの727ドルを自分へのご褒美日として使ってよい。そして、その翌月からはこの727ドルを次に順位の高かったマスターカードへの返済に追加する。７カ月間最低額を返済してきて、それ以上借り入れていないために、この時点の残高は約1700ドルになっている。これまで返済してきた183ドルに727ドルを足すと、返済額は910ドルに跳ね上がるために、わずか３カ月でこの分も完済できる。そこで、今度は１カ月間910ドルを好きに使う。この方法の素晴らしいところは負債が迅速に消えていくことで、わずか11カ月で負債が２つ消え、それを自分や家族と祝うこともできた。

次は、910ドルを返済順位３番目の１枚目のビザカードに充てる。

ビザへの返済額は、１カ月1105ドルになり、７カ月で完済、1カ月楽しんだあとは、また頭を冷やして次の負債を消しにいく。

４番目は自動車ローンで、行動開始から19カ月で残高は１万4775ドル、金利水準によってはそれ以下かもしれない。今度は1105ドルを現在の395ドルに足すと、毎月1500ドル返済できるために、これも11カ月で完済できる。

このやり方だと、約２年半で４つの大きな負債が消え、毎月1500ドル余るうえ、何カ月かに一度ははめを外すこともできた。これはすべて返済額を10％または300ドル増やしただけで実現できたことだが、300ドルというのは意識的に実行しなければ、恐らく日々の支出で消えてしまう金額でもある。もし経済的自立の目標額が5000ドルならば、２年間でその30％を減らしたことにもなる。ただ、まだ終わってはいない。

返済順位５番目は、２枚目のビザカードだが、これまでの返済は利息分程度だったために、残高は1355ドルとあまり減っていない。しかし、返済額が増えたため、何と１カ月で完済して、いよいよ残りは住宅ローンだけになった。

この時点で、住宅ローンは約7000ドル減って24万9500ドル程度になっているはずで、返済額を1525ドル増やして1カ月3500ドルにすると、そのうちの約半分が元本の返済に充てられることになる。その結果、約８年で完済できるために、計画開始から約10年ですべての負債をなくすことができたことになる。これは１カ月の返済額を300ドル増やしただけでできる簡単な方法であり、状況によっては５年で達成できる場合もある。

それでは、ここで自分の数字を算出してみよう。これから２時間以内に**表3.2**を完成させ、10％の追加返済額を今月から返済順位１位の返済に充ててほしい。そのために、まず住宅ローン、学費ローン、クレジットカード、消費者金融（自動車ローン、家電ローン、家具、電

表3.2　返済順位の算出

借入先	負債残高①	最低返済額②	返済月数（①÷②）	返済順位
住宅ローン				
自動車ローン				
合計		10%＝		

気機器など)、その他、抱えている借金をすべてコラム１に書き出していく。次に、それぞれの借り入れ残高をコラム２、１カ月の最低返済額をコラム３に書き込んでいく。あとは、残高を最低返済額で割った値をコラム４に書き入れ、それを小さい順にランク付けしてコラム５に記入すれば、それが返済順位になる。

この表が埋まってしまうほど借金がないことを祈っているが、もしあったとしてもこのやり方で消していくことができる。とにかく、最低返済額の10%を負債削減のために捻出するということを忘れてはいけない。もしすでに最低額以上の返済を行っているのであれば、それは素晴らしいが、その場合も現在の額に10%を追加する。これは、経済的自立への決意表明と考えればよい。数年たって振り返れば、長期の負債を消すメリットと比較して、そのために行った投資がいかにわずかだったかが分かるだろう。

《ミニ知識――住宅ローン》

ファイナンシャルアドバイザーに住宅ローンの相談に行くと、30年ローンを勧められることが多い。もちろん、住宅は値上がりする資産であり、免税措置もあるため、悪い借金ではない。しかし、これは資産価値がローンの利率より速く上がっている場合に限ったことであり、もしこの不動産が値下がりしたら（十分あり得る）住宅ローンを組む意味はない。

統計によると、平均的な住宅所有期間は6年ということで、多くの人が3～4年に一度借り換えを行っている。そして、借り換えるたびに30年ローンを組んで借入額の1～3％を支払っている。仮に、10万ドルを7.5％で借りて買った今の家に6年住んで買い換えたとする。6年で5万ドル支払っているが、元本は数千ドル分程度しか減っていない。もし、この家が15万ドル以上に値上がりしていなければ、よい投資だったとはとても言えないのである。

負債を減らすためのさらなる工夫

債権者と再交渉してみる。貸し手側も不履行になるよりは、少額でも回収するほうがよいため、試せる方法がいくつかある。ひとつは、貸し手に返済を履行するための助けがいると言ってみることで、話に応じてもらえる場合もある。何事も言ってみなければ分からない。

もうひとつの方法は、負債処理を手助けしてくれる会社を利用することだが、この場合は手数料のかかる会社を選ぶようにする。手数料がかからないということは、見えないところで莫大な手数料を取られているということなので、注意しなければならない。これらの会社ではすべての負債を整理して利率を下げる提案をしてくれることもある。住宅ローンを外したり、借金整理のために高い手数料がかかるのでなければ、これもよいだろう。実際に整理会社を利用して負債を減らすことができたケースもある。

《キーアイデア》

- ▶今すぐ支出を減らし始める。
- ▶現在のライフスタイルを維持するのに必要ではない支出は、なくすか減らす。
- ▶賢い買い物で、必要なものを安く買う。
- ▶税金を甘く見ない。大きな支出なので、可能なものはすべて減らす。
- ▶大部分のアメリカ人にとって消費者金融への返済が大きな支出になっている。
- ▶どのような状態であっても、負債をなくすというゴールは達成できる。
- ▶全力で取り組めば、５～７年で負債から解放される。

《アクションステップ》

- ▶今すぐ完済できない借入残高があるクレジットカードは、破棄する。
- ▶表3.2を完成させる。

▶返済順位1位の返済を加速するための支払いを始める。

注

1．このタイプの戦略においてもっとも重要なのは、調べること。買おうとしている車の小売価格と卸価格、そしてインターネットのカーファクスで事故歴を調べる。もし、eベイで買うときは、ディーラーの評価を調べたうえで直接電話をかけて話をしてみる。

2．フィラデルフィア・フェデラル・リザーブ（http://www.phil.frb.org/）からのデータ。

3．ジョン・R・バーリー著『オートマチック・ウエルス（Automatic Wealth : A 30-Day, Step-by-Step System for Unlimited Riches（Without Having to Make More Money）』。http://www.iitm.com/ または電話919-852-3994 または800-385-4486 で入手可能。やはりバーリー著『パワフル・チェンジ（Powerful Changes）』も役に立つ。こちらは、電話800-561-8246　または http://www.johnburley.com で注文できる。

第4章

持っている資産を最大限に生かす

Maximizing What You Already Have

仕事をやめると、資産が養ってくれるが、負債に食い潰される。
——ロバート・キヨサキ

いよいよ入ってくるお金を増やすための行動を起こしていこう。第1章から第3章では防御策を見てきた。経済的自立の目標額を決め、それを減らしていくために、これまでより少し賢く暮らす方法が分かったと思う。本章でも引き続き自立のための計画を進めていくが、今度は攻めに転じ、パッシブ収入を増やすことに集中する。まずは、現在ある資産を分析しよう。

在庫調査——この資産が何をしてくれているか

ほとんどの人は、大きな資産を持っていてもそれを十分活用していない。これは全世界に部隊を展開しているのに、戦場にはわずか5万人しか送り込んでいない軍隊に似ている。一部の資産にだけたくさん働かせるのではなく、すべての資産が働いている状態に変える必要がある。

それにはまず、資産とは何かを理解しておいてほしい。貸借対照表では、価値のある所有物はすべて資産として記載される。つまり、22万3455ドルの住宅ローンに毎月1764ドル返済していても自宅は資産として認識され、もし評価額が35万ドルならば12万6545ドルの価値があるとみなされる。しかし、この資産はお金を生んでいない。いや、それどころかお金がかかっている。経済的自立を目指す過程ではパッシブ収入を生むものだけを資産と考え、お金がかかる資産は本来減らすべき目標額を増やしているという理由で、負債とみなす。

まず、最初のステップは所有する資産がどのくらいのリターンを生んでいて、そのなかにもっと活用できるものがないかを探っていく。例えば、利率が0.2%の銀行口座に1万ドルの預金があれば、これは毎年20ドルを生むため、資産と呼べる。言い換えれば、これは経済的自立の目標額を毎月1.67ドル（20ドル÷12カ月）減らしている。しかし、この資金をさらに有効利用する方法もある。

ここで、パッシブ収入を生むすべての資産とその年間リターン率を書き出してほしい。もしかしたら、**表4.1**のジェフのリストと似たものができたかもしれない。ジェフは百万長者だが、毎月の支出が1万6000ドルあり、経済的自立は達成できていない。

ジェフは100万ドル以上の資産を持っているが、ここから得られるパッシブ収入は自立の目標額の3分の1程度にしかならない。彼が所有しているのは通常の資産よりも移動がはるかに難しいために、経済的自立まで1カ月にあと約1万1000ドルのパッシブ収入を必要としている。

表の中の「経費」の列はジェフが各資産に支払った金額を示しており、評価益は含まれていない。例えば2行目は1万7000ドルで現金購入した賃貸物件で、3列目に1カ月の収入（経費後）が記入してある。ジェフの場合、この物件から1250ドルの収入があっても875ドルの支出もあるため、純利益は375ドルになっている。年率は、やはり経費

表4.1　パッシブ収入を生んでいる資産

名称	経費	月の純利益	年の純利益	年率	現在価値
銀行口座	$120,000	$20	$240	0.2%	$120,000
賃貸物件	$17,000	$375	$4,500	26.47%	$175,000
印税など	0	$200	$2,400	?	?
リミテッドパートナーシップ	$30,000	$300	$3,600	12%	$30,000
ファーストフード店のフランチャイズ*	$750,000	$4,200	$50,400	6.72%	$750,000
合計		**$5,095**	**$61,140**	**5.69%**	**$1,075,000**

*実際の店舗運営は別の経営者が行っていて自分の時間を使っていなければ、フランチャイズ経営はパッシブ収入とみなす。しかし、オーナー兼支配人として1日14時間つぎ込んでいたりする場合は違う。レストランの支配人の場合は、働かなければ恐らく収入も途絶えるため、これは仕事ということになる。

を差し引いた純利益を物件の価値で割って記載する。年率15%以上あれば、まずまずといえるだろう。最後の列は、今日売却した場合の金額を記す。これを見ると、ジェフは107万5000ドル相当の資産を持ちながら、毎月のパッシブ収入はわずか5095ドルで、これを年率に直すと5.7%にしかなっていないことが分かる。

それでは、いよいよ**表4.2**を完成させて、自分の資産がどの程度の収入を生んでいるかを調べてみよう。

まず、従来の意味の資産、つまり収入を生まない所有物を見ていこう。本書では、これを非生産資産と呼ぶことにする。このような資産も売却して生産資産に転換できるため、重要な資産と考えることができる。

表4.3に50歳代になるベビーブーム世代の、典型的な非生産資産のリストを載せておく。仮に、これをメアリーのリストしよう。彼女が所有しているのは非生産資産ばかりで、収益を生んでいるものはひとつもない。よくあるケースだと思う。もし３カ月以内に売却するのであれば、清算価値が純資産額ということになる。清算価値は、売却

表4.2　パッシブ収入を生んでいる資産

名称	経費	月の純利益	年の純利益	年率	現在価値
銀行口座					
合計					

額からその資産にかかわる借入金と売却費用を差し引いたもので、**表4.3**の３列目に示してある。

自分が所有しているもののなかで、売れるものがあるかを考えてみてほしい。家の中を見回して、家具、その他調度品、屋根裏の金庫や貸金庫の中身まですべてリストしてみる。そして、このなかでもっとも価値の高い10品目を**表4.4**にリストアップすればよい。清算価値は、ｅベイで最近売却された類似品を参考にして決めればよいだろう。

《ミニ知識――ｅベイを使って清算価格を調べる方法》

1．ｅベイ（http://www.eBay.com/）の最初の画面を開き、画面の上に並んだボックスから「Search」を選ぶ。

表4.3　非生産資産の典型例

資産	経費	精算価値
住宅	$315,000	$145,000
ボート	$25,000	$5,000
切手コレクション	$2,500	$7,500
宝石	$12,000	$3,000
CDコレクション	$7,000	$1,200
美術品	$3,000	$500
夫の車	$35,000	$17,000
妻の車	$27,000	$12,000
銀貨セット	$8,000	$4,000
合計	$434,500	$195,200

2．「Basic Search」が表示されるので、画面上部の左から 2 番目にある「Advanced Search」を選ぶ。
3．検索したい品目を入力し、「Completed Auctions」をクリックすると、過去90日間に成立したオークションがすべて表示される。
4．もし該当しないものが多ければ、「Advanced Search」に戻ってさらに詳細な検索内容を入力する。これでもうまくいかなければ、「Search Item Descriptions」をクリックしてみる。
5．注意――eベイの検索手順は頻繁に変わるため、うまくいかない場合は「Help」を見る。

手持ちの資産を入れ換えてリターンを最大にする

今すべきことは、パッシブ収入を増やすために現在所有している資産を売却するか再配置することで、このステップによってこれらの考え方になじむ資質があるかどうかも知ることができる。ここでは、

表4.4　現在所有している非生産資産

資産	経費	清算価値
合計		

100万ドル以上の資産を持つジェフのリスト（**表4.1**）を使って詳しく見ていこう。このなかには、入れ替え可能なものがたくさんある。

《アクションステップ》

- ▶表4.2にパッシブ収入を生む資産と、そこから得ているリターンを書き入れる。
- ▶それ以外の価値のあるものをリストアップする。
- ▶表4.4に価値のある非生産資産を記入する。
- ▶２つの表を見て、自分の資産のパフォーマンスについて考える。

ジェフは100万ドルの資産を持っていても、経済的自立ができていない。それどころか、彼の目標額は普通の人よりずっと多い。ジェフの１カ月の必要額は１万6000ドルだが、現在得ている5095ドルのパッシブ収入をほぼ同額を自宅のローンに支払っているため、経済的自立のための目標額は１万0905ドルになっている。しかし、彼の資産には100万ドル以上の価値がある。**もしこれが5.69％ではなく18％のリターンを生めば、ジェフは経済的自立を達成できる。**これからパートⅡとパートⅢで学んでいくとおり、正しい金融知識を身につければ、手持ちの資産から18％以上のリターンを上げる方法はいくつもある。

ジェフの口座には、12万ドルの預金がある。これはファイナンシャルプランナーに６カ月分の資金を入れておくようアドバイスされたためだが、もしこれを投資して15％の利回りを得られたらどうなるだろう。例えば、第10章で紹介している最大利回り戦略という流動性が比較的高くてドルが下降しているときに適した方法などが選択肢として考えられる。こうすれば、１カ月20ドルのリターンが1500ドルのリターンに変わり、経済的自立にも15％近づく。そして、これは24時間以内に実行できる。

ジェフの所有している賃貸物件には、17万5000ドルの価値がある。そこで、これを担保にして７％で15万ドルを借り、それを高リターンの投資に回すこともできる。ここでは控えめに15％で投資したとしても、15万ドルに対して８％の純利益があるために、毎月のパッシブ収入は1000ドル増加する。すべての手続きは恐らく30日程度で完了するだろう。つまり、約１カ月でジェフのパッシブ収入は50％増の2500ドルになり、自立にも23％近づいた。

リストの最後に載っていたフランチャイズ会社に関しては、売却を考えてもよいだろう。もし経費後の利益が70万ドルになれば５万ドルの価値と１カ月4200ドルのパッシブ収入を失うことになる。しかし、その資金をある程度保守的な投資に回して10％のリターンを得られたとしたらどうなるだろう。年間７万ドル、１カ月に換算すれば5833ドルの追加パッシブ収入はフランチャイズから得ていた額よりも1633ドル増え、経済的自立にも19.4%近づくことになる。

もしジェフがもう少し調べを進めて70万ドルを20%で投資できれば、パッシブ収入は14万ドルになり、これを1カ月に換算すれば4200ドルから1万1667ドルと7467ドルも増える[1]。こうなれば目標額まであと938ドルだが、もし1万ドルが給与所得からパッシブ収入に変わったら（これは仕事をやめた場合）、恐らく納税額は938ドル以上減ることになるだろう。この手続きには約6カ月かかる。これらのステップのなかには、利用できるものがあるかもしれないので、よく覚えておいてほしい。

この例では、目標額が1万0905ドルだったジェフが、6カ月かけて資産を入れ替えるだけで経済的自立を達成できた。ジェフの場合は支出にはまったく手をつけていないが、そちらも実行すれば、目標額はさらに大きく減っただろう。ジェフほどの資産がなくても、入れ替えられるものはあるかもしれないし、何かしらあれば目標額を10～100%減らすチャンスはある。

表4.2に書き出したパッシブ収入をよく見て、入れ替えによって目標額を減らすことができないかを考えよう。これは、パートⅡとパートⅢを読み終わったときにも再度考えてみるとよいだろう。

今は、思いついたアイデアを最低3つ書き出してみよう。

現在、パッシブ収入を生んでいる資産を入れ替えるアイデア

1．＿＿＿＿＿＿＿＿＿＿＿＿＿＿＿＿＿＿＿＿＿＿＿＿＿＿

2．＿＿＿＿＿＿＿＿＿＿＿＿＿＿＿＿＿＿＿＿＿＿＿＿＿＿

3．＿＿＿＿＿＿＿＿＿＿＿＿＿＿＿＿＿＿＿＿＿＿＿＿＿＿

《ミニ知識――仮想銀行について》

もし３％で資金を借りて、それを住宅ローンとして６％で貸し、しかも政府の保証がつくとしたらどうだろう。実は、スティーブ・ジュガードが仮想銀行と呼んでいる会社がまさにこれをしている。これらの会社は、支払った利息の３％と住宅ローンで得る６％の差に10倍のレバレッジをかけているが、利益の90％を配当しなければならない。このタイプの２社であるNLYやANSは本書執筆時点で14％の配当を行っており、巨額のキャピタルゲインも見込める。

《ミニ知識――利回り16%以上も可能な財産差し押さえ権》

多くの州では、不動産関連の未納税金に関する財産差し押さえ権（または滞納処分譲渡証書）を売却している。州によって違うが、高いところだと利回りが50％にもなる場合がある。これは今日すぐにでも入手できるうえ、不動産という担保も付いている。詳細はジョエル・モスコウィッツ著『ザ・16%・ソルーション（The 16% Solution）』を読んでほしい。

次は、**表4.3**のメアリーの例で非生産資産を活用する方法について見ていこう。彼女の資産は、何も生産していない。われわれの文化のなかでは、このようにただ集めるということがよく行われている。それでも幸いなことに、メアリーの経済的自立への目標額は2741ドルで、贅沢なジェフの目標額よりずっと少ない。

まず、メアリーの自宅には14万5000ドルの価値があり、これに８％の住宅ローンを支払っているが、これを15年ローンに借り換えれば金利は５％強に下げることができる。そのうえ、現在のローンがあと17年残っているので、支払い期間の短縮にもなる。そして、金利を削減することで返済額は変わらなくても支払額は約８万5000ドル減ることになる。

もしメアリーが資産を年率の14％の投資に回すことができれば（具体的な方法は後述する）、１カ月の収入は992ドル増加し、たった２カ月の作業で経済的自立に36％近づくことになる。

次にメアリーは、売却可能な資産をいくつか持っている。もし２台の車を売って第３章で紹介した車の戦略を使えば、毎月支払っている自動車ローンの700ドルを削減できる。そしてさらに9000ドルの現金（１万ドルの中古車を２台購入したあと）が手元に残ったために、それを活用して毎月90ドルの収入を得ることが可能になる。こうなれば、経済的自立まではあと959ドルになる。しかしメアリーは、これでは自分のライフスタイルが変わってしまうような気がして実行に踏み切れないでいる。

メアリーは、宝石類にも手をつけたくないと思っている（特に75％も値下がりしているものは）。美術品やCDも売りたくない。ただ、ボートは家族もほとんど使っていないし、インフレのヘッジとして買った切手のコレクションや銀貨は見ることすらないため、手放してもよいという。そこで、３つを売却したところ経費を差し引いて２万6500ドルになった。

次に、このお金を使って不動産ラップという戦略を試してみることにした。先に得た資金で４件扱える。これは、手持ちの物件をローン付きで売却し、買い手は銀行に住宅ローンを支払うようにして売り手に元本と金利を支払う。もし返済が履行されなければ物件は売り手に戻るために、別の相手に売却することができる。詳しくは、第12章でジョン・バーリーが説明している。

メアリーは、この戦略を学べる資料を買い、勉強した[2]。そして、６カ月で４つのラップ案件を締結し、合計で約70％の純リターンを得た。これで自立に1545.83ドル近づいたため、自立を達成してしまった。経済的自立までに要した時間は約８カ月で、そのほとんどはすでにある資産を再活用することだった。

さあ今度は読者の番だ。**表4.3**に手放してもよいと思う非生産資産を10個リストアップしてみよう。さらに、清算したくない資産とその理由もメモしておく。この部分は、自分の欲しいもの、いわば経済的自立よりも欲しいものを示唆していると思ってよいだろう。この作業をしながら、自分には経済的自立などできないと落ち込むようならば、自己破壊的な傾向があるのかもしれない。自立までの心理的な抵抗は、これだけで１冊の本が書けるほどだが、本書の範疇を超えている。

《スザンナのケース》

最初に年率80％や100％の案件があると聞いたとき、スザンナはインチキだと思った。それでも、一応調べを進めてみることにして、この種のテクニックを学ぶことができるワークショップに参加した。スザンナはこの間、20の物件に申し込んだが、60％の金額しか提示しなかったため１件も合意に至らなかった。もともと２～５％程度の成約率だとは思っていたが、ほとんど反応がなかったため、仕方なく「調査中、パートナーの承認待ち」という一文を入れることにした。

しかし、あきらめずに毎週末広告を出していたところ、驚いたことにその月のうちに２件の申し込みがあり、交渉を重ねて１カ月で最初の案件を締結した。５万5000ドルで購入した物件の契約にかかった費用は、わずか6000ドルだった。

スザンナはこの中古物件に対して、ワークショップで習ったとおり頭金を低く抑えた緩い条件の広告を出した。すると30件の問い合わせがあって最終的に７万7000ドルで売却することができた。買い主は頭金3500ドルを支払い、残額には９％の利息を支払うことで合意した。結局、契約終了時のスザンナの現金支出額は2500ドルで、すべての支払いを終えたとき、毎月279ドルのキャッシュフローを確保していた（もともとあった住宅ローンを除く）。

スザンナは、９カ月間で同様の契約を15件結び、すでに経済的自立を達成している。

《アクションステップ》

▶現在収入を生んでいる資産をさらに活用する方法について考える。

▶現在収入を生んでいない資産を活用する方法について考える。

▶行動を起こす。ゴールを設定（いつまでに何をするか）して実行する！

パッシブ収入を大幅に増やすための追加戦略

パートⅡとパートⅢにはパッシブ収入を増やすための戦略が紹介してある。もし気に入ったものがあれば、さらに調べを進めてその分野のスペシャリストになってほしい。そして、資産を再活用したら、それを守っていく必要がある。パートⅣで述べる投資の基本は資産を守るための重要項目なので、投資を始める前に読んでよく理解しておい

表4.5　非生産資産のなかで経済的自立のために再活用してよいもの

再活用できる資産	清算額
例――もう見なくなった古いコレクション（切手、レコード、本）	$2,000

てほしい。

次のセクションでは、いくつかの重要ポイントを指摘しておく。

まず、**お金を生むためにお金をかける必要はない。**必要なのは、調べることと、お金を持っている人たちとネットワークを作ることなのである。例えば、調べを進めるうちに50万ドルを支払えば、毎月２万0833ドル（50％）を受け取ることができる素晴らしい案件を見つけたとする（もちろん可能だ）。もし、これに出資してくれる投資家を見つけてリターンを折半すれば、自己資金なしに毎月１万ドルの収入を得ることができる。しっかりとした安全な案件で25％の利益が得られるとなれば、たいていの人は出資するため、投資家を探すのはそう難しくないだろう。大事なことは良い案件を探すことで、それさえ見つかればほかの人のお金を使って収入を得ることができる。われわれは裕福な世界に住んでいるということも、発想に取り込んでおくとよいだろう。

２つめのキーポイントは、**パッシブ収入のほうが給与所得よりも税率が低いということで、場合によってはまったくかからないこともあ**

る。つまり、もし経済的自立の目標額が5000ドルでそのうちの1700ドルが税金であれば、現在の収入をパッシブ収入に変えるだけで500ドル以上節税できる。そして、目標額も4500ドルに減る。

不動産案件のなかには課税されないものもある。例えば、毎年不動産は減価償却していく。これにコストはかからないが、その物件から得ているパッシブ収入と相殺すれば、節税できる。うまくいけば不動産収入は課税されないかもしれない。

また、不動産を売るときは、1031条交換という方法がある。これを利用すれば手持ちの不動産をそれと同等以上の価値の不動産と交換した場合、課税が繰り延べられる（1031条は、内国歳入法の条項）。

例えば、もし25万ドルの２世帯住宅を15年間償却して、現在の簿価が12万5000ドルになっているとする。そろそろこれを売却して次の物件を買い、償却額を増やしたいと考えるころだろう。仮に、売却価格が60万ドルだとすると、通常では利益である47万5000ドル（売却額－簿価）に課税されるが、もし75万ドルの建物を買って1031条交換を適用すれば、家賃収入も償却額もずっと大きくなるうえ、税金は繰り延べられる。ただしこれはほんの一例なので、実行するときは必ず税理士のアドバイスを受けてほしい。

目標を、いくらためるかではなく、経済的自立を達成することに変えると、時間はさほど大事な要素ではなくなる。毎月200ドルためて資産を形成していこうと思えば時間は重要だが、われわれはすでに時間とは無関係の方法をいくつも学んでいる。支出を減らす、資産を入れ替える、非生産資産を生産資産に変える、素晴らしいリターンを生むアイデアを提供する代わりにほかの人のお金を利用するなどの方法において、時間は大きな要素ではない。

《ミニ知識――他人のお金を利用する》

不動産を使った高利回りの案件の場合、個人的な信用力がかかわってくる。いくつかのラップ案件を締結したところで、銀行や住宅ローン会社から突然負債額の限度に達したと告げられれ、融資が打ち切られる。仮に、自己資金５万ドルで50万ドルを借りて安い住宅を10件買い、50％のリターンを得ているとしたら、もっと借りられそうな気がする。しかし、銀行はそのような見方をせず、案件の数で制限しようとする。

それではどうすればよいのだろう。別の投資家を見つければよい！　実際、本書の著者のひとりも、これをやっている。このような案件のエキスパートを探し、その人にすべての作業を任せて、自分は資金を出した。そうして得たキャッシュフローは、今後投資家が30％、残りをエキスパートがすべての作業と引き換えに受け取っていくことにする。もし何も作業をしないで今後30年間30％のリターンを得られるとすればどうだろう。安全な契約だと思えるのであれば、もちろん出資するだろう。そして、もしこれがエキスパート側の立場なら、収入は永遠に続く。このエキスパートになることこそ、他人のお金を利用することなのである。

《アクションステップ》

▶他人のお金を使って永遠にリターンを得られる良い案件を探す。うまくいけば、１件ですぐ経済的自立が達成できる場合もある。

▶パートⅡやパートⅢの戦略をよく理解したあと、もう一度この項を読み返す。

▶良い案件についての研究と調査に真剣に取り組む。

パラダイムシフト――経済的自立までの道は思ったより近い

経済的自立を達成するためには、自分の通常の発想の枠組みを超えて考えることが重要なカギになる。みんなができるということやできないということに捕らわれていてはいけない。このような制限を取り払ったとき生まれるアイデアこそ、パラダイムシフトと呼ぶことができる。「インフィニット・ウエルス」ワークショップでは、タープとバーリーが大きくパラダイムシフトできるよう働きかける[3]。これまでやってきたこととまったく違う何ができるか、これまでとまったく違う考え方をしたら何ができるか、このようなパラダイムシフトが経済的自立を達成するうえで非常に大きな影響力を持つ場合がある。

ここで、６つのパラダイムシフトの例を挙げておく。このなかには、もうすでに見てきたものも含まれている。

今すぐできる６つのパラダイムシフトを見てみよう。

１．目標を自分が欲しいお金の額から、経済的自立に必要な額に切り替える　現時点では自分の目標額はすでに分かっているはずで、考えるべきことはこれをどうやって減らすかということ。今欲しいお金をどうやって手に入れるかという考え方から大きく転換する。

２．税金は経済的自立の目標額の大きな部分を占めているが、これを合法的に減らす方法はある　給与収入からパッシブ収入に切り替えるだけでも、恐らく目標額は10％以上減るだろう。さらに、もし会社が納税前に経費を差し引いてくれれば、30％の削減も可能だろう。ただし、このためには綿密な計画と多少の作業が必要になる。

３．力になってくれない会計士は必要ない　会計士やファイナンシャルプランナーのなかには、何を聞いても「それはできない」というタイプもいる。そのときは、もっと生産的なアドバイスをしてくれる人を探し、自分の希望を達成するための手助けを依頼する。

４．支出を減らし、資産を入れ替え、ほかの人のお金を利用すれば経済的自立を数カ月で達成することは可能　考え方さえ変えることができれば、できる。もし「６カ月～１年で目標額をゼロにするためには何をしたらよいか」と自問したとき、「何年もかかるに決まっている」などと思わず、方法を考え始めたのであれば解決策はいずれ見えてくる。そして、本書はその助けになるようにデザインされている。

５．お金のために働いていない人は、お金を生むシステムについて考えようとする　システムというのは、ある程度自動的にお金を生む仕組みであり、平均的な知識があれば簡単にできる。例えば、ファストフードのチェーンは各フランチャイズ内にたくさんのシステムを持っている。顧客を迎えるためのシステム、調理システム、清掃システム、配達システムなど、さまざまなシステムを使って機能している。

また、事業所有者は通常効率と利益率を上げる方法をシステムとして考えるが、普通の人はそうしない。「これから株はどうなる」「何を買ったらよいのか」という代わりに、「リスク管理をしながら儲かるシステムはどうしたらできるか」などと考える。本書はそれを実行するための枠組みを示しているが、自分でもシステム単位の発想を始めてほしい。「次は何をしたらよいのか」などと言っている場合ではない。

６．何かを変えるためには、まず自分が変わる　多くの人にとって革命的なアイデアかもしれないが、その前提は「結果は自分が生んだもの」という簡単なことでしかない。これについては、第16章の「間違いを修正する――すべてのカギ」で詳しく述べる。実際、もし自分の望む結果が得られていなければ、その理由を自問する必要がある。「やり方を変えられないか、成功を阻んでいるのは何か」ということを考える過程で、資産の入れ替えをしていたときと同じ問題点に直面するかもしれない。非生産資産なのにパッシブ収入を生む資産と入れ替えられなかったのはなぜなのだろう。そういうものがひとつでもあったのならば、その理由を考えてみることで自分に何が起こっているかを知ることができる。そして、自分の課題を認識することは、それを克服する第一歩になる。

インフィニット・ウエルス・セミナーに参加した人の多くは、10～20のパラダイムシフトを見つけている。読者も、本書を読み進めながら、自分の経験をリストにしてみよう。

《パラダイムシフトを使って経済的自立を達成する方法》

ピートの目標額は、1カ月にたった2600ドルで、これは住宅ローンとして8.5％で借りた32万5000ドルを毎月4537ドル返済しているからだった。

あるときピートは、キャッシュフローが良くて値上がりも期待できるコンドミニアムの案件を見つけた。

しかし、この物件を買うには約8％のローンを組まなくてはならないために、これを返済しながらプラスのキャッシュフローを確保するのは難しい。そこで、住宅ローンのブローカーに相談すると、次のような戦略を勧めてくれた。ピートの家とコンドミニアムの価値はそれぞれ55万ドルと15万ドルなので、2つ合わせて67万ドルのローンを組む。すると、自宅とコンドミニアムの両方に全額融資を受けたうえ、約4万ドルの現金が手元に残る。

これだけでは良いアイデアには見えないかもしれないが、このローンは短期のLIBORを基にしており、借り入れ当初の利率はわずか3

％だった。当時の返済額は1832ドルで、コンドミニアムから得た470ドルのプラスキャッシュフローと相殺すると、実際の返済額は１カ月1362ドルに下がった。そして４万ドルのほうは高利回りの債券に投資して、１カ月300ドルを得ていたために、実際の支払額はさらに下がって1062ドルになった。

創造的な融資によって、ピートは経済的自立に3475ドル近づいたため、もともとの目標額だった2600ドルをクリアして自立を達成し、余剰資金で楽しんだり、さらなる投資を行ったりしている。

《キーポイント》

▶現在、所有している資産を効果的に入れ替えるだけでも、経済的自立は達成できる。

▶非生産資産（実際には資産とは呼べない）は、生産資産と交換できる。

▶他人のお金で経済的自立をすぐに達成することは可能で、その過程で出資者も経済的自立に近づくことができる。

▶パラダイムシフトを起こす。どうすれば経済的自立を果たすために発想を転換できるかさえ分かれば、たったひとつのアイデアと適切な行動のみで達成できることもある。

《アクションステップ》

▶経済的自立のためのノートを１冊用意して、まず目標額を書き入れる。あとは、アイデアが浮かぶたびに書き込んでいく。

▶同じノートに自立達成に近づくためのパラダイムシフトも書き込んでいく。

▶経済的自立の重要ステップを阻む心理的ブロックが何かを考える。

▶『マーケットマスタリー』1999年12月号に掲載した「パラダイムシフト・フォー・ウエルス・アンド・トレーディング・サクセス（Paradigm Shifts for Wealth and Trading Success）』を読む。これはインフィニット・ウエルス・セミナーの参加者の話からヒントを得て書いたもので、詳しくはIITMに問い合わせてほしい。電話　919-852-3994または800-385-4486。（マーケットマスタリーはターブ博士が発行しているニュースレター）。

注

1．ここでは、資産入れ替えの趣旨を再度説明している。資産の安全性はまた別問題で、それについては後述する。

2．ジョー・アルト著『リアル・エステート・ラップス（Real Estate Wraps）』（セミナーのテープ）。IITMで入手可能（電話919-852-3994または800-385-4486）。

3．IITMのインフィニット・ウエルス・ワークショップについての問い合わせは、919-852-3994または http://www.iitm.com/。セミナーは毎年開催される3日間のコースと、通信教育版がある。

PART Ⅱ

良い時期も悪い時期も利益が上がる株式マーケット戦略

Profitable Stock Market Strategies For Good Times And Bad Times

パートⅠでは経済的に自立するための計画を立てた。そこで今度は、株式マーケットを使って目標額を減らすための簡単な戦略を立てていこう。

第５章では、株式市場に影響を与える経済的な要因の背景を簡単に紹介する。恐らく、マーケットは2000年に大きなベア相場のサイクルに突入し、少なくともこれが15年は続く可能性がある。しかしマーケットがどのような状態でも儲けられる方法をこれから学んでいくと思えば、これも悪いことではない。みんなが損失を出しているときも利益を上げ、もし見通しが間違っていても、次にいつ上昇が始まるかを１分弱で知ることができる簡単なモデルを紹介する。これが分かれば2003年のようなブル相場や、危険な下げ相場なども予想できる。

第６章では、ミューチュアルファンドの実情を理解する。マーケットが長期で下降しているときに、ミューチュアルファンドに資金を寝かせておくのは危険なことで、この多くが10年後には生き残っていない可能性もある。しかし、ミューチュアルファンドで毎年マーケットの平均リターンを上回る方法がないわけではない。第６章ではその方法に加え、ヘッジファンドが適した人にはその情報の取得方法も紹介する。

第７章は下降相場で大きな利益を上げる方法を見ていく。ベアファンドへの投資法や、多分に過大評価されている銘柄を見つけてその下げに便乗することで、大きな利益を上げる方法を学んでいこう。

第８章でも、さらにカギとなる株式戦略を紹介する。ここではニュースレターの推奨記事をどのように見極め利用するかや、効率的な銘柄の見分け方と買い方などを見ていく。後者のテクニックは、マーケットの回復期にとてもよく機能する。そしてもっとも重要なのが、清算価格よりもさらに割安で買う方法だろう。もしマーケットの見通しが正しければ、このテクニックを使って割安株のポートフォリオをそろえておくことで、マーケットの回復期にこれらの銘柄がトップパフォーマンスを上げてくれるかもしれない。そして、最後に、これらをほとんどリスクなしに実行する方法も伝授する。

第5章

株式市場が大変なときでも大丈夫

Times Will Be Very Tough For Stocks, But Not For You

> **「歴史から学ぶ、というのは自然にできることではない。子供が熱いストーブに触ってはいけないと悟るのは火傷をしたあとでしかないように、他人のどんな警告も、ほんのわずかの注意さえ喚起することはできない」**
>
> ――ニコラス・タレブ

2015年までに、ひどければS&P500が186、ダウ平均が2700ドルまで下げると予想している。しかし、このような状態になっても大きな利益を上げて経済的自立を達成できる戦略を、次の数章で紹介していく。

1990年代は大部分において「株を買って保有する」というのが常識だった。投資戦略もいらないし、いつ手仕舞うかを心配する必要もなかった。しかし、この常識の愚かさは、2000～2002年に温めてきたポートフォリオが75%以上下落したことで露呈した。老後の蓄えの多くが煙と消え、もう二度と働かなくてよいと思っていた老人が、スーパーマーケットやファストフードで最低賃金の仕事をしている。

なぜ常識は通用しなくなってしまったのだろう。もっとも簡単な答えは、株を買うことが常に良いわけではないということだろう。もちろん、歴史を見ると株はこれまでかなり魅力的な投資先だった。ものすごく割安になったことも何度かある。しかし、逆に良くない投資先だったこともあり、現在はそういう時期なのかもしれない。

本書の目的はマーケットを予想することではなく、やみくもに株を買って保有し続けるのをやめ、時期を選んで株に投資するための枠組みを示すことにある。そしてそのために株を増やす時期か、注意して買う時期か、あるいは避ける時期かを判断するための比較的簡単なモデルを紹介する。

本章ではこれ以降、長期のメガサイクルとその原因について学んでいく。本章を執筆している2004年初め時点で、株式市場の長期トレンドは下降しているが、その理由を知りたければこの章をよく読んでほしい。

また、マーケットの長期サイクルが変化する時期がはっきり分かる方法も学んでいく。恐怖感からだれも株を買いたくなくなっているときは、株価がかなり割安になる。このようなときは大いに買い時であるため、これが起こっている時期が正確に分かる方法も見ていこう。

最後に、マーケットの現在の状況を教えてくれる１－２－３というモデルも紹介する。マーケットに大きな影響を与える要因は３つあるが、１－２－３モデルが状況に合わせてサインを出し、何をすればよいかを教えてくれる。マーケットは次の10～15年で2003年のように急反発（上昇トレンド）するが、このときサインの読み方が分かっていれば、大きな利益を手にすることができるだろう。これを書いている最中でも、マーケットはこれまでの大きなトレンドと反して上がり始めており、これについて１－２－３モデルが2003年４月にすでにサインを出している。このモデルを毎週更新する方法（所要時間は１分以下）も、もちろん学んでいく。

マーケットの長期傾向と現状が分かったら、次の数章で紹介する株式戦略のうちどれがもっとも利益を出すかは簡単に分かる。

それでは、今度は長期的にマーケットが下がっていく理由を見ていこう。

《ミニ知識――マーケット指数は変化している》

あくまでバイ・アンド・ホールドを買くトレーダーや投資家にとって、特に関心があるかもしれない話題を紹介しよう。ダウ平均が設定された当初の30銘柄のうち、現在も残っているのはGE（ゼネラルエレクトリック）ただ１銘柄だということを知っているだろうか。

すべての指数（ナスダック、ダウ平均、S&P500など）は、パフォーマンスの悪くなった銘柄を良いものと入れ替えている。トレード判断を左右する数値にもっと注意を払うべきではないだろうか。

常識の真相を暴く――マーケットの18年メガサイクル

歴史は、株価に長期サイクルがあることを示している。マーケットは長いこと上げたあとは下げ、時々はるかかなたまで上がると次は大きく下落する。本書を執筆している現在は2000年初めに歴史上最大の上昇相場が終わったところにある。

マーケットには、長期投資家を喜ばせるブル相場、動きのない横ばい相場、そして投資家を悲しませるベア相場という３つのタイプがある。史上もっとも利益を上げたブル相場は1982～2000年に起こり、もし1982年に１万ドルで主な銘柄を組み合わせて買っていたら、2000年には15万ドルになっていたことになる。もしこれがテクノロジー株（例えばナスダック指数）ばかりだったら30万ドルになっていた可能性もある。この素晴らしいチャンスを生かして、多くの人が大儲けした。

ブル相場は、マーケットの参加者全員がこの上昇が永遠に続くと思い始めたころに終わることが多い。みんなが興奮してすべての資金を株につぎ込むと、買い手がいなくなってブル相場は実質的に終わる。

これは、2000年初めに起こった。

1982～2000年のブル相場は非常に長かったことから、メジャーなブル相場と呼んでよいだろう。実際これは20世紀最大のブル相場だった。1987年と1990年に短い調整期があってこれを２次的なベア相場と呼ぶこともできるが、1982年の安値から2000年の高値までの一連の動きは、メジャーなブル相場といってよいだろう。

マーケット史を研究しているマイケル・アレキサンダーによると、過去200年間に似たような上昇相場はあったが、これほど極端なものはなかったという[1]。**表5.1**には1815年以降に起こったメジャーなブル相場をリストアップしてある。これらは、平均約15年間続き、投資家に年率約13.2%の利益をもたらした。また、1815～2000年の間にブル相場は103年間あった。

バイ・アンド・ホールド派には気の毒だが、メジャーなブル相場のあとにはメジャーなベア相場が続く傾向があり、このときの暴落によって行きすぎた相場が調整される。現在、アメリカは2000年初めに始まったメジャーなベア相場のなかにある[2]。**表5.2**には、メジャーなベア相場をリストアップしてある。

ベア相場は平均して約18年続き、実質的なリターンは0.3%（年率）になっている[3]。つまり、株価はこれから長期間下げていく可能性がある。

「マーケットはまだ下げ続けるのか？　何が起こっているのか？」。アメリカでもっとも下落が大きかったのはナスダック総合指数（大部分がテクノロジー株）で、ベア相場に入って３年ですでに75%下げている。1994年４月から2000年６月のブーム期には、ナスダックの利益は1598億ドルだったが、2000年７月１日から2001年９月31日の損失は1610億ドルだった。７年間の利益がわずか15カ月で消し飛んだことになる[4]。

表5.1　メジャーなブル相場

ブル相場	およその期間	実質リターン（年率）*
グッドフィーリング時代**	1815–1835	9.6%
鉄道ブーム	1843–1853	12.5%
南北戦争以降	1861–1881	11.5%
第1次世界大戦前	1896–1906	11.5%
狂騒の20年代	1921–1929	24.8%
第2次世界大戦戦後ブーム	1949–1966	14.1%
ハイテク時代	1982–2000	14.8%

* NYSEの値上がり率。ハイテク時代に最大の値上がり幅を記録したナスダックではない
** グッドフィーリング時代とは共和党一党支配の時期のこと

表5.2　メジャーなベア相場

ベア相場	およその期間	実質リターン（年率）*
1812年戦争前	1802–1815	2.8%
最初の大不況	1835–1843	−1.1%
南北戦争前	1853–1861	−2.8%
銀行危機＃1	1881–1896	3.7%
銀行危機＃2	1906–1921	−1.9%
2度目の大不況	1929–1949	1.2%
インフレ時代	1966–1982	−1.5%
テロとの戦い	2000 現在	?

注＝1812年戦争とはイギリスとの戦争のこと

《ミニ知識――株は本当に安全か？》

ナスダックは、2002年５月の時点でピークから70％下落している。ピーク時のナスダック企業の負債額は２兆3000億ドルに上っていた（ナスダック発表のデータより）。なかでも最大の企業（マイクロソフトとインテル）では、時価総額２兆ドルに対して２兆3000億ドルの負債を抱えていた。これは言ってみれば２万ドルの車に２万3000ドルの自動車ローンがついているようなもので、もちろんマーケット

全体にとっても良いわけがない。ナスダックが2002年５月で負債データを公開しなくなったのも不思議ではないし、むしろ現在われわれがメジャーなベア相場にある理由が理解できるような気がする。そして2004年初めの現在、この数字はさらに悪化していると考えられる。

マーケットはどこまで下げるのか

マーケットが通常の水準（あるいはそれ以下）になると、調整が終わったとみなせることが多い。そして、この通常価格が、再び長期の買いに入る時期を判断する目安になる。通常水準は、PER（株価収益率）と配当金という２つの要素を基に判断していく。

PERを使って底を見極める

株の価値を、株価と収益の比率で判断する投資家は多い。この比率はPER（株価収益率）と呼ばれている。例えば、１株当たり１ドルの収益を上げている銘柄の株価が15ドルであれば、PERは15倍になる。

PERの意味が分からなければ、家になぞらえて考えるとよい。もし10万ドルの家を買って、１年間１万ドル（経費後）の家賃収入を見込めるものであれば、その家の価格はPER10倍（10倍×１万ドル＝10万ドル）ということになる。もし、５万ドルの家でも１万ドルの利益が得られるのであれば５年で元がとれ、それ以降の収益はおまけになる。素晴らしい案件と言えるだろう。価格が５万ドルで、年間１万ドルの家賃収入が見込める家のPERは、５倍ということになる。

もちろん、支払額は収益の10倍より５倍のほうが良いに決まっているが、もしこれが100倍の100万ドルだったら良い案件とはとてもいえない。

20世紀のPERは約14.5倍だったのに対し、過去50年に限るとこの比率は約16倍に上がっている[5]。そしてブル相場のピーク時には、PERが平均値の３倍近い40倍台半ばまで上がっていた。つまり、通常水準まで少なくとも50％の調整があることは間違いないということになる。ただし、ベア相場は通常水準まで戻すだけでは終わらず、極端なレベルまで調整してしまう。

１年後のマーケットは、現在の水準よりも50～100％上げているかもしれないし、下げているかもしれない。それよりもむしろ2010年の水準を予想するほうがはるかに簡単で、楽観的な見通しでは今日よりもずっと高くなっているだろう。

このベア相場が終わる前に、人々が再び買いに入りたくなるような急激な上昇があったあと、みんなの富を奪う暴落があるだろう（もしパートⅣのリスク管理の原則に従っていなければ）。ベア相場の最後の何年かは崩壊の段階になる。こうなると、人々は希望を失い、疲れ切って持ち株をマーケットの言い値で手放してしまう。

この段階における株価は非常にお買い得で、優良銘柄でもPERは過去の平均値を大幅に下回る収益の６～10倍まで落ち込んでいく。しかし、これを買うには心理的な抵抗があり、すべての銘柄がお買い得になっていく。1974年の大底では、S&P500銘柄が収益の７倍になっており、1982年のベア相場でも８倍だった[6]。

ベア相場は、たいてい優良銘柄が非常に割安になるまで続く。例えば、企業収益が下げ止まったとして（メジャーなベア相場の大前提）、ダウ平均とS&P500がそれぞれ2700ドルや186に下がらないと、PERは７倍にはならない。これは歴史的に見て非常に割安な値と言える[7]。

配当金から底を見極める

配当金も、株の価値を判断するための基準として利用できる。配当金は、株の所有者にパッシブ収入をもたらすものだが、株式市場が創設されて間もないころは収益報告に関する規制がほとんどなかったことから、唯一信頼に値する情報は配当金の額だった。もし毎年配当があって、しかもそれが全体的に増加していれば、投資家は報告された収益が本当だと分かる。そこで配当金が高いことは、優良企業のあかしになっていった。

前回のブル相場で収益が上がっていた時期に、配当金を支払っていた企業は多くなかった。3年間の調整が終わってからも、ダウ平均組み入れ企業の配当金の平均支払額はわずか2.36％しかない。過去のデータによれば、この平均が5～6％になれば株価は割安であるため、ダウ平均は今日のベア相場が終わるまでに3774～4543ドルのあたりに調整されていくと考えられる。次は、配当利回りが現在1.77％のS&P500を見てみると、これが5～6％になるためにはやはりベア相場が終わるまでに262～315までは下がることになる。

マーケット心理から底を読み取る

メジャーなベア相場は、みんなが恐怖に震えるようになったときに終わるが、まだそのサインは見えていない。恐がってだれも株を保有したがらなくなると、もっとも優良な銘柄の配当金は5～6％になる。年金制度の担当者は、株はリスクが大きすぎるから買わないでくれとファンドマネジャーに指示を出し、株の話などしようものならそんなリスクの高いものは話題にするだけでも信じられないという顔をされる。テレビをつけても、株を買って保有しようなどという人は出てこない。この極端な恐怖感が多くの人に浸透しないうちは、底は遠い。

マーケットが底を打つときの極端な安値は、恐怖が広がることで生まれる。こうなると、少数の人たちが株を買い始め、これが素晴らしいリターンを生む。なかには、現在の清算額よりはるかに安くなっているものや、企業が保有している現金残高より安くなっているものまで出てくる。

現在のベア相場の終わり方はいくつもある。このような危険な時期、投資家にとってもっとも良いケースはこのまま横ばいで長期間推移することで、株価は企業の収益が少しずつ上昇してくるまでは非常に割安になっている。このような状態では、マーケットがさほど下落することもなく、優良銘柄のPERが10～12程度になった時点でこのベア相場は終わる可能性がある。また、何らかのきっかけによって企業収益に劇的なシフトが起こるなど、さまざまな可能性が考えられる。

ただし、このようなベア相場に関する話を聞いて落胆する必要はない。本書は、投資家とトレーダーのための安全な戦略について書かれたものだということを思い出してほしい。紹介した戦略の多くは、ベア相場に対処するためにデザインされており、パートⅣのリスク管理戦略と合わせて適切に実行すれば、かなりの高利益が上げられるようになっている。そこで、まず現在のマーケットがどのような状態にあるのかを判断する方法を見ていこう。

《ミニ知識――天井を付けたときのマーケット心理》

1999年の初めごろ、パーティーの話題といえば株だった。だれもが投資の話をしており、秋ごろになると筆者がセミナー会場としてよく使っていたホテルのバーテンダーでさえ、マーケットのエキスパート気分になっていた。あるときバーテンダーのひとりがわれわれの講義を聞いてみたいと言うと、もうひとりが「そんな必要はないよ。セミナーの内容なら自分が教えてあげるから」と答えていた。ウエーターをしながら内容を耳にしたようだった。彼は株で17万6000ドル儲けているので、もうすぐ引退するのだという（皮肉なことに、もし経済的自立を本当に理解していれば、すでに引退できているはずだ）。

この時期、テクノロジー関連の株かミューチュアルファンドを買えばほとんどの場合儲かったため、だれもが株のエキスパート気分になっていた。雑誌を開けばファンドマネジャーのアドバイスが載っており、特に高パフォーマンスを上げたマネジャーは人気があった。平均的な人へのアドバイスはたいてい「まず良い銘柄かミューチュアルファンドを買って、それをずっと保有する。長期的な視野に立って、株さえ買っておけばお金持ちになれる」というものだった。

2000年に終わったようなメジャーなブル相場は、株価を信じられないような高値まで押し上げた。しかし、天井に達した時点の市場参加者には欲と興奮しかなく、指針となる計画もないため、不合理な判断が下されることが多い。

どのような状況においてもマーケットの動きを理解する

マーケットの現状が理解できたら、それに適した戦略を選ぶことができる。このとき株式マーケット用の１－２－３モデルが役に立つだろう。このモデルの名前の由来は、マーケットに影響を及ぼす３つの要因から来ている。ここで、マーケットの評価、FRB（連邦準備制度理事会）の定める金利状況、そして株価という３つの要素がどのように作用しているかを見ていこう。モデルには次の３つのサインがある。

青信号　　買い
黄信号　　保有
赤信号　　売り

もし３つの条件がすべて有利な状態であれば青信号、つまり買い時ということになる。これまで青信号の状態（1927年以降、全期間の26％を占めている）では、株価が19.5％上昇した。

もし３つのサインのうち２つが有利であれば黄信号、つまり保有し続ける。この状況は全期間の50％を占め、年間リターンは10.7％だった。

もし３つのうち２つが不利になっているときは赤信号で、売り時とみなす。この状態の株価は、年間9.7％下落している。

もしこの知識を備えていれば、2000～2002年は赤信号の状態だったため、株価崩壊に驚くこともなかっただろう。

次に、株式市場についてもっとも重要な質問を見ていこう。

●株は高すぎないか
●FRBが邪魔をしているか
●市況は悪化しているか

これらの質問に対する答えは、マーケットに影響を及ぼす要因をすべてカバーしている。ひとつずつ詳しく見ていこう。

株は高すぎないか

株が高いというのはどういう意味なのだろう。長い年月を通して株高、株安ということをもっとも明確に示してきたのがPERだろう。

株高は、過去75年間の平均PERよりも高い状態と定義できる。1927年から2002年半ばまでのPERが17.0以上の時期（株高の期間）に株を買っていれば、年間リターンはわずか0.3％だった。この間、PERが17％を超えていたのは全期間の約36％だった。しかし、もしPERが17％以下のとき（全体の64％）に買っていれば、年間リターンは12.4％になっていた。現在、PERは17.0％をはるかに上回っており、株は高

図5.1　マーケットは高すぎないか…イエス

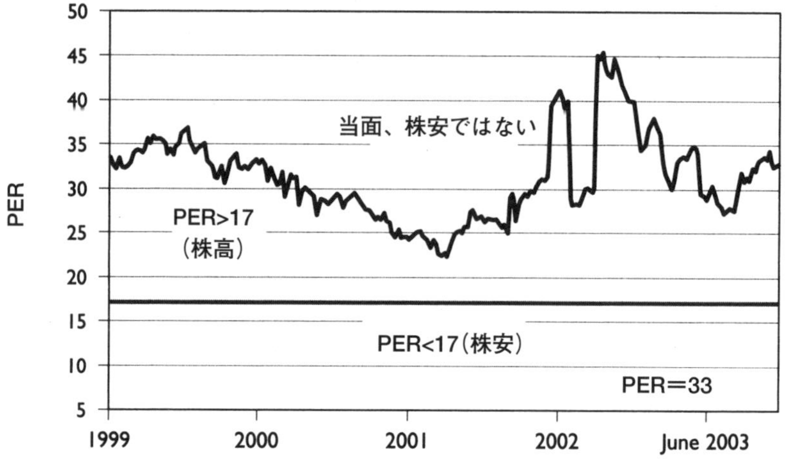

いことになる。この状況を**図5.1**に示してある。

FRBが邪魔をしているか

株が上がるかどうかを見極めるための第二の要因は、資金があるかどうかになる。もし、企業が安くお金を借りられるのであれば、株式市場も上昇トレンドに乗るし、高い資金しか手に入らなければ株は下がる。このときFRBによる利上げ、あるいは利下げが良い目安になる。[8] FRBが、金融を引き締めると（利上げ）株式市場は下げることが多く、逆に金融を緩めれば（利下げ）株は上がることが多い。

FRBが邪魔をしているかどうかは、簡単に分かる。これはFFレート（市中銀行の準備預金の貸し出しレート）引き上げ後6カ月間がポイントで、この期間に何もないか、途中で利下げが行われればFRBはもう邪魔はしていないと考えてよい。**図5.2**は、過去5年間の公定歩合を示しているが、これを見るとFRBが邪魔をしていないことが

図5.2　FRBが邪魔をしているか…ノー

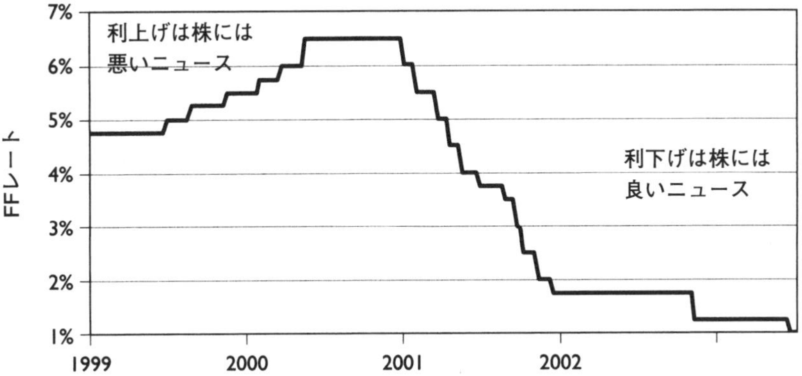

分かる。本章後半では、この指標の更新の仕方も紹介する。

ここで少し金利について考えてみよう。もし銀行が12%の利息を支払うようになれば、どうなるのだろう。恐らく、みんな株を売って預金をする可能性が高い。低リスクで高リターンが得られるのであれば、わざわざ株のリスクをとる必要はないため、人々は金利が上がれば株を売る。

しかし、これは一般的な法則であり、法則には必ず例外がある。FRBは1999年のほとんどの期間で利上げを行っていたが、実際に株式市場が下げ始めたのは2000年３年になってからだった。同様に、ベア相場に突入したことがはっきりするとFRBは金利を下げ始めたが、2000年の株価下落以降12回利下げを行ったにもかかわらず、マーケットは2003年春まで下げ止まらなかった。

今度は、反対側から見てみよう。金利が下がると人々は資金を預金や債券からもっと高リターンの投資先に移そうとする。そして、たいていは株を買うことになる。また、金利が下がると、企業は高金利時には利益が出ないような利ザヤの薄いプロジェクトにも取り組むことができるようになる。これがマーケットの自然な変動ということになる。

ここで金利がどのようにマーケットに影響するかを見てみよう。FRBはほとんどの期間（71%）利上げを行っていない、つまり邪魔はしていない。そして、この時期の株式のリターンは年率10.9%になる。しかし、FRBが邪魔をする29%の期間は株の年間リターンは1.0%に下がるため、注意が必要になる。

市況は悪化しているか

どんな条件があったにしても、とにかく株価が上がらなければ株を買って儲けることはできない。例えば、2002年10月中旬の時点でダウ平均は７カ月連続で下げており、この明らかな下降トレンドに逆らった人たち（無視したり保有し続けている）は損失を出していた。

反対に、株価が上昇すると、ほかの条件がどんなに悪くても利益は出る。例えば、1999年９月～2000年３月のメジャーなブル相場の最後の６カ月は、ひどい状況だった。株価は企業の収益に比べて激しくインフレ状態にあり（優良銘柄のPERは30台後半になっていた）、FRBも利上げを続けていた。しかし、人々は熱狂的に買い続け、この６カ月で２～３倍になった銘柄も多数あった。

マーケットは人々の予想よりもはるかに複雑であり、観察は欠かせない。つまり、マーケットの動きを示す指標を組み込んでいないモデルは完全とは言えない。先に見た簡単な指標では、マーケットが67%の期間は上昇していたことが分かっており、このような状態のとき株のリターンは年率12.6%になっている。

同様に、マーケットは33%の期間は下げており、この指標が下降を示すときには、株は年間1.6%の損失を出している。また、マーケットのモメンタム指標は、45週間の株の平均値で、もし株価がこれより

図5.3　市況は悪化しているか…ノー

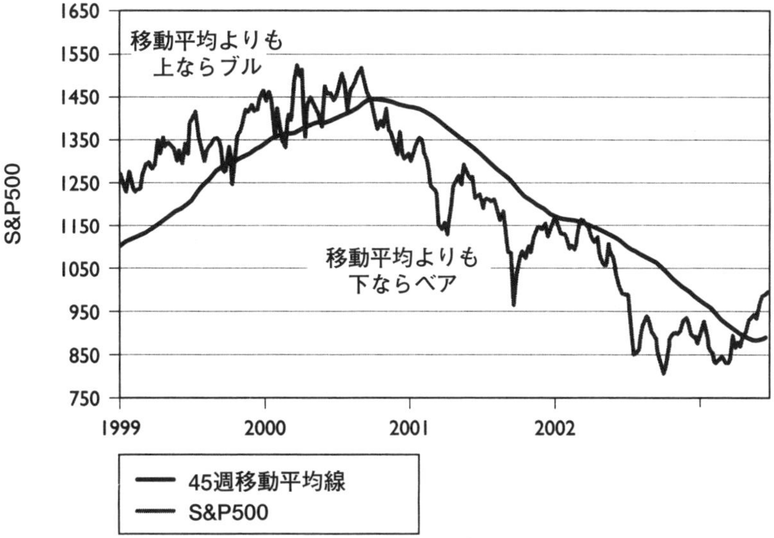

上であれば強気、下であれば弱気と言える。

これを執筆している2004年１月時点のマーケットは、上昇している。マーケットの長期サイクルは下を向いているが、モデルは株価が上がることを示しており、今回のサインが初めて出た2003年４月以降、ずっとそのとおりになっている。また、S&P500指数は、**図5.3**のとおり45週移動平均線を上回っている。われわれは、何百もの指数をモニターしているが、基本的にすべてが次の３つに分類できる。３つの質問の答えを使えば、それを利用すれば買うべきか、売るべきか、それとも保有し続けるべきかが判断できる。

１－２－３モデルのまとめとして、３つの質問を覚えておこう。

●株は高すぎないか

●FRBが邪魔をしているか

●市況は悪化しているか

これらの情報を調べるのが面倒であれば、『インベストメント・ユニバーシティ（Investment University）』（無料）か、タープのニュースレター（無料）に１－２－３モデルの状態が掲載されている。これらは、ｅメールで申し込める。

Investment University　http://www.investmentu.com/
タープのニュースレター　http://www.iitm.com/

《アクションステップ》

１－２－３株式モデルが現在どのモードにあるかを見る。この情報を自分で記録するか、『タープソート（Tharp's Thoughts）』（IITMの週刊ニュースレター）を購読する。

たくさんの情報を儲かる戦略に転換する

まず、本章で登場する重要情報をまとめておこう。

赤信号　売り

これまで、１－２－３モデルの質問のうちイエスが２つか３つあれば、年間リターンは－9.7％だった。株の長期保有をやめるだけでなく、この状況を利用してできることがいくつかある。

例えば、第７章で紹介しているとおり、ベア相場用のミューチュアルファンドを買ったり、過大評価されている銘柄を空売りするのもよい。ただし、これを実行するためには、必ずパートⅣのリスク管理のテクニックを理解してからにしてほしい。

株価が低迷しているときは、第８章で紹介するグレアム基準に該当する会社を探してみよう。これは極端に過小評価された銘柄を処分価格で買うことのできる戦略で、赤信号の期間が６カ月以上続いていたら買い、反騰が始まったらその一部を売却すればよい。この素晴らしい銘柄をただで大量に買うことができる方法は、あとで詳しく述べる。

最後に、株式市場が赤信号モードのときは、マーケットでほかに何が起こっているかを観察しよう。モデルが赤信号サインを出すときは、強力なインフレ圧力かデフレ圧力がかかっていることが多い（第９章参照）。強力なインフレ圧力があるときには、金、収集品、不動産（第９章と第12章参照）などに集中したほうがよいかもしれない。また、デフレ圧力の下では、現金、外貨、外国債（第10章参照）などを検討するとよいだろう。重要なのは、さまざまなマーケットの動きを把握しておくことで、そのために本書後半で紹介するモデルをモニターしておけば、どこに資金をつぎ込めばよいかが分かる。

黄信号　バイ・アンド・ホールド

３つの質問のうちイエスが１つのときは、株式の年間リターンが10.7％になっている。ここで、簡単な法則を紹介しよう。まず、100から自分の年齢を引いてみよう。この答えが、黄信号のときのポートフォリオ内の株式の割合（％）の目安になる。40歳であれば、ポートフォリオの60％を株式に配分するのである。ただし、株式の内容は極めて割安なものか、かなり効率の良いものにしておくことを勧める。このような銘柄を選ぶ戦略は、本書後半で紹介する。

マーケットが黄信号に近づいてもまだ株高が続いていたら、警戒してほしい。黄信号で株価が高いのは、ベア相場の反動である可能性が高く、すぐに赤信号に戻ってしまったり、この状態が６カ月からときには２年くらい続くことも考えられる。このようなときには、赤信号のときに極めて割安で買った株の一部を売ってもよい。特に70～100％利益が出るのであれば、ぜひ検討してほしい。含み益がここまで高いときには、保有株式の２分の１から３分の２程度で売ってもよい。こうすれば、残りの株の元手が回収できるため、この分はリスクフリーの状態で長期保有が可能になる。詳しくは、第８章を見てほしい。

青信号　強い買い推奨

１－２－３モデルのすべての答えがノーであれば、株は毎年19.5％の利益を上げてくれる。この時点では、グレアム基準（第８章参照）に従ってかなりの株を保有しているはずだが、残りの資金で効率性の高い銘柄を買っていく。ただし、パートⅣのリスク管理は忘れないでほしい。バイ・アンド・ホールドだけでも年間19.5％のリターンが見込める時期に、本書で紹介するリスク管理テクニックを使えばさらに高いリターンも可能になる。

《キーアイデア》

▶現在は、2000年から始まったメジャーなベア相場のなかにあり、恐らくこれは2018年以降まで続くだろう。

▶優良企業のPERが１桁になり、配当利回りが５％以上になれば、今回のベア相場は終わる。そうなると、人々は恐がって株を保有しなくなる。

▶現在の状況では、長期のバイ・アンド・ホールド戦略はうまくいかない。

▶第７章のベア相場の戦略と、第８章の極めて割安な株を買う方法を読む。

▶1－2－3モデルを使えば、株を積極的に買う時期、我慢すべき時期、ベア戦略を試す時期などが分かる。赤信号、黄信号、青信号という3つの状況に合わせたガイドラインに注目する。
▶具体的な株の戦略は、次の3つの章に書いてある。

《アクションステップ》

▶1－2－3モデルを更新して、現在株式市場がどのような状態にあるのかを判断する。
▶もし青信号なら、第6章～第8章を読んでからパートⅣのリスク管理を学び、最後に使いたい戦略を選ぶ。
▶もし黄信号なら、現状維持。100から自分の年齢を引き、その答えをポートフォリオに占める株式の割合の目安にする。
▶赤信号なら、第7章を読む。次に第8章のグレアム基準を使って、割安株を買う方法をしっかりと理解する。さらに、パートⅣのリスク管理を読んだうえで、使いたい戦略を選ぶ。

注

1．マイケル・アレキサンダー著『ストック・サイクルス（Stock Cycles）』
2．2000～2003年の株価下落は世界的な現象だった。2003年3月時点で日経平均は20年来の安値を更新し、ドイツのダックス指数は2000年から73％下落して2003年だけでも年初以来3カ月で27％下げていた。アジアでは2003年に急速に回復したものの、多くは1997年以降ベア相場に入っていた。この時期は、スイスの株式市場でさえ2000年以降55％も下落していた。

３．実質的なリターンは、インフレ調整後の値。アレキサンダーによると、1802年以降の実質リターンは6.8％で、このうち３分の２は配当金によるもの。

４．データの出所は、マーチン・ワイス著『クラッシュ・プロフィット（Crash Profits）』。

５．楽観主義者は、現在のトレンドラインである17がPERの新しい通常水準だと主張している。

６．２つのベア相場は、ともに「インフレ時代」のメジャーなベア相場の一部。本当の底（ドルの購買力で換算した損失額の底）に達したのは1982年になってからだった。

７．GAAP（一般的に認められている会計原則）に基づいた今日の収益は、かなり誇張されている。

８．FRBはアメリカの中央銀行で、金利を決定し、紙幣を印刷し、ほかの銀行の動きを指導する立場にある。ただ、多くの人が誤解していることだが、FRBは政府機関ではなく、非公開会社になっている。

第6章

来るべきミューチュアルファンド危機――危険を逃れ、利益に向かうための舵取り

The Coming Mutual Fund Crisis : Steering Out Of Danger And Into Profits

「今こそ負債から抜け出すときだ。手持ちの株を投げ売りすることはないが、現在の高値は利用するよう勧める。まずは、自分の財政状態をきちんと整理しよう」

――チャールズ・メリル、1929年の大暴落前に顧客に送ったニュースレターより

もし、次の15年間にマーケットが大幅に下げれば、ミューチュアルファンド業界は深刻な状態に陥る。もし、ミューチュアルファンドを買っていれば、そこにつぎ込んだ資金は15年後には存在していないかもしれないのである。

本章の目的は、現在ミューチュアルファンドが抱える問題を理解することで、それによって将来みんながどっと逃げ出すときの混乱を避けることができる。ここでは、多くのミューチュアルファンドが抱える「触れられたくない秘密」を紹介する。ミューチュアルファンド運営の舞台裏で、ポートフォリオマネジャーに課されている制限が分かれば、マーケット平均を超えるのが非常に難しいことが分かるだろう。ベア相場が長引くと、多くのミューチュアルファンドの損失が拡大する理由も知ることができる。

危機の可能性があるということは、チャンスでもある。ミューチュアルファンドについて学ぶことで、結果的にポートフォリオマネジャ

ーよりも有利な点、つまり毎年彼らのパフォーマンスを上回るヒントを得ることもできる。また、これまで述べてきたこととは関係なく利益を出せる戦略も紹介していく。

もしまだであれば、本章冒頭の引用を読んでほしい。そして、チャールズ・メリルの時代と現在の証券業界を比較してほしい。今後のマーケットの展開は似ているようにも見えるが、今日、チャールズ・メリルのような人物はいるのだろうか。

チャールズ・メリルは1929年（大暴落）の前年、顧客に株を売るよう勧めている。実は、大暴落の数カ月前、メリルはクーリッジ大統領に投機をやめさせるための呼びかけを嘆願すると同時に、自社で保有していた株式を清算した(その嘆願は受け入れられなかった)。その後、メリルはすべての顧客と社員をつれてＥ・Ａ・ピアースと合併し、自身は非常勤役員に退いた。

2000年の株価は、1929年のころよりずっと高いが、顧客に売りを勧めた証券会社やミューチュアルファンドのトップをひとりも思い浮かべることはできない。それどころか、彼らはバイ・アンド・ホールドを勧め、大手証券会社のアナリストも危険なほど過大評価された銘柄に、買い推奨を出している。

株を売ってそのお金で負債をなくすというチャールズ・メリルのアドバイスは、今日でも妥当だと思う。しかし、いつしか顧客のお金を守るべき人たちが正しいアドバイスをするよりも、その資金を取り込むことしか考えないようになってしまった。

面白いことに、もし大手証券会社が正しいアドバイスをしていれば、恐らく顧客はもっと裕福になっていて、お金をほかに移すこともなかっただろう。しかし、信じていたプロの「どんなときでも売ってはいけない」という間違ったアドバイスによって、顧客は資金も証券会社への信頼もなくしてしまった。

今日、深刻な状態に陥っている運用会社は多い。責任の連鎖で問題は解決せず、結局ほとんどの個人投資家は破産する。ミューチュアルファンドのケースで、問題点を見ていこう。

ミューチュアルファンドの「触れられたくない秘密」

ミューチュアルファンドではリサーチとトレーディングと会計担当のバイスプレジデント、ヘッジファンドではファンドマネジャーと、両方の業界で働いた経験を持つスティーブ・ジュガードは、ファンドマネジャーの考え方をよく知っている。ポートフォリオマネジャーとヘッジファンドマネジャーのコーチングを行ってきたバン・タープも、彼らの考え方が分かっている。これから解き明かしていく秘密は、この2人の経験に基づいている。[1]

ベンチマークを超えるということ

お金を集めて代わりに投資を代行してくれるミューチュアルファンドは、理論的には非常に正しい。たとえ2000ドルの投資でも、すべてのS&P500銘柄の小さな一部を所有できる。ここまではよい。しかし、顧客は利益を求めて投資したのに対し、ファンドマネジャーはこの高給の仕事を手放さないため、という別の目的を持っている。顧客のために利益を上げれば、そこからファンドマネジャーの報酬も出ると思うかもしれないが、実は違う。彼らの仕事はベンチマーク（基準値）を超えることなのである。

ファンドマネジャーのベンチマークには、たいてい株の指数が使われている。例えば、ナスダックのバイオテクノロジー指数がベンチマークで、それが75％下落したときファンドマネジャーが顧客の損失を70％に抑えればクビにはならない。むしろ、ベンチマークを上回ったということで巨額のボーナスを受け取り、顧客の蓄えは煙と消える。

実は、ファンドマネジャーはこの高収入の仕事を維持するために、ベンチマークの指数とほぼ同じポートフォリオを保っている。こうすれば、ベンチマークをひどく上回ることも下回ることもない。これが事実であることを、われわれは直接見て知っている。

買ったファンドがベンチマークを下回るのはほぼ間違いない

ベンチマークを上回るという目的が達成されないのは、ほぼ間違いない。ファンドマネジャーが保守的であればあるほど、ベンチマークと同じ銘柄が増え、ポートフォリオがベンチマークに近づけば近づくほどこれを上回る可能性は低くなる。ミューチュアルファンドはパフォーマンスの如何にかかわらず手数料を取り、この金額は運用資産の一定割合（たいていは１～２％）になっている。つまり、保守的なファンドマネジャーの下では、ベンチマークの指数を１～２％下回ることになると考えてまず間違いないだろう。もしS&P500が年間20％下がれば、平均的なミューチュアルファンドは約21～22％下げ、この差はもちろん手数料としてファンドマネジャーに支払われた分に当たる。

この問題を解決する方法は、指数を模倣し、コストが最小であるインデックスミューチュアルファンドを買うことだと多くの人が信じている。インデックスミューチュアルファンドは、多くの大手ファンドファミリーに含まれているが、ケン・ロングによるさらに良い解決策が本章後半に示してある。ただ、始めたばかりで本書前半で紹介した自動振替によって資金をためている段階であれば、5000～１万ドル程度たまるまではインデックスファンドでよいだろう。

危険な下降スパイラル

長期の純利益は、もっと深刻になる。株のマーケット指数の主なもの（ダウ平均、S&P500、ナスダック総合指数）には、高い割合でマイクロソフトが組み込まれているために、多くのファンドマネジャーもマイクロソフト株を多数保有している。しかし、本書執筆現在、この銘柄はもっとも勧められない銘柄のひとつといえる（株価は売り上げの８倍）[2]。もちろんファンドマネジャーはそんなことは気にせずにベンチマークの指数で大きな割合を占める銘柄を買っていく。

マイクロソフトのような大型株が下げると、指数は危険な下降スパイラルに陥ることがある。また、個人投資家がパフォーマンスの低さにうんざりしてミューチュアルファンドを売ると、ファンドが顧客への清算のために株を売り、マイクロソフトはさらに下がる。

そして、この顧客の清算による潜在的なパニックは、マイクロソフトだけでなく、主要指数に含まれるすべての大型株に影響を及ぼす。このような値動きが2002年秋から始まっているが、少なくとも現時点では大パニックには至っていない。

ファンドは資金をすべて株につぎ込まなくてはならない

われわれは2002年のほとんどをかけてアジア、ヨーロッパ、北米のミューチュアルファンド・マネジャーにリスク管理とポートフォリオの損失防止について、話を聞くチャンスに恵まれた。しかし、彼らの大部分があまり興味を示さなかった。彼らはみんな、資金の一部を現金にしておくと、次に大きく上昇するときにほかのファンドを上回ることができないと考えていた。いずれにしても、ファンドマネジャーは憲章によって常時株式で運用していなければならないうえ、彼ら自身もそれに異存はない。また、100％株を買っておくためには、ベンチマークを構成する大型株を保有せざるを得ない。つまり、もしマーケットが暴落しても、ファンドマネジャーは安心して顧客が損をするのを眺めていられるということになる。

本来、お金を増やしてくれるべき人が、損失が膨らむのを傍観することになる時期はいつなのだろう。もしメジャーなベア相場に入ると、先のような考えのファンドは生き残れるのだろうか。2003年３月に始まった反発で今のところは何とかなっているが、現状を理解し、ほかの選択肢を知ることで、マーケットが転換したときに十分な情報の下で判断を下せるようになってほしい。投資判断は、あくまで自分の責任で下さなければならない。

ミューチュアルファンドをうまく利用する

マーケットが下降傾向のとき、ミューチュアルファンドが危険だということは分かったと思う。ただ、大きなリスクがあるときは、大きなチャンスもあることが多い。ケン・ロングがそんなチャンスを見つけてくれたようである。

ロングは、アメリカ陸軍でシステム開発の仕事をしている。システム開発の修士号を持つ彼は、この技術を使ってマーケットの上を行くさまざまな方法を開発し、大成功を収めている。

ロングのシステムには、ファンドマネジャーよりも優れた点がいくつかある。まずミューチュアルファンド・マネジャーは、すべての資産をマーケットで運用しなければならないのに対し、一般投資家は現金を預金して利息を得ることもできる。次に、ミューチュアルファンドはたいていは巨大なポートフォリオを抱え、それをすべてマーケットで運用しなくてはならないため、売買しているうちに株価が変わってしまうこともある。それに対して、普通の投資家は数量の制限などないため、即座に実行できる。

ロングは資金の流れを見極め、ファンドマネジャーよりも先にそこに行く。そして、それより良いアイデアが浮かぶまでそこに止まる。繰り返しになるが、この場合は個人のほうがずっと有利に動くことが

表6.1　トアータスが毎年マーケットを追い越す[a]

年	S&P500	トアータス
1999	20.4%	98.1%
2000	−9.8%	26.6%
2001	−12.1%	9.9%
2002	−23.4%	−8.6%[b]
2003	22.2%	22.7%

(a) トアータスシステムをストロングファンズモデルに適用
(b) ストロング・ファミリーには、金のファンドが含まれていなかったが、金のファンドが含まれていたファンドファミリーは2002年にプラスの成績を上げた。
出所＝http://www.tortoiseadvisors.com

できる。結局、ロングが狙っているのは上昇スイングのかなりの部分を確保しつつ下降スイングのほとんどを避けることで、これまでのところもっともパフォーマンスの良いミューチュアルファンドとそのベンチマークを常に上回っている。この戦略は、先述の株式モデルの青信号または黄信号に非常に適している。

ミューチュアルファンドの危機は、この先悪化する一方で、ほとんどのファンドが目標とする指数を下回る状態が続いて廃業することになるだろう。しかし、ケン・ロングの戦略は非常に期待が持てる。この簡単なシステムは小規模投資のメリットを生かして大手ファンドを彼らの土壌で打ち負かしている。ロングのシステムの成績を、**表6.1**に示しておく。

ロングは、今回本書のためにファンド乗り換え戦略の内容と導入方法をまとめた特別レポートを執筆してくれた。このレポートは、http://www.iitm.com/ から無料で入手できる。ぜひ読んで、自分に合った戦略かどうかを考えてみてほしい。

《アクションステップ》

▶保有しているファンドの四半期報告書や月次報告書を読む。ただファイルするのではなく、自分のお金がどうなっているのかを知っておく。果たしてマーケットを上回っているのだろうか。

▶http://www.iitm.com/ にアクセスして、ケン・ロングの特別レポートを入手する。

《キーアイデア》

▶もし今後15年間株式市場が大幅に下げるのであれば、自分のミューチュアルファンドも破綻する可能性がある。

▶ミューチュアルファンドのポートフォリオマネジャーが必ずしも顧客のお金を増やすために仕事をしているとは限らない。ポートフォリオマネジャーの一番の目的は、今の仕事を確保しておくためにベンチマークの指数を上回ることであるうえ、運用上できることとできないことの制約がある。

▶多くのミューチュアルファンドがベンチマークを上回れないのは、①資産内容は指数と変わらないのに手数料が引かれるから、②下降相場でも株を保有していなければならないから、③生き残るための基本的なリスク管理を理解していないから。

▶もし、人々がミューチュアルファンドを清算し始めると、ファンドマネジャーはベンチマークに含まれているため保有している銘柄を売らなければならず、結果として指数に含まれる割合の大きい銘柄ほど下げることになる。

▶ケン・ロングの戦略を使えば、ミューチュアルファンドをうまく利用できる。大きな上昇相場の大部分を取り込んで大きな下降相場を避けることができれば、S&P500と大部分のミューチュアルファンドのパフォーマンスを上回ることができる。

ヘッジファンド――純粋なパッシブ投資

10年連続で年間リターン12％を上げ、月別に見ても95％がプラスになるようなファンドがどこかにあるのだろうか。あるいは統計的に長期国債ファンドよりもリスクが低く、年間平均リターンが10％のファンドや、株式市場とほとんど、あるいはまったく相関性がなくても常時投資家を満足させているファンドはあるのだろうか。

このようなファンドは実際に存在する。ただしこれらは非公開ファンドで、なかなか見つけることはできない。広告はしないし、することもできないうえ、投資家の人数も制限している。また最低投資額が高く、新規の募集も行わない。運用成績からは分からないリスクがあるうえ、１年間以上の解約できない期間もある。これらの条件にもかかわらず、ヘッジファンドには資産をさらに増やしたい経験豊富な投資家が集まってくる。これがヘッジファンドの世界である。

最高の投資家やトレーダーは、ヘッジファンドの運用に引き付けられていく傾向がある。それは、素晴らしいパフォーマンスによる高い報酬で、たいていは１～２％の運用手数料に加え、利益の20％以上の成功報酬がマネーマネジャーに支払われるからである。もし継続して20％以上（手数料後）の利益を上げてくれるのであれば、みんな喜んでこの手数料を支払う。ビジネス・ウィーク誌（2003年７月14号）がヘッジファンドマネジャーの報酬を調べたところ、トップ５の年収は１位が６億ドル、２～５位の平均でも２億2500万ドル以上だった。そのうえ、これらのファンドの相当部分が彼らの自己資金だった。

トップトレーダーがミューチュアルファンドではなく、ヘッジファンドを運用したがる理由はほかにもある。ヘッジファンドは1933年米国有価証券法や1940年投資会社法で規制されないため、これらの法律が禁止する運用も自由に行える。例えば、ヘッジファンドならベア相場でも空売りできるが、これは大部分のミューチュアルファンドには許されていない。また、運用資産の大部分を現金にしたり、高リスクな投機と言われているオプションや先物を使うこともできる。皮肉なことに、これらの投資は個人投資家が自分で行うこともできるが、自己資本額が小さいと、プロに運用を任せるほど洗練されていない投資家とみなされてしまう。

ヘッジファンドはミューチュアルファンドほど規制がきつくない分、悪用される可能性もある。しかし、不正行為はまれであり、しっかり調査を行って独立した第三者が監査を行うと同時に預かり資産も管理していれば、まず大丈夫だろう。

前述のとおり、富裕投資家（「適格投資家」とも呼ばれる）だけがヘッジファンドに投資することを許されている。本書を執筆している2004年初めの時点では、正味資産が最低100万ドルあるか、最近２年間の年収が最低で20万ドル（または夫婦の合算所得が30万ドル）あり、今年も同様の収入が見込めないとヘッジファンドに投資することはできない。しかし、もしヘッジファンドに投資するほどの資産がなくても、真剣に投資を学ぶつもりであれば、知識として押さえておくべきだろう。ヘッジファンドについては本書の範疇外なので『ワット・エブリ・インベスター・ニーズ・トゥ・ノウ・アバウト・ヘッジファンズ（What Every Investor Needs to Know About Hedge Funds)』（無料の本）を作成した。詳細は、http://www.iitm.com/ または電話（919-852-3994）で問い合わせてほしい。

《アクションステップ》

▶ http://www.iitm.com/ にアクセスして『マーケットマスタリー』の2004年１・２月号に掲載された『ワット・エブリ・インベスター・ニーズ・トゥ・ノウ・アバウト・ヘッジファンズ』を読む。これは、ジョン・モールディンのインタビューで、無料ｅブックになっている。

▶ もし適格投資家に該当するのであれば、下のリストを使ってオンラインでヘッジファンドを探すこともできる。

▶ 不正行為や予期しないリスクの可能性があるため、興味を持ったファンドについては徹底的に調べる。

ヘッジファンドに関しては、次のサイトでさらに詳しい情報を入手できる。

▶ http://www.hedgefund.net/ には1000以上のヘッジファンドの情報が載っている。登録は適格投資家のみ可能。

▶ ヘッジファンド・アソシエーション（http://www.thehfa.org/）は、ヘッジファンドの業界団体。

▶ http://www.hedgeworld.com/ は、ヘッジファンドに関する日刊ニュースレターを発行している。

▶ http://cisdm.som.umass.edu は、マサチューセッツ州立大学アマースト校のセンター・フォー・インターナショナル・セキュリティーズ・アンド・デリバティブス・マーケットが主催するヘッジファンドに関する学術的なサイトで、独立系のリサーチなども多数掲載している。

▶ http://www.aima.org/ は、ザ・オルタナティブ・インベストメント・マネジメント・アソシエーションのサイトで、これ自体も良い情報を載せているが、もっとも有益なのはほかのサイトへのリンク集。
- ▶http://www.accreditedinvestor.ws/ は、本書のためにヘッジファンドに関するeブックを執筆してくれたジョン・モールディンのサイト。適格投資家であれば、無料ニュースレターや分析を入手できる。また、http://www.johnmauldin.com/ からは、経済に関する週刊ニュースレター（無料）を入手できる。

《キーアイデア》

- ▶ヘッジファンドは、長期的に見ればマーケットの状態にかかわらず株と比較して低リスク高リターンの投資先。
- ▶ヘッジファンドには、さまざまなスタイルとリスクレベルがあるため、投資するときはしっかりとした事前調査が必要。
- ▶トップクラスのトレーダーや投資家は、高い報酬に引かれてヘッジファンドを好む傾向がある。近い将来ヘッジファンドに投資する予定がなくても、これを理解して彼らが何をしているかを知っておくべき。

注

1．『マーケットマスタリー』2003年１月号に掲載された「アン・インタビュー・ウィズ・スティーブ・オキーフ（An Interview with Steve O'Keefe）」には、彼のアナリストやポートフォリオマネジャーとしての経験が語られており、これも参考になる。

２．売り上げの８倍の本当の意味は、マイクロソフト株の利益が１株当たり3.50ドルであるのに対し、株価は１株当たり28ドルであるということ。もし株主が同社の売り上げをすべて回収できたとしても、売り上げが伸びないかぎり、元を取るためには８年かかることを意味している。

第7章

状況が悪くても高利益を上げるための戦略

Strategies For Great Profits In Bad Times

「ベア相場でも慎重に資金を運用すれば、ブル相場のときよりも短期間で、しかもこれまでよりも低いリスクで同様の利益を上げられる」

――ビクター・スペランデオ

株式市場がひどく下げているとする。周りはみんな文句を言っているが、自分の口座残高だけは上がっているので良い気分だ。実際、マーケットが下げれば下げるほど、利益が増えるとしたらどうだろう。天才の気分が味わえるかもしれないが、実はごく簡単な戦略しか使っていない。株式市場におけるわれわれのバロメーター、1－2－3モデルが赤信号に変わったので、ベア相場用の戦略を2つ使い始めただけなのである。このためにかかった時間はほんのわずかだが、マーケットが下げていれば毎週利益が上がる。

最初の戦略は、マーケットの下降時に利益が出るファンドに投資することで、このためには毎週約30分間マーケットを観察する必要がある。2つめの戦略は、割高になっている銘柄を探し、それを借りて売ることで（空売り戦略）、ベア相場では大きく値下がりすることが期待できるため、安く買い戻せる。

戦略1――ベア・ミューチュアルファンドを利用して儲ける

ベア・ミューチュアルファンド戦略を開発したのには、3つの目的がある。まず、ベア相場でも平均以上のパフォーマンスを上げることで、ほとんどのポートフォリオマネジャーが失敗するなかでこれだけでも十分難しい。しかし、歴史を振り返ると、この200年の間に株式市場の実質リターンは毎年平均6.8％ずつ上がっている（インフレ調整後）。しかも、過去50年間に限れば、1982～2000年のブル相場もあってこの数字は9％近くなる。2つめの目的は、平均を超えるだけでなく、下落した年でも最低10％のリターンを確保することにある。そして3つめには、さまざまな投資対象（例えば、ETFと呼ばれる指数連動型投資信託）に対して一様に適用できて、年金ファンドでも使える戦略が欲しかったからである。

第6章では、ミューチュアルファンドについて学んだ。これらはマーケットが上昇しているときはよいが、下落しているときはどうだろう。われわれはマーケット平均を上回るだけではなく、常に利益を上げることを望んでいる。

大富豪の投資家であるウォーレン・バフェットも「驚異的なことをしなくても、驚異的な結果は出せる」と言っているように、簡単な方法がうまくいくときもある。このことを念頭において、1－2－3モデルが赤信号のときに利益の出る簡単な方法、つまり下降相場で儲かるファンドに投資する。すでにミューチュアルファンドを買っているのであれば、同じ戦略は多くの年金ファンドでも採用できるはずである。この戦略は主要な指数平均値の週単位の変化を基にして行う。

表7.1は、1998～2002年にかけた主要株価平均の週ごとの変化を示したもので、この期間には激しいベア相場と激しいブル相場が各2年間と、歴史的にももっとも変動した年のひとつである2000年が含まれている。これらの変化は、絶対値に直して平均と標準偏差を算出して

表7.1　1998～2002年の主要指数の週間変化率（絶対値）

年	ダウ30種平均	S&P500	ナスダック
1998	2.05%±1.48	2.12%±1.47	2.84%±2.14
1999	1.89%±1.58	2.04%±1.57	2.86%±2.02
2000	2.27%±1.74	2.46%±1.95	5.35%±4.52
2001	2.35%±2.34	2.27%±2.03	4.61%±3.19
2002	2.13%±1.73	2.17%±1.74	3.19%±2.07
平均	2.14%±1.77	2.21%±1.75	3.77%±2.8

ある。[1]ここから分かるとおり、ダウ平均とS&P500の１週間の変化は、平均約２％だが、ナスダックではほぼ４％になっている。

ベア相場戦略では、ほとんどのミューチュアルファンドのベンチマークにもなっているS&P500に注目する。もし、これから15年間株式市場が長期に下落したら、ミューチュアルファンドの大半は相場が転換する前に消滅してしまうかもしれない。人々が解約するたびに、これらのファンドはS&P500を売ることになるため、シナリオどおりにいけばS&P500に逆行することで大きな利益が上がるだろう。

ライデックスファンドとプロファンズは、それぞれ主要株価指数と反比例したパフォーマンスを上げるファンド（インバースファンド）を設定している。これらのファンドは、指数が下がればファンドの価値が上がる。しかし、先述した戦略に当てはまるのは、レバレッジなしのインバースS&P500ファンドのみで、ダブル・レバレッジド・ファンド（下落の２倍の速さで上昇する）は使えない。**表7.2**に、ファイデックスファミリーの主なファンドを示してある。同社では、最低２万5000ドルから口座を開設できるようになっている。興味があれば直接問い合わせてほしい。連絡先は、http://www.rydexfunds.com/または電話800-820-0888（アメリカ）。これらのファンドは、シュワブ

表7.2　ライデックス・ベアファンド

ファンド名	対象指数	シンボル	2/26/2003 現在の1株当たりの価格
アークトス	ナスダック100のインバース	RYAIX	$25.79
アーサ	S&P500のインバース	RYURX	$9.18
ジュノー	30年国債のインバース	RYJUX	$20.67
テンペスト	S&P500のインバース×2	RYTPX	$48.44
ベンチャー	ナスダック100のインバース×2	RYVNX	$27.45

をはじめとするディスカウントブローカーを通しても買うことができ、この場合は2500ドルから取引ができるところもある。多くのファンドファミリーでは、2000ドルまでIRA口座を利用することも可能になっている。

このタイプのファンドには、プロファンズ・ベアファンド（BRPIX）やライデックス・アーサ・ファンド（RYURX）などがある。また、3つめの可能性としてS&P500を対象としたETFであるスパイダース（SPY）を空売りする方法もある[2]。ただし、これは年金ファンドの多くで許可されていない。

2つめのファンドファミリーはプロファンズで、こちらもさまざまなベア・インデックスファンドを提供している（**表7.3**）。口座開設については、電話888-PRO-FNDSまたは同社のサイトhttp://www.Profunds.com/に問い合わせてほしい（アメリカの電話は番号のボタンにアルファベットもついている）。個人投資家の最低投資額は1万5000ドルで、こちらもディスカウントブローカーを通せば取引もIRA口座の開設もずっと安く利用できる。さらにプロファンズでは、取引終了時だけでなく、日中でも解約できる時間を数回設けている。

表7.3　プロファンズ・インバース・マーケット・ファンド

ファンド名	対象指数	シンボル	2/26/2003 現在の1株当たりの価格
ショートOTC	ナスダック100のインバース	SOPIX	$19.93
ベア	S&P500のインバース	BRPIX	$32.86
ライジングレート	30年国債のインバース	RRPIX	$23.22
ショートスモールキャップ	ラッセル2000のインバース	SHPIX	$22.49
ウルトラベア	S&P500のインバース×2	URPIX	$21.60
ウルトラショート	ナスダック100のインバース×2	USPIX	$18.61

それ以外に、割高株を売っているプルーデント・ベアファンドを利用する方法もあるが、これは２つめの戦略と少し似ている。同ファンドのベア相場（つまり赤信号のとき）における平均上昇率は、年間30％になっている。

ベア相場のミューチュアルファンド戦略

ベア相場のミューチュアルファンド戦略を成功させるためには、いくつかの条件が整わなくてはならない。

状況設定

次のような環境が整ったときは、投資する準備をしておく。

●１－２－３モデルが赤信号（売り）になっている。この条件は、ベア相場戦略を実行中にマーケットが上昇傾向になったときの予防になる。

●S&P500指数が、５週間前よりも低い（１ポイントでもよい）。この条件は、マーケットが狙った方向（下落）になるまで待つためのもので、下げ幅は小さくてもよい。

仕掛けのルール

仕掛けるべき環境が整ったら、金曜日の終値が出るのを待って計算を始めよう。この戦略には資産の０％、25％、50％という３つの投資レベルがあり、この戦略で50％以上は使わない。

- 先の状況設定が整っていることを必ず確認する。もし整っていなければ、何もしないで１週間待つ。もし整っていれば、次のステップに進む。
- S&P500の前週と今週の金曜日の終値を比較した変化率（％）を算出する。もしプラスであれば、何もしないで次の金曜日に状況設定を確認するところから始める。もしマイナスなら次に進む。
- もし下落率が５％以上なら、月曜日に資産の50％でベアファンドを買う（**表7.2**か**表7.3**から選ぶ）。この戦略で資産の50％を超える投資は行わない。
- もし下落率が2.5％より上で５％未満であれば、月曜日に資産の25％でベアファンドを買う（**表7.2**か**表7.3**から選ぶ）。
- もし下落率が０％と2.5％の間であれば、月曜日には何もしない。しかし、もし次の３日間もS&P500指数が下げ続ければ、途中で仕掛けるかもしれない。もし月～水曜日の間に（先週の金曜日と比較して）2.5％以上下げたら、その翌日に資産の25％でベアファンドを買う（**表7.2**か**表7.3**から選ぶ）。

もしこの戦略で資産の25％しか投資していなければ、上記ステップを毎週金曜日に繰り返し、条件が整えば、あと25％投資してもよい。

手仕舞いのルール

次の指針に従って、手仕舞いのタイミングをつかもう。

●直近の金曜日とその前週の金曜日の変化率（%）を算出する。もし変化がマイナスならば、有利な展開なので何もしない。もしプラスなら、次のステップに進む。
●もし上昇率が3%未満であれば、そのまま現在のポジションを維持する。
●もし上昇率が3%を超えていたら、S&P500が3%上昇するごとに資産の10%相当のベアファンドを売るという方法で、ポジションを減らしていく。
●上の方法だと、もし資産の50%（最高比率）でベアファンドを買っていれば、3%の上昇が5回あれば、すべて手仕舞うことになる。例えば、1週間で6%上昇したときは、資産の20%に当たるベアファンドを売ることになる。
●2つめの手仕舞いサインは、S&P500の金曜日の終値が5週間前よりも高いときで、こうなったときはベアファンドのすべてのポジションを売却する。
●上記以外に、CBOEボラティリティ指数（たいていのソフトではVXOと表示されている）が50を超えたときはポジションをすべて売却する。この指数は、平均的な投資家の緊張度を表したもので、この数値が極端なピークを付けると、マーケットが大きく変化するサインになる。ちなみに、1997年以降VXOが50を超えたのは、7回しかない。

これらのルールを使い始めたところ、やっと最初のサインが出たのは2000年9月5日だった。この日に、S&P500が下がると価値の上がるファンドを買ってただ保有していれば、次の下落時期に持ち堪えていけたことになる。

●2001年（11.8%）

●2001年9～10月（12.59％）
●2002年7～8月（10.6％）
●2002年10～11月（15.99％）
●2003年3～8月（20.1％）

手仕舞いのルールは以上だが、もしこの条件を終値の最高値から15％の上昇にすると、2002年後半まで手仕舞わないことになる。そして、2年近く保有している間に15％の損失を被ることになる。つまりこの戦略の手仕舞い方は、少しずつ売っていき、マーケットが15％上昇したときにはすべて手仕舞っているようにしてある。これなら15％上がったとしても、50％の儲けは確保できている。

資産配分ルール

このルールは、どのくらいずつ投資したらよいかを教えてくれる。

●この戦略の投資額は、最高でも資産の50％までにする。こうすれば、残りはほかの適当な戦略に回すことができる。
●先の「状況設定」に従って、投資額を資産の25％ずつ増やしていく。実際に仕掛けられる額は、0％か25％か50％になる。
●手仕舞うときは、ルールに従って10％ずつポジションを減らしていく。ベア相場は一時的に急落することもあるため、この戦略は素早く仕掛けて、あとは利益をにらみつつ慎重に手仕舞っていく。
●この戦略を実行していると、10％減らしたあとに25％買う新たなサインが出ることもある。このようなときは、常識で判断すればよいが、ポートフォリオの合計が資産の50％を超えないように気をつけてほしい。

この戦略の使用例

- **１週目**　この週はS&P500が3.23％に下げたため、ポートフォリオの25％をBRPIXに投資する。もしポートフォリオの総額が５万ドルならば、BRPIXを１万2500ドル買ったことになる。
- **２週目**　S&P500が2.64％下げたため、さらに25％をBRPIXに投資する。この時点でこの戦略に使える金額は、すべて投資済みということになる。
- **３週目**　S&P500が5.12％下げたが、すべて投資してしまってあるため何もしない。ただし、すべてとはポートフォリオの50％ということ。
- **４～７週目**　マーケットはさらに３週間下がり続けたあと（約６％）、1.3％上がった。この値上がり率は手仕舞うほどではないが、警戒は必要。
- **８週目**　S&P500は3.1％上昇し、保有しているBRPIXのうち資産の10％に当たる分を売却した。翌週も上昇し続ければ、残りのポジションもすべて売ることになるかもしれない。
- **９週目**　S&P500は5.1％下落。マーケットは過去５週間下降し続けているということで、再び資産を株に戻す時期と言える。そこで、８週目に売却した資産の10％分を再び買う。

この戦略に関する事前注意事項

この戦略は、１－２－３モデルが赤信号のときのみ使用する。将来何が起こるのか分からなければ、この先毎年ベア相場が起こるかどうかも分からない。しかし、赤信号のときに限って実行することで、安全性はかなり高まる。

また、この戦略は仕掛け、投資額、手仕舞いの手順に従わないと、非常にリスクが高くなる。

戦略２――個別銘柄の下落で儲ける

150ドルまでせり上がった銘柄に、みんなが興奮している状態を想像してほしい。株価は年間売上高の25倍、つまり売り上げ（利益ではない！）すべてが株主に支払われるとしても、元を取るのには25年かかることになる。[3]しかも、このような価格の付いた企業が実在する。

このように高値の時期に売ることができ、このあと６カ月は少なくとも毎週５％急落していったらどうだろう。そして、いずれ株価は５ドル、つまり収益の８倍程度まで下がる。もし、この銘柄を150ドルで空売りして５ドルまで下げたところで買い戻すと、普通とは反対だが１株当たり145ドルの利益が出る。高値の時期に売ったあとで、値下がりしてから買い戻すのである。こんなことが本当に可能なのかと思うかもしれないが、これは空売りと呼ばれている。仕組みは簡単で、ブローカーから株を借りて売り、時期を見て買い戻す。

例えば、3M（シンボルはMMM）が１株当たり82ドルと高いので、ブローカーに空売りを依頼したとする。これを受けてブローカーは別の口座に入っている同社株を借り、それを売る。依頼主は、この代金（１株当たり82ドル）を受け取る代わりに、ブローカーにMMMのX株分の借りができ、これはいずれどこかで買い戻さなければならない。もしMMMが１株当たり42ドルに下がれば、その価格で買い戻せばよい。結局、42ドルで買って82ドルで売り、１株当たり40ドルの利益を得るのと同じことを、順番を逆にして売ってから買ったことになる。

空売りの危険性

空売りは簡単ではない。まず、当局が空売りが大きな下落を引き起こさないよう目を光らせている。このため、株価がアップティックのときしか空売りは行えないことになっている。つまり、もしMMMが

82ドルから81.95ドルに下がれば空売りはできず、次に上昇するまで待たなくてはならない。しかし、82.05ドルになれば、これはアップティックなので、空売りしてもこの売りが株価を下げたとはみなされない。

空売りの注文を出すことも、いくつかの危険を伴う。仮に、１株当たり82ドルのMMMが弱含んでいると思っていると、予想どおり下げ始めたとする。株価は、81.75ドル、81.47ドル、81.29ドル、77.32ドルと下げたあと、77.34ドルを付けたとする。この場合、空売り注文が執行されるのは、当初思っていた82ドルではなくて77.34ドルになる。もちろん82ドルで空売りの指値注文（最低82ドルでないと売らない）を出すこともできるが、もし株価がそのまま57.32ドルまで下げて82ドルに戻らなければこの注文は執行されず、せっかくのチャンスを逃すことになる（ポイントをはっきりさせるために、極端な例を挙げている）。

理論的に見て、空売りには有限の利益と無限のリスクがある。もし60ドルで空売りすると、儲けは最高でも60ドル（株価がゼロになったとき）だが、株価は600ドルになることもあり得るわけで、その場合は540ドルの損失になる。もしパートⅣの損切りルールに従えばこのようなことは絶対に起こらないのだが、自分の投資に注意を払わない人にとっては無限のリスクも十分あり得る。

もし自分が保有していない株を売ったときは、それを買い戻すまでの期間に発生する配当金や権利も借り手が責任を負う。つまり、「借株」を貸してくれたブローカーに配当金を支払わなくてはならないのである。

このような理由から、よほどの経験がないかぎり空売りは勧められない。投資ニュースレター業界の重鎮であるリチャード・ラッセルの観察によれば、ベア相場においてさえ空売りで儲けを上げる人は少ないという。

空売り戦略は、特定の銘柄について大幅な下落が見込め、マーケットも全般的に下げているとき（つまり赤信号のとき）がもっとも適している。空売りをするときは、投資家ではなくトレーダーとして行うことになる。利益は短期のキャピタルゲインとして課税されるうえ、マーケットが突然激しい調整（例えば反騰）に見舞われることもある。また、空売りには投機家の思考が求められる。保有期間が長くなると緊張が高まるため、空売りポジションを保持するのは心理的にもきついことが多い。

空売りはマーケットに有害だと思われがちだが、実際にはこれが大暴落のブレーキになる。空売りはアップティックでしか行えないため、下落を加速させないうえ、どこかで買い戻さなければならないことを思い出してほしい。つまり、急落するマーケットのどこかで買い戻しが入ることで、結局はクッションの役割を果たすことになる。

《ミニ知識──空売りの危険性》

- アップティック（株価が上がったとき）のときしか空売りはできないため、注文を出しても期待した価格で売れないことがある。
- ただ空売りしただけの状態では、有限の利益と無限のリスクを抱えることになる。そして、もし値上がりすると借株の負債額が膨らんでいく。
- 株を借りている間に発生した配当金は、借り手が貸し手に支払わなければならない。
- ベア相場の反発は、激しい値動きになることもある。

空売り戦略

次の戦略は、株価が大幅に下落して強い赤信号が点灯したとき非常に利益率が高くなる。ただし、これは赤信号のときのみ使用し、１回にトレードするのは３～５銘柄に抑え、それぞれのリスクは１％以内に収めなくてはいけない（第14章参照）。リスク額と投資額（またはトータルポジション）は別だということに注意してほしい。詳しくは後述する。

- **●銘柄のスクリーニング**　最初にPSR（株価売上高倍率）が15倍を超える銘柄を選別しなくてはならない。例えば、１株当たり15ドルの銘柄の１年間の売り上げが１ドルしかなければ、PSRは15倍になる[4]。また、良い空売り候補を探すには、時価総額が最低10億ドルは欲しい。この作業には http://www.moneycentral.com/ のカスタムスクリーナーを利用することもできる。出来上がったリストのなかにはマーケットの人気銘柄も入っていて驚くかもしれない。
- **●例外**　バイオテクノロジー株を空売りしてはいけない。このセクターは、PSRは非常に高いものの、新しい材料が出て一晩で激しく急騰することがある。
- **●仕掛け**　赤信号で最低６週間下げが続いていても、PSRが15倍を上回っていれば仕掛ける。
- **●損切りの限度**　これらの銘柄を空売りしたあと株価が上がってしまったときは、仕掛けから25％上昇（25％の損失）したところで損切りする。例えば、条件に合ったｅベイを60ドルで空売りしたらそのあと上がり始めてしまったときは、損失が25％に達する75ドルで買い戻して手仕舞う。
- **●利食って手仕舞う**　空売りした株を買い戻すタイミングは、２つある。ひとつはマーケットのバロメーターが赤信号から黄信号に変わったときで、この場合は利益の多少にかかわらずすべての空売りポジションを手仕舞う。もうひとつは、損切りの限度として終値ベースで25％のトレーリングストップをかけておくことで、例えばｅベイが40ドルまで下げれば、そこから25％上げた50ドルを損切りのポイントに設定する。こうすると安値が更新するたびに損切りポイントもそれに合わせて調整される。ただし、逆方向には調整しない。トレーリングストップについては、第13章で詳しく紹介する。

●**ポジションサイジング**　１銘柄でとれるリスクは、ポジションの１％までとする。ポジションサイジングについては、第14章で詳しく述べるが、基本はどのようなシナリオでも１％を超える損失を出さないことにある。例えば、ポートフォリオの総額が５万ドルであれば、とれるリスクは500ドルまでとする。先の株価60ドルのｅベイの例でいえば、最悪のケースは15ドルなので、500ドルをこれで割ると33株、つまりｅベイを空売りできる限度は33株ということになる。株価が60ドルだとすると33株で1980ドルのポジションになるが、５万ドルのポートフォリオに対してリスク額は500ドルに収まっている。この戦略を実行するまえに、第14章で紹介するリスク調整について完全に理解しておいてほしい。

空売りは本章の注意事項に従って大きなベア相場で行えば、高い利益を上げることができる。どのようにすればうまくいくか綿密な計画を立てたうえで、パートⅣのリスク管理戦略とともに実行してほしい。

《アクションステップ》

▶１－２－３モデルが赤信号のときは、最低６週間は値下がりを続けていて、PSRが15倍を上回り、時価総額が10億ドル以上の割高な銘柄を空売り候補として検討する。本章で紹介したスクリーニングの仕方を参考にする。

▶損切りのストップ価格として25％トレーリングストップを設定しておく。ただし、マーケットバロメーターが赤信号から黄信号に変わったら、すべての空売りポジションを手仕舞う。また、ひとつの空売りポジションのリスク額は、ポートフォリオの１％までとする。

▶赤信号のときには、第６章で紹介したベア相場用のミューチュアルファンド戦略やヘッジファンドも考慮する。

注

１．標準偏差はばらつきの統計的な尺度で、この数値が大きいほどばらつきが大きいということ。サンプルの約３分の２が、平均から±１標準偏差に収まるようになっている。

２．スパイダース（SPY）は、アップティックでなくても空売りできる（アップティックとは、直近の価格より高値を付けることで、株の空売りには通常アップティックかゼロティックのときしか行えないというアップティックルールがある）。

３．今後25年間、売り上げが変わらないことが前提。

４．本書執筆時点では、株価が売り上げの20倍にもなっている素晴らしい空売り候補もあるが、将来は売り上げの10倍程度の銘柄を探さなければならない時期も来ると思う。そのときは必ず株価が最低25ドルで、ほかの条件をすべて満たすものを選ぶようにする。

第8章

安全に株を買うための戦略――常識に代わるアイデア

Buying Stocks Safely : An Alternative To Conventional Wisdom

> 「短期の乱高下を無視している長期投資家の問題点は、いずれ恐怖と痛みに堪えきれなくなって投げ売りせざるを得なくなること」
>
> ――ロバート・ウィベルスマン

みんなが株で盛り上がっているなか、メアリー・エレンだけは気をもんでいた。PERが40倍ということは株が非常に割高になっているということで、人気銘柄に至っては100倍を超えている。もし企業収益が伸び悩めば、これから100年間すべての収益をもらわないとこの高値株の元をとることはできない。そのことが分かっているメアリー・エレンは、騒ぎに巻き込まれないよう傍観することにした。

マーケットがはっきりと下がりと始めたとき、メアリー・エレンは前の章で学んだ空売り戦略を試しているところだった。また、短期トレードに利用できそうな推奨銘柄を載せているニュースレターも見つけ、利益も上がっていた。そのうえ、少数だが値上がりしている銘柄を買って、そちらからも儲けが出ていた。そして、暗い雰囲気のマーケットのなかでいくつかの銘柄が清算額よりはるかに下げていることに気づき、それも購入した。2003年の回復期にこれらの銘柄が大きな利益をもたらしたことは言うまでもない。すべての面においてメアリー・エレン・ウィリアムスはベア相場の間のパフォーマンスに満足していた。資産が70％上昇したのだから当然だろう。次は、読者の番だ。自分の投資に自信が持てるか、そして実際に上がっているのか、と考えてみてほしい。可能性は十分ある。

本章では、マーケットの状態に合った銘柄を正しく選択するための３つの戦略を見ていく。どれもパートⅣのリスク管理のガイドラインとともに実行してほしい。

１つめは、信頼できる人の勧めに従うという戦略を紹介しよう。戦略を使うべき時期は、なぜそれが機能するかを理解しておかなければ分からない。例えば、本書で紹介する戦略の多くは、赤信号のときにしかうまくいかない。しかし、Ｄ・Ｒ・バートン・ジュニアとスティーブ・ジュガードという２人の著者は、赤、黄、青それぞれに機能する戦略を紹介したニュースレターを発行している。本章で２つめに紹介している効率的な株を買う戦略は、黄信号と青信号でうまくいくことが多いが、実際には赤信号のときに良い銘柄が見つかることもあるため、２つの例を挙げてある。３つめの極端な割安銘柄を探す戦略は、黄信号か赤信号がもっとも適している。青信号で試してもよいが、条件に合う銘柄はなかなか見つからないだろう。

手法その1――ニュースレターの推奨に従う

ニュースレターの推奨銘柄でマーケットを上回るパフォーマンスを上げられることはめったにないが、それでもなかには非常に優れたものがある。例えば、Ｄ・Ｒ・バートン・ジュニアが発行している『10ミニッツトレーダー（10-Minute Trader）』は、銘柄を選別するためのもので、素晴らしい結果を出している[1]。この2002年（暦年）の結果は、ニュースレター戦略の好例として、この戦略の詳細と合わせてさらに詳しく見ていくことにする。このニュースレターが平均を打ち負かしてきた理由を探っていこう。

ニュースレターの戦略が機能する理由を理解する

ニュースレターに従って成功するためには、その選択の理由を知る必要がある。ニュースのなかにはファンダメンタル分析に基づいたものから、判断、勘、アドバイザーの経験、システムトレードなどさまざまなものがあるため、まずはその謳い文句と実際の銘柄選択の基準を調べなくてはならない。ニュースレターが独自に出したサインであっても、そこから投資スタイルや考え方や哲学を知ることはできるし、なぜその戦略が成功しているのかも考えてほしい。ただ、ニュースレターに従う戦略といってもニュースレターの実績を知るだけでは不十分で、推奨に至った経緯を理解しておかなくてはならない。この調査の部分は投資家の責任において行う。

『10ミニッツトレーダー』の例

このニュースレターの戦略は、伸びっきったゴムのように一方向に行きすぎた銘柄をふるいにかけていく。そのなかから反転して急速に回復しそうなものを探し、適度なモメンタムで回復が始まったものに翌日の寄り付きで飛び乗って、短い「オープニングの勢い」をつかみ取ることを目指している。この戦略は、特定のマーケットの状態（どちらかの方向に行きすぎた銘柄）を見つけ、それが調整される時期を利用することでうまく機能している。

ニュースレターの投資哲学が自分のマーケットに対する考えと常に一致しているようにする

これをささいな点だと感じる人もいるかもしれないが、何らかのアドバイスに従って失敗する人の根本的な原因はここにある。過去の実績や宣伝文句に引かれてニュースレターを購読する人は多いが、なぜそれを選んだのかをもう一度よく考えてほしい。もしニュースレターの投資哲学に同意できなければ、結局長期的にはどんなものを推奨されても従えないということになってしまう。

マーケットにはサイクルがあって、バランスがくずれれば自然に調整されていくと考えている人にとっては、サイクルを追跡して株価が高すぎれば売り、低すぎれば買うという戦略がもっとも儲かる方法になる。しかし、このような考えの人がブレイクアウト戦略や長期トレンドに沿ったニュースレターを使って利益を上げるのは難しい。もし無理して使い始めたとしても何回か負けトレードが続くと、頭の片隅で「やっぱりブレイクアウトはだめだ。いつも買うのが遅すぎる」というささやきが聞こえるに違いない。そして、このような思考はいずれ意識的に、あるいは無意識に成功を阻む原因になる。

『10ミニッツトレーダー』の例

このニュースレターでは株価が下がりすぎた時点で買い、急反発したときに売る。また、株価が上がりすぎたときに売り、急反落したときに買い戻す。もし、伸びたゴムが元に戻る姿を期待できれば、このシステムは相性が良いと言える。しかし、いつも高値や安値をブレイクアウトしたところで仕掛けることにしているのであれば、トレンドとは反対の動きでトレードを勧められても従えないだろう。また、空売りや短い戻りを利用したトレードができない人も、やはりこの手法は合わない。『10ミニッツトレーダー』の例は、取引時間の最初の1時間にトレードできる人向きであり、もしそのスタイルが合わなければこの推奨に従ってもうまくはいかない。

ニュースレターがその方針を守っているかを確認する

ニュースレターを使ってトレードを始める前に、50～100の過去の推奨銘柄リストを作ってほしい。もしこのような情報を提供しないニュースレターは避けるか、実際に50～100銘柄のリストができるまで記録してみる。そして、これらの銘柄を第15章のガイドラインに従って自分が実際にトレードする方法で分析する。

過去の推奨銘柄を、今つもり売買をしてみる場合でも、パートⅣのリスク管理はしっかり行ったうえでメリットがあるかどうかを判断してほしい。このとき次の項目を必ず算出するようにする。詳細は、パートⅣに説明してある。

●推奨銘柄のＲ倍数分布

●トレードの期待値

●資産の１％にポジションサイジングしてトレードした場合の年間リターン

これは重要な情報で、この情報なしにニュースレターの推奨に従ってトレードすべきではない。うまい宣伝文句で推奨銘柄が実際よりもずっと優れているように見せかけるのは、そう難しいことではない。IITMでは、このようなトピックを扱ったニュースレターも発行している[2]。

すべての推奨を受け入れる

自分にとってメリットのあるニュースレターを見つけたら、そのデメリットも理解したうえですべての推奨を受け入れる。投資ニュースレターの読者でこのシンプルかつ常識的なアドバイスを守っている人は少ない。理論的に考えて、ニュースレターと同じパフォーマンスを上げるためには、これとすべて同じトレードをする必要があると思う。しかし、実際にトレードするときになると、そのうちのどれを使ってどれを使わないかを自分で決めたくなってしまう。特に、使っているニュースレターで負けが続いたあとはそうなりがちだが、どこかで連敗することは避けられない。また、いくつかのトレードがうまくいかないと、トレードを少し休みたくなったり、購読をやめたくなったりもするが、もしニュースレターの手法が信頼できるものであれば、いずれ必ず反転する。そして、このような時期のあとに最高リターンを記録することが多いことを実感するだろう。システムや投資顧問の収益の大部分は、数回の巨額な勝ちトレードか、勝ちトレードの連続からきていることが多いが、個人投資家がこのようにトレードできることはあまりない。

ただし、このルールにはひとつ例外がある。ニュースレターの多くはファンダメンタル的な調査を基に銘柄を推奨しているが、あらかじめ決まっている発行日に合わせた推奨は、ベストのタイミングではないことも多い。そこで、推奨に従う前に「ポジションが有利な方向に向かっているか」というフィルターだけはかけてほしい。このことは、第13章で紹介する６つのリスク管理の要素にも含まれている。

『10ミニッツトレーダー』の例

『10ミニッツトレーダー』の戦略には、株価が行きすぎた（上でも下でも）ことを示す指標と、トレードしようとしている方向のモメンタムが十分かどうかをチェックする指標がある。また、望む方向には行かないトレードを避けるための簡単な条件もある。この戦略では、小さなストップロス（第13章参照）を使っているが、このシンプルさゆえにさまざまな条件のマーケットにおいて着実かつ一貫して効果を上げている。ただ、2002年には100％以上のリターンを上げたシステ

表8.1　『10ミニッツトレーダー』2000年9～10月号の推奨銘柄

シンボル	日付	1株当たりストップロス	1株当たり損益	リスク額（資産の1%）	1%のリスクでトレード
開始時資産額					$100,000
MCDTA	9/26/2002	$0.15	−$0.05	$1,000	$99,667
SMTC	9/26/2002	$0.15	−$0.01	$997	$99,600
CAT	9/26/2002	$0.25	$0.38	$996	$101,114
AMR	9/27/2002	$0.10	−$0.10	$1,011	$100,103
AYE	9/27/2002	$0.25	−$0.07	$1,001	$99,823
JNPR	10/2/2002	$0.10	−$0.03	$998	$99,523
FISV	10/9/2002	$0.25	$0.15	$995	$100,120
ANF	10/9/2002	$0.25	−$0.01	$1,001	$100,080
CSCO	10/10/2002	$0.15	$0.15	$1,001	$101,081
MERQ	10/10/2002	$0.25	$0.45	$1,011	$102,901
ISIL	10/10/2002	$0.25	$0.39	$1,029	$104,506
SAP	10/10/2002	$0.20	$0.75	$1,045	$108,425
HI	10/11/2002	$0.25	$3.95	$1,084	$125,556
ELX	10/11/2002	$0.25	$0.84	$1,256	$129,775
TSM	10/11/2002	$0.15	$0.18	$1,298	$131,332
ADPT	10/11/2002	$0.10	$0.05	$1,313	$131,989
CD	10/11/2002	$0.20	$0.85	$1,320	$137,598
CLS	10/11/2002	$0.25	$0.03	$1,376	$137,763
PMCS	10/14/2002	$0.10	−$0.10	$1,378	$136,386
CY	10/14/2002	$0.10	−$0.02	$1,364	$136,113
LSCC	10/14/2002	$0.10	$0.05	$1,361	$136,793
FCS	10/14/2002	$0.15	−$0.03	$1,368	$136,520
GT	10/14/2002	$0.15	−$0.15	$1,365	$135,155
S	10/14/2002	$0.25	$1.31	$1,352	$142,237
TEC	10/21/2002	$0.20	$0.15	$1,422	$143,303
PEG	10/22/2002	$0.25	$0.65	$1,433	$147,029
WDC	10/25/2002	$0.10	−$0.10	$1,470	$145,559
SLE	10/25/2002	$0.15	−$0.11	$1,456	$144,492
GNSS	10/25/2002	$0.20	$0.13	$1,445	$145,431
YHOO	10/29/2002	$0.25	−$0.10	$1,454	$144,849
TMP	10/29/2002	$0.15	−$0.15	$1,448	$143,401

ムであっても、やはりこれに微調整を加えようとする人はいる[3]。

ところどころにフィルターやルールを付け加えて独自のシステムにしようとするのだが、いまだかつて「あの戦略をもう少し複雑にしたらずっと良くなった」という話は聞いたことがない。

表8.1は、このシステムにストップとポジションサイジング（１トレード当たり１％のリスク）を加えたトレードを抜粋してある。詳しくは第14章で説明するが、ここでは安全性の高い戦略によって資産が安定して増加している点に注目してほしい。さらに言えば、このトレードが2002年の大規模なベア相場の最中に行われたということも覚えておいてほしい。

このシステムがベア相場にもかかわらず、わずか１カ月あまりで43％も上昇していることは注目に値する。ただ、これらのトレードの約半分は空売りであることと、過去の実績（これはニュースレターに限らないが）がそのまま将来のパフォーマンスを示すわけではないことは注意すべきだろう。マーケットの状況が変わってニュースレターの効力が変化することも十分あり得る。

ニュースレターがリスク管理とポジションサイジングまでしてくれるなどと期待しない

トレードで利益を上げたければ、本書パートⅣのリスク管理は絶対に欠かせない。**手仕舞う時期と売買すべきポジションの限度を守らないで銘柄選択だけをしていれば、いずれ資金を失うことになることはまず間違いない。**ニュースレターの推奨に従うまえに、リスク管理の原則を理解し、それを実行する計画を立てなければならない。もう分かっていると思うが、この点はいくら強調してもし足りない。

《キーアイデア》

- ▶ニュースレターの推奨に従うときは、採用している理論を理解したうえで、それが自分の考えや好みに合うかどうかもよく考える。
- ▶第15章の手法に従って、少なくとも50トレードは徹底的に分析する。
- ▶あるニュースレターが有益だと判断したら、すべての推奨を受け入れる。
- ▶パートⅣのリスク管理とポジションサイジングのガイドラインに従う。

《アクションステップ》

- ▶ニュースレターの推奨に従うと決めたら、まず過去の50トレードを集める。
- ▶第15章の手順に従って、その50トレードを徹底的に分析する。

手法その2――効率の良い株をトレードする

毎週少しずつ上がっていく銘柄を買うことを、想像してほしい。これが次の戦略で、青信号や黄信号のときには安定して上昇していく銘柄を買うことにする。このような銘柄を見つけるのは簡単で、スムーズに（効率的に）上昇しているものを探せばよい。

効率的というのは株価がどの程度規則的に上昇しているかを計るこ

とで、数学的に言えば一定期間の株価の変動と１日の値幅の比較になる。例えば、毎日50セントずつスムーズに上昇（あるいは下降）している株は、非常に効率的だと言える。しかし、ある週は10ポイント上げ、翌週は７ポイント下げ、その後も10ポイント上げて５ポイント下がるような銘柄は、全体で見れば８ポイント上昇でも効率的とは言えない。変動（ノイズと呼ばれることもある）が多すぎるからだ。われわれはスムーズに上昇し、ノイズの少ないものを買っていきたい。

株価の効率性は、一定期間（ここでは60日とする）の価格の変化をノイズで割ると、算出できる。また、ノイズは過去60日間における１日の平均値幅を使えばよい。１日の値幅（レンジ）はその日の高値から安値を引いて算出する（銘柄を選別するときに、実際に使うのは真のレンジの平均で、これはレンジと似ているが終値と始値の間にギャップが生じた場合も考慮したうえで算出した指標[4]）。

例えば、期間を60日間として効率性のスクリーニングを行うとすると、まずその銘柄の過去60日間における株価の変化を見なければならない。そこで、直近の終値から60取引日前の終値を引いて、例えばこの差が13.51ドルになったとする。次に、過去60日間の真のレンジの平均が0.83ドルだとすると、60日間の効率性（効率比）は13.51÷0.83で16.27になり、これは比較的効率の良い銘柄ということになる。通常、この比率が15を超えている銘柄は、検討に値する。

そこで、最初のステップとしては自動で効率的な銘柄をスクリーニングするプログラムが必要になる。AIQではユーザーが独自のスクリーニング設定を行うことのできる優れたソフトウエアを用意している。同様の機能を持つものは、ほかにも多数ある[5]。

次のステップは、比率が15以上の銘柄の株価の推移をひとつひとつ検討していく。株価がずっと横ばいのあと１日に15ポイント上げ、再び水平に動いても数値的には効率的になる。しかし、これでは規則正しく上昇していくという条件は満たしていない。今見つけたいの

図8.1　2～6月まで非常に効率がよかったAZO

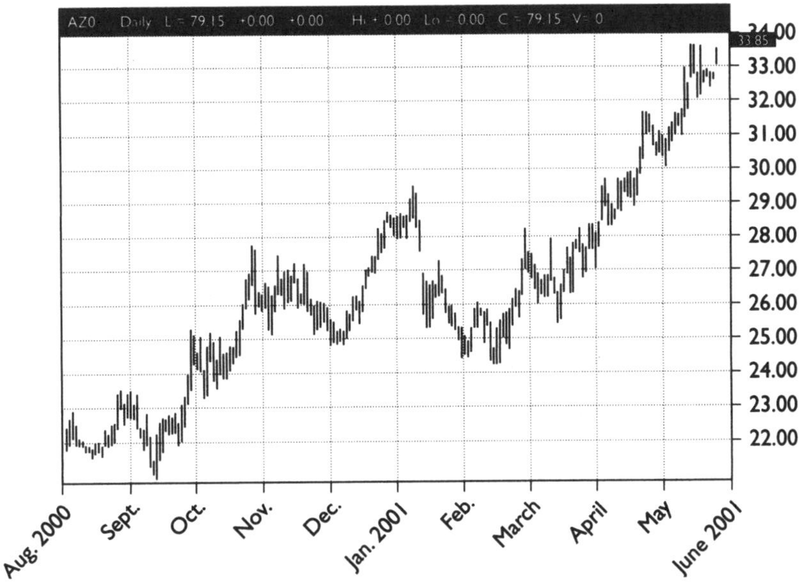

図8.2　1～6月まで非常に効率がよかったDLX

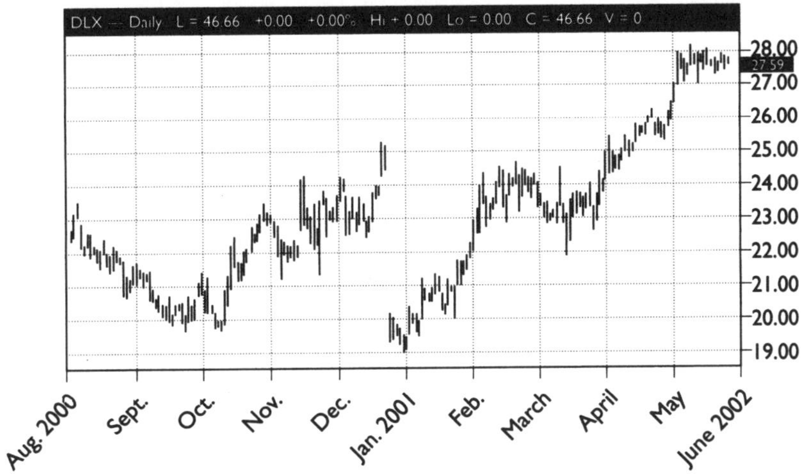

図8.3　6月以降、利益が跳ね上がったAZO

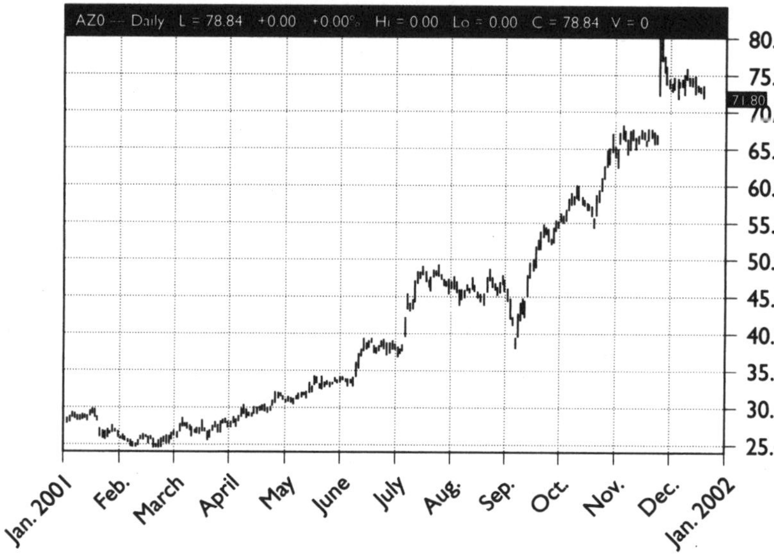

図8.4　2001年を通して効率性を維持したDLX

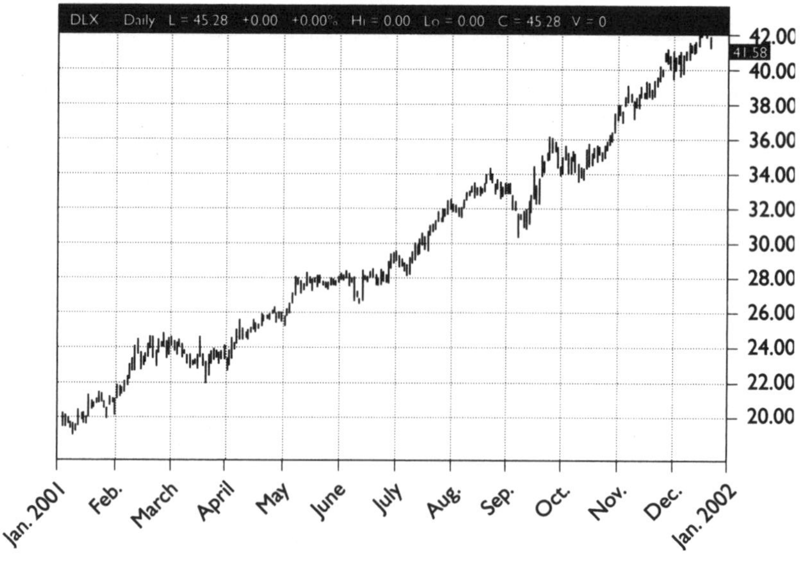

は、スムーズに上がっていく銘柄なのである。例えば、オートゾーン（AZO）とデラックスコーポレーション（DLX）の２つは2001年に非常に効率的に上昇している。**図8.1**と**図8.2**を見ても分かるとおり、年初の60日間の効率性のスクリーニングで２つとも名前が上がっていたが、第３四半期でそれがさらにはっきりした。そして、2001年も９月11日の大惨事があったにもかかわらず、規則正しい上昇は続いた（**図8.3**、**図8.4**）。オートゾーンを33ドル、デラックス・コーポレーションを28ドルで買っていれば、マーケット全体は下げていても利益は上がっていたことになる。

効率性の高い株がすべてこのようにうまくいくわけではないが、有望銘柄のスクリーニングの条件としては優れている。本書パートⅣのリスク管理テクニックを合わせて使えば、マーケットの平均的な投資家よりずっと良い成果を上げることができるだろう。

われわれは、毎月初めに効率性が15を上回る銘柄のスクリーニングを個人的に行っている。1999年初めにこの条件に合う銘柄は何百とあり、この前例のない上げ相場によって株価が効率的に上がり続け、新たに買い足すべき銘柄はどれでもよかった。逆に2001年には、いつでも条件に見合う20～50銘柄が見つかったが、実際に買うためのほかの条件を満たすのは２～３銘柄（例えばAZOとDLX）程度になっていた（**図8.5**）。そして、2002年半ばになると、効率性の条件を満たすのはわずか１～２銘柄に減って、それさえも**図8.5**の条件でふるい落とされるようになった。

効率的な銘柄の仕掛け方

もっとも簡単な仕掛け方は、週末に調べて月曜日の取引開始時間を狙う方法で、**図8.5**に示した効率的な株の条件をすべて満たす銘柄が見つかり次第、すぐに実行する。

図8.5　効率的な銘柄の選択条件

- 効率性が15以上である。
- 過去60日間に比較的スムーズかつ一貫して上昇している。横ばいのあと1～5日急上昇して、また横ばいするような動きのものは避ける。
- 過去60日間の平均出来高が20万株を超えている。
- 動きがスムーズで、放物線やクライマックス形になっていない。つまり、前週（あるいは前月）に大きな動きがあったとすれば、現在はその流れの終わりに近いのかもしれない。
- 1日の値動きのなかで急激な上げなどがない。例えば、毎日のレンジが2～3ドルであれば、常にそこに収まっているものを選ぶ。変動率が大きく変わるのは、予期しない失敗のサインとも言える。

リスク管理とポジションサイジングを練習する

繰り返しになるが、リスク管理の方法を理解することがこの戦略には欠かせない。このなかには、第13章で紹介する６つのガイドラインと、第14章で紹介するポジションサイジングが含まれている。また、戦略の実行計画は書面にしておくことも忘れてはいけない。このような簡単な注意点が、この戦略を安全なものにしてくれる。

《キーアイデア》

▶効率的（スムーズ）に上昇している銘柄を買うようにする。

▶株の効率性は過去60日間の株価の変化を１日の値幅（真のレンジの平均）で割って算出する。

▶AIQなどのソフトを使って、週に一度効率の良い銘柄のスクリーニングを行い、比率が15以上のものを探す。

- パートⅣのリスク管理テクニックを完全に理解するまで、この戦略は実行しない。

《アクションステップ》

- もしこの戦略が気に入れば、まずパートⅣのリスク管理の手法を学ぶ。
- 先に紹介した効率性のスクリーニングが行えるプログラム（例えばAIQ）を探す。
- まず、効率性の比率が15を上回る銘柄をスクリーニングして、そのなかからもっともスムーズな動きのものを選ぶ。もし良さそうだと思えば買い、25％のトレーリングストップを置く（トレーリングストップの詳細は第13章参照）。
- リスクがポートフォリオの１％を超えたら、必ずストップに引っかかるようにしておく。

手法その3――大幅に過小評価されている銘柄を買う

バリュー投資の父と呼ばれているベンジャミン・グレアムは、大暴落でほとんどの人が一文無しになっているなか、顧客のために年率17％のリターンを上げていた。彼の手法に従えば、同じことはだれにでもできる。

ウォーレン・バフェットもバリュー投資家で、その武勇伝は株式市場の伝説になっているが、彼もグレアムの教え子だけあって、株が極めて割安になっている時期を理解していた。

この項では、グレアムやバフェットの考え方を学んでいく。清算額より安くなっている銘柄は、どうやって探せばよいのだろう。このような株は、青信号や黄信号の時期にはなかなか見つからないが、赤信号の時期ならばたくさんある。ここではさらに、このような株をただで蓄えていく方法も伝授する。本当に、ただで手に入るのだ！

割安株

歴史上、ベア相場末期の株価はかなり割安になり、たいていは収益の６～８倍で取引されている。つまり、もし１株当たりの年間収益が５ドルの銘柄であれば、30～40ドルという安値で買えることになる。逆に言えば、このレンジで買えるということは、良いバリュー株と言えるだろう。[6]マーケットが底を打ったときには、このようなバーゲン株が多数ある。もし、これまで紹介してきたベア相場に適した戦略を実行していれば、この時点でバーゲン株を買うための資産が十分たまっているはずだと思う。

割安かどうかを見る方法のひとつに、ベンジャミン・グレアムの名前をとってつけられたグレアム基準がある。[7]グレアムによると、バリュー投資のカギとなるのは企業の近い将来の財務状態を示す簡単な数字で、これは正味流動資産価値（NCAV）と呼ばれている。そして、この値を１株当たりに換算した数字を、業界ではグレアム基準と呼んでいる。

グレアム基準の基本は、株価と比較して清算価格（１年以内に換金できる器具と現金）が負債よりも多いかを判断するものと言える。貸借対照表で言えばNCAVは流動資産から負債総額を引いた数値で、これを発行済み株数で割ればグレアム基準が分かる。

グレアムは、株価がこのグレアム基準の３分の２であれば安全だと

表8.2　株価がNCAVの60％の銘柄をスクリーニングするための条件

項目	条件	コメント
1株当たり株価	$3.00より上	低位株はリスクが大きい
PBR（a）	0.8倍未満	株価が簿価を下回っている銘柄は有望
PCFR（b）	プラスで0.1倍より上	プラスのキャッシュフローを条件にすることで、高リスク企業を避けることができる
PSR（c）	0.3倍未満	グレアムの条件に合う銘柄の大部分は、PSRが0.2未満
負債比率（d）	0.1倍未満	NCAVの良い銘柄でも大部分は負債がある
1日当たり平均出来高	最低1日1万株	目安としては、1日当たりの平均出来高が購入予定株数の最低100倍はあること

（a）PBRは、1株当たりの簿価を示す比率。例えば、PBR＝1倍は、株価がその企業の価値と同等であるということ。株価は、通常簿価よりもかなり高くなっていることが多いが、ときには簿価を下回る銘柄が見つかることもある

（b）PCFRは、株価に対する1株当たりのキャッシュフローの比率

（c）PSRは、株価に対する1株当たりの売上高。例えば、1株当たり5ドルの売り上げがあれば、株価は100ドルになることもある

（d）負債比率は、企業の負債総額を自己資本で割った値。つまり、もしこの比率が0.1倍ならば、企業の資本（価値）10ドルに対して1ドルの負債があるということ

している。グレアム基準が低い銘柄は、ここまでかなり下げてきてあと少しで反発に転じることが多いため、この割合はセーフティネットのような役割を果たしている。つまり、グレアム基準の３分の２に下がるまで投資を待つのは非常な安値、別な言い方をすれば、良いバリュー株になるまで待つということを意味している。ただ、この細かい条件に見合う企業は少なく、むしろほとんどの企業がマイナスNCAVに陥っている。**2003年春には、NYSE（ニューヨーク証券取引所）、**

表8.3　グレアム基準算出のためのファンダメンタルデータ

シンボル	株価（2003/4/11）	PBR	PCFR	PSR	負債比率	1日当たり平均出来高
CC	5.25	0.8	3.3	0.2	0	3,949,600
TWMC	3.08	0.5	12	0.2	0	112,600
PMRY	6.79	0.6	4.9	0.2	0	76,800
GADZ	2.28	0.6	14.1	0.2	0	48,000
SYX	2.09	0.5	6.6	0.1	0.1	42,200
TPR	4.17	0.7	6.6	0.1	0	40,700
SMF	3.93	0.5	2.2	0.1	0	30,600
TESS	7.00	0.6	4.7	0.1	0.1	18,000
ICTS	4.85	0.4	0.7	0.1	0.1	17,300
BL	23.50	0.7	10.6	0.3	0	15,600
FFEX	2.19	0.7	2	0.1	0.1	13,900

AMEX（アメリカン証券取引所）、ナスダックに上場されている銘柄のうち、流動資産が負債総額よりも大きい企業は全体のわずか30％しかなかった。

それでも、7000銘柄のなかの30％というのはかなりの数になる。このなかからNCAVの優れた企業を見つけだすために、**表8.2**の条件でスクリーニングを行えばよい。

この表の条件に沿ってスクリーニングを行うと、たいてい10以上の銘柄が選び出される。ウエブ上にもさまざまなスクリーニングのサイトがあるが、うまく機能するものはビジネス・ウィーク・オンライン（http://www.businessweek.com/[8]）のクイック・ストック・サーチや、http://www.moneycentral.msn.com/[9]のカスタムスクリーナーなどいくつかしかない。３年間におよぶ大型ベア相場が終わった2003年春にスクリーニングを行ったときには、**表8.3**の11銘柄が選び出された。

候補銘柄のリストが出来上がったら、選んだ銘柄のなかからグレアムの条件に見合うNCAVを探す。このとき、調べたい会社の貸借対

表8.4　スクリーニングした銘柄のグレアム基準を算出する

シンボル	株価 (2003/4/11)	流動資産 (100万ドル)	負債総額 (100万ドル)	発行済み株数 (100万株)	グレアム基準	株価/グレアム基準
CC	5.25	3,103	1,458	207.19	7.94	66%
TWMC	3.08	486	294	38.93	4.93	62%
PMRY	6.79	168	51	12.39	9.44	72%
GADZ	2.28	75	31	9.16	4.80	47%
SYX	2.09	357	234	34.10	3.61	58%
TPR	4.17	132	120	7.10	1.69	247%
SMF	3.93	277	341	29.89	(2.14)	n/a
TESS	7.00	72	46	4.52	5.74	122%
ICTS	4.85	103	70	6.67	4.95	98%
BL	23.50	279	79	8.05	24.82	95%
FFEX	2.19	75	63	16.93	0.71	309%

照表を読みやすい形式で表示しているサイトを見つけることが必要になる。われわれは、http://www.hoovers.com/ と http://www.yahoo.com/ を勧めている。ここでは利用者が多いと思われるヤフー！について、情報の出し方を説明しておく。

http://www.yahoo.com/ のメインページ上部の「Finance」を選び、ティッカーシンボル（銘柄コード）を入力したあと、「Financials」のなかの「Balance Sheet」をクリックする。ここでまずNCAVが少なくともプラス（つまり流動資産が負債より多い）かどうかを見れば、いくつかの銘柄は外すことができ、時間を大幅に節約できる。もしNCAVがプラスであれば、「Profile」をクリックして発行済み株数を調べる（画面の下のほうなので、スクロールダウンしないと出てこない）。そして、NCAVを発行済み株数で割ると、１株当たりのNACV、つまりグレアム基準が算出できる。最後にこれを株価と比較する。

それでは先の11銘柄について、グレアム基準を調べてみよう。**表8.4**に計算に必要なすべての数字を挙げてある（流動資産、負債総額、

表8.5　スクリーニングされた銘柄のグレアム基準を算出する（9週間後）

シンボル	株価（2003/4/11）	グレアム基準	株価/グレアム規準（4/11現在）	株価（2003/6/20）	株価/グレアム規準（6/20現在）	株価変動率（4/11～6/20）
CC	5.25	7.94	66%	7.50	94%	43%
TWMC	3.08	4.93	62%	4.54	92%	47%
PMRY	6.79	9.44	72%	10.61	112%	56%
GADZ	2.28	4.80	47%	5.82	121%	155%
SYX	2.09	3.61	58%	4.19	116%	100%
TPR	4.17	1.69	247%	4.59	272%	10%
SMF	3.93	(2.14)	n/a	4.74	n/a	21%
TESS	7.00	5.74	122%	7.37	128%	5%
ICTS	4.85	4.95	98%	4.39	89%	−9%
BL	23.50	24.82	95%	20.93	84%	−11%
FFEX	2.19	0.71	309%	2.75	388%	26%
S&P 500	868.30	n/a	n/a	995.69	n/a	15%

発行済み株数、現在の株価)。この**表8.5**の一番右の列を見ると、2003年4月11日のスクリーニングをへたうえでグレアム基準の3分の2以下の銘柄はゴッドズックス・インク（GADZ)、システマックス・インク（SYX)、トランス・ワールド・エンターテインメント（TWMC)、サーキット・シティ・ストアーズ（CC）の4つであることが分かる。ただ、比率が5番目に低いポメロイ・コンピューター・リソース（PMRY）もあと50セント足らずでグレアム基準の3分の2に達するため、経験豊富な投資家ならば候補に含めるかもしれない。

面白いのは、この厳しいファンダメンタル基準をへて選ばれた11銘柄のなかに、グレアム基準がマイナスのものがあったことで、**表8.4**と**表8.5**の7番目にリストされているスマート＆ファイナンシャル・インク（SMF）は負債総額が流動資産の額を上回っている。ただし、これは11銘柄中１つで全体の約９％でしかない。アメリカの上場銘柄のグレアム基準のうち、約70％がマイナスであることを考えれば、**表8.3**の最初のスクリーニングは良いグレアム基準の候補を選ぶという機能を十分果たしているといってよいだろう。

《グレアム基準の算出方法》

1．表8.2の条件に見合う銘柄リストを入手する。
2．リストの銘柄についてhttp://www.finance.yahoo.com/ を開き、ティッカーシンボルを入力する。そして「Financials」のなかの「Balance Sheet」をクリックする。
3．もし負債総額が流動資産を超えていたら、その銘柄はリストから外す。
4．超えていなければ、流動資産から負債総額を引いてNCAV（正味流動資産）を算出する。
5．NCAVを発行済み株数で割る。
6．もし株価がこの値の３分の２未満であれば、良い銘柄が見つかったと言える。

選んだ銘柄の９週間後

表8.3と**表8.4**を調べてから９週間後に、これらの銘柄のパフォーマンスを見る機会があった。**表8.5**に11銘柄の興味深い結果を示してある。比較のため、12番目にS&P500キャッシュ指数（先物ではなく）のデータを加えておく。グレアム基準に近いまたは超えるということで名前を挙げた５銘柄だけがS&P500のパフォーマンス（この９週間

に約15%上昇している）を大幅に上回ったことに、特に注目してほしい。また、2003年春にマーケットが力強い上昇を終えたあとの６月20日時点では、リスト上の銘柄のどれもグレアム基準を満たしていなかったことも重要ポイントになる（**表8.5**右から２列目参照）。

今回のスクリーニングは、たまたま大型上昇相場の前に行われたためにこのようのな結果になったが、必ずしも投資してすぐ100%のリターンが上がることは期待しないでほしい。しかし、辛抱強く試していれば、ただで良い銘柄を手に入れるチャンスはある。この方法の詳細は後述する。

グレアム基準を満たす銘柄をためる方法

厳しい条件に見合う銘柄が見つかったとしてもすぐには買わず、詳しく調べなくてはならない。まずはヤフー！で値下がりの理由を見てみよう。例えば、サーキット・シティは収益が減り始めたために値下がりしたが、これは同社が大規模なクレジット販売に転換したためだった。これによって、顧客は最長６カ月後からの支払いでよくなり、同社の収益は一時的に落ち込んだ。しかし支払いはいずれ行われ、それには利息もつくため、この銘柄が非常に買い得になっていることは明らかだった。

値下がりの理由が分かり、回復が見込めるのであれば、株価が上がり始めるときか少なくとも１カ月程度同じ水準に止まっているときに買い始める。このとき、資産の４～６%程度まで買っていく。

これらの銘柄をただで手に入れる方法

表8.5で見たとおり、グレアム基準の銘柄を買えばいずれ大きな反騰があるが、50%上がったら株価に注意してほしい。もしそのまま上

がり続けるのであればよいが、そのまま横ばい、あるいは下降し始めたら、すぐにポジションの３分の２を売却してしまいたい。50％上がったところで３分の２を売れば、最初の購入額を取り返したことになるため、残りのポジションはただで手に入れたのと同じことになる。

もし、株価が上がり続ければさらによい。**表8.5**の最初の２銘柄のように利益が100％に達したら、半分売却することで残りはただになる。

ときにはベア相場が長引くこともあるが、グレアム基準を使って株を買い、反発期に50～100％値上がりしたところで一部を売るということを繰り返していれば、質の高い銘柄をただでためていくことができる。こうして得た銘柄は、次のブル相場の最盛期まで保有しておくことが可能になる。できれば下落に備えて第13章で推奨したトレーリングストップをかけることも検討してほしい。そうすれば、必要があれば手仕舞って、積み上げた利益を守ることができる。

《キーアイデア》

- ▶グレアム基準は１株当たりの正味流動資産。これが株価よりも高ければ、割安と言える。
- ▶グレアムは、株価が正味流動資産の３分の２程度になれば買うように勧めており、これには赤信号のときがもっとも適している。ただ、大量に買いたいとき以外は、買うのは上昇し始めるまで待ったほうがよい。
- ▶株価が有利な方向にないときには、けっしてポジションを作らない。
- ▶必ずパートⅣのリスク管理手順に従う。
- ▶ポジションの２分の１から３分の２を売って元手が回収できるのであれば、実行する。こうすれば、素晴らしい株をただで手に入れたことになる。

《アクションステップ》

▶グレアム基準を基にした買い方が自分に合っているかどうかを考える。合えば、パートⅣのリスク管理を理解したうえで採用する。
▶本章のガイドラインに従って、グレアム基準の最初のスクリーニングを行う。
▶条件に合う銘柄が見つかったら、さらに調べを進めて下落の理由を突き止める。
▶候補の銘柄が最低６週間上昇していたら、本章のガイドラインに従って買いを検討する。

すべての戦略を利用するときの重要情報

多くの投資家にとって銘柄選びは時間と想像力を要する作業だが、実際のお金は手仕舞い方と正しいポジションサイジングの仕方を知ることで手に入る。成功のカギは、この２つなのである。パートⅣで説明するこれらの原則を理解したあとでなければ、本章の戦略は使ってはいけない。

注

1．『10ミニッツトレーダー』の実績と、特別レポート『スイング・

トレーディング・ストラテジース・ザット・ワーク（Swing Trading Strategies That Work）』（無料）は、http://www.ilovetotrade.com/から入手できる。

2．『マーケットマスタリー』2003年4月号に掲載された「How to Avoid Being Misled by Advertising Hype」より。詳しくは電話919-852-3994、800-385-4486　または http://www.iitm.com/ まで。

3．実績は、すべてのトレードを推奨されたストップやポジションサイジングのアルゴリズムを組み込んで実行した場合の数値。ただ、トレーディング戦略において過去の実績が必ずしも将来のパフォーマンスの予想にはならない。

4．真のレンジは1日のレンジにギャップがあればそれを加えたもの。つまり、もし安値が13ドルで高値が14ドルであれば、その日のレンジは1ドルだが、もし始値に30セントのギャップがあれば（つまり前日の終値が12.70ドル）、それも足した1.30ドルで真のレンジの平均を算出する。今回の効率性の計算では、単純に過去60日分の真のレンジの合計を60で割る。真のレンジの平均は、たいていのソフトに組み込まれているし、http://www.stockcharts.com/ の無料部分にも掲載されている。

5．AIQの詳しい情報は、下記で入手できる。

Steve Hill, P.O.Drawer 7530, Incline Village, NV 89452

Sales@aiqsystems.com

ほかにも、TradeStationや http://www.stockcharts.com/ もよい。TradeStation は高性能のプロ用ソフトで、http://www.stockcharts.com/ はオンラインのスクリーニングが適当な価格で簡単にできる。

6．ここでは、マーケット全体の株価について言っている。さまざまなセクター（半導体、原油、ガス、バイオテクノロジーほか）について調べていくと、マーケット全体と比較してこれまで高かった（あるいは低かった）セクターがあることが分かる。

7．ベンジャミン・グレアム、デビッド・ドッド著『証券分析』(パンローリング)。
8．ビジネス・ウィーク誌のサイトのメインページから「Investing」を選び、「Investing Tools」のなかの「Stock Screener」に進む。
9．http://www.moneycentral.msn.com/ のなかの「Investing」から「Stocks」を選び、「Stock Screener」のなかの「Custom Search」に進む。

PART Ⅲ

経済的自立のためのさらに儲かる戦略

More Profitable Strategies For Financial Freedom

パートⅠで経済的自立のための計画を立て、パートⅡで株式マーケットを利用した戦略を学んできた。しかし、株式以外にも経済的自立を達成する戦略がたくさんある。パートⅢでは、これらの基本を理解し、そのいくつかが使えるようになることを目指している。

第９章では、今日の経済にのしかかる巨大なデフレ圧力について述べている。FRB（連邦準備制度理事会）は何をおいてもデフレを阻止すると約束しているが、どうにもならないだろう。ここでは、インフレやデフレのシナリオを自分でモニターし、深刻な状況に入ったときにどうすればよいかも学んでいく。

第10章では、ドルと金利について見ていく。自国の通貨の状態を見極め、その強弱にかかわらず利益を上げる方法を学んでおこう。通貨の価値が下がると資産が大幅に減ることになりかねないため、これは非常に重要な章だと思ってほしい。実際、多くのアメリカ人が資産価値が減っていることに気づいてもいない。ここでは、金利が通貨に与える影響と、金利が低くても、上昇していても、高くても、安定していても、利益が上がる方法を伝授する。

第11章と第12章は、不動産について述べる。第11章は、不動産価格に影響を与える要因について学ぶ。不動産投資は富を得る最善の方法のひとつだが、タイミングが悪ければすべてを失うこともあり得る。そのため、第12章ではカギとなる要因をモニターする方法を学んでいく。不動産スペシャリストのジョン・バーリーが、経済的自立の目標額を劇的に減らす３つの戦略を紹介してくれる。しっかり学習すれば、大きな富を手にすることも夢ではない。

第9章

インフレやデフレから身を守る方法

The Inflation-Deflation Game : How To Protect Yourself

> **「世界の金融制度は、いまだかつてないほど膨れ上がった。すべての主要通貨は直接的あるいは間接的に救いようのないペーパーマネー同然になってしまったからだ」**
>
> ――ミルトン・フリードマン

毎年、物価が10～15％ずつ上がっていったら、どうやって生活していけばよいのだろう。お金を１％しか利息の付かない銀行に預けておこうと思うだろうか。給料が大幅に上がらなければ現在の生活水準を維持できないし、株式市場だって株価の上昇についていけるかどうか分からない。どうすればよいのだろう。

実は、これは1970年代に現実に起こったことで、再び起こらないとは言いきれない。本章では、インフレやその逆のデフレを起こす力について説明する。そのうえで、さらに重要な将来のインフレやデフレの可能性を判断するためのモデルと、どのような状態でも利益を上げるための方法を学んでいく。早速、始めよう。

1980年１月、価格統制から始まってベトナム戦争、OPECの原油禁輸措置、終わりのないインフレ、高失業率、成長見通しがない経済など、10年間の失政によって政府の信頼は完全に失われていた。金の価格は１オンス当たり850ドルまで上がった反面、政府が介入したもの

表9.1　資産別の年間リターン（1968～1979年）

リターン	資産
19.4%	金
18.9%	希少切手
15.7%	銀
13.7%	希覯本
12.7%	アメリカのコイン（金以外）
12.5%	古典的名画
11.8%	ダイアモンド
11.3%	農場
9.6%	一軒家
6.5%	インフレ率
6.4%	外国通貨
5.8%	高格付け社債
3.1%	株式

はすべて石ころに変わり、人々は資産に政府の規制が及ばないことを願っていた。

インフレはもはや普通のことになりつつあり、歌手でコメディアンのベット・ミドラーなどヨーロッパ公演のギャラの60万ドルを米ドルではなくて南アフリカの金貨で支払うように要求したほどだった。

そして、だれも株を買おうとはしなかった。1979年８月13日のビジネス・ウィーク誌の見出しは「株式の死」という不吉な予告になっている。

1980年１月のダウ平均は偶然にも金と同じ850ドルで、これは14年前の1966年よりもかなり低い水準になっている。1964年には、わずか1.0％だったインフレ率が1979年には１年で13％を超えていた。

このインフレ時期に、株式は最悪の投資先だった。**表9.1**には直近の上昇期（インフレ）である1968～1979年の年間リターンを資産別に示してある。高リターンは、ほとんどが収集品であることに注目してほしい。

これを見ると、リスト中もっともパフォーマンスが低いのは、株式になっている。インフレ率が株のリターンを上回っていたため、この時期に株式投資をしていれば、実質的にお金を失っていたことになる。

しかし、1980年代に入るとインフレ率は毎年低下して、1998年には1.6％と制御可能な水準に戻った。この時期（1981～1998年）、株価は周知のとおり急騰している。具体的な数字を見てみよう。

ダウ平均

1981年12月31日　　875ドル

1998年12月31日　　9000ドル以上

インフレ率が低下していた（「ディスインフレ」とも呼ばれる）17年間に、株価は劇的に上昇している。

次に、さらに17年さかのぼってインフレ率が上昇していた時期について考えてみよう。

ダウ平均

1964年12月31日　　874.12ドル

1981年12月31日　　875ドル

この17年間のダウ平均の上昇は、１ポイントにも満たない。このことからインフレ率が下がっているときには株を保有し、上がっているときには保有しないようにすべきであることが分かる。

この原稿を執筆しているこの時期、インフレ、デフレ議論が盛り上がりを見せている。この20年のトレンドは低インフレで、このままいけばデフレや物価の下落に突入すると心配する声も多い。ちなみに、前回のデフレは大暴落のときだった。次に到来するのは1929～1949年のようなデフレ型ベア相場なのだろうか、それとも1964～1982年のようなインフレ型ベア相場なのだろうか。

1930年代のようなデフレ型不況の再来はあるのか

デフレとは簡単に言えば購買力が上がることで、もし100ドルだったものが90ドルになれば、自分のお金の価値が突然上がることになる。このようなことは、特定の製品に関してはいつも起こっているが、経済全体に起こると実質的に現金の価値が上がることになり、これをデフレと呼んでいる。しかし、技術が発展するとより安く製造することが可能になり、価格も下がるため、デフレは製品が発達する過程における自然現象ともいえる。例えば、もし3000ドルでコンピューターを買うとすれば、２年前に同額だった機種の５～６倍の性能のものが買えるだろう。

このような視点（自分のお金の価値が上がる）でデフレを考えると、良いことのように思えてくる。しかし、この思惑に満ちた世界では、人々はすべてのものを今すぐ手に入れて、そのうえ毎年お金が増えていくことを願っている。もし毎年お金の価値が下がっていけば、これは簡単に実現できる。ところが、人々は巨額の負債も抱えているため、負債の価値は下がって買ったものの価値は上がるということが重要になる。これがインフレの環境下ならば実現できてしまう。

大型デフレは、景気低迷を引き起こすこともあり、例えば1835～1843年や1929～1930年代末までの時期がそれに当たる。人々は職を失い、すべてのものの価値が下がったために、これはアメリカにとって非常に苦しい時期だった。ちなみに、政治的にはインフレのほうがまだましとされている。マーケットサイクル的に見れば、われわれはそろそろデフレを迎えることになる。

現在、５つの主要なデフレ圧力が働いている。

●**1．製造拠点が中国に移りつつある**　大企業は、中国で製造すればそれ以外の場所と比較して大幅なコスト削減が可能であることに気づいた。そして、製造拠点を移すことで、世界中の物価が下がっている。この仕組みを説明しよう。アメリカのある工場が、小型装置を１台２ドルで製造して５ドルで販売していたとする。ところが、ライバル企業が中国に工場を移転して１台30セントで製造し、アメリカで1.95ドルで売り始めてしまうと、この価格には太刀打ちできない。こうなると、選択肢は自分も中国に移転するか廃業するかしかない。実は、かつての移転先だったアジアのほかの新興国（シンガポール、マレーシア、タイ、韓国、台湾）も中国のコストにはかなわないために、窮地に陥っている。結局、小型装置のコストは下がることになるが（デフレ圧力）、失業者も増えて個人消費が減る（これもデフレ圧力）。

●**2．サービス業が労働力の安い国へ移転する**　アメリカ企業が使っているソフトウエアの大部分は、インドのプログラマーが書いている。技術サポートでさえ、インドで行われていることが多い。テクノロジー系の企業に問い合わせをすると、電話が転送されてインドにいる担当者が答えていることもよくある。ニューヨーク・タイムズ紙も最近、金融サービスが次々とインドに移転していずれ100万人のアメリカ人が職を失うという見通しを発表している。21世紀初頭までにこれが300万人になるという予想もある。[1]国際的な企業でも、アメリカ人幹部に代わってインド人が就くことが増えてきている。彼らはアメリカ人よりも経験豊富なうえに、コストはずっと安い。

サービスや生産が労働コストの安い外国に移ると、結果として価格が下がる。しかしそれでけでなく、国内では仕事が減り、競争力のない企業は破綻する。そしてこの両方ともデフレ圧力になる。

●**3．失業と倒産が賃金譲歩につながる**　数年前ならエンジニアリングやコンピューターサイエンスを専攻した大学生は、卒業すると高い報酬の仕事のなかからもっとも福利厚生の充実した会社を選ぶことができた。今日では、仕事が見つかればラッキーという状態で、全体的に給与水準も下がっている。これもデフレの一部と言える。

- **4．新しい小売業のトレンドが今日のデフレ要因になる**　ウォルマートやターゲットなどの大型小売店は、普通の店ばかりか小売チェーンなどよりもずっと効率的に製品を販売している。これらの企業は効率的な配送方法を確立したことで低価格を実現した。しかし、そこに人手がほとんどかからないインターネット上の競争相手が続々と参入してきた。ディーラーの多くは、新製品をｅベイなどのサービスを使って廉価で販売するようになっている。そしてこのトレンドは、縮小ではなく拡大していくだろう。
- **5．アメリカ以外の国ではアメリカの消費者が世界の経済成長の牽引役だと思っているので、自国通貨が米ドルに対してインフレにならないよう望んでいる**　もし、ドルが下がって彼らの製品が割高になれば、アメリカの消費者が買わなくなることに危機感を抱いている。そこで、多くの国では通貨を切り下げ、それがグローバルなデフレ圧力を生んでいる。

これら５つの要因を見ていくと、非常に大きなデフレ圧力を受ける可能性は十分あるということが分かると思う。デフレと高インフレのどちらがましなのだろう。

1929～1949年のベア相場は、デフレ圧力の下で起こった。価格が全体的に下がり始め、表面的には良さそうに見えた。食料品も車も服もそのほかの生活必需品も安くなった。しかし、同時に所有物の価値も下がって30万ドルだった家は20万ドルの価値しかなくなった。1930年代の大恐慌のときもこれと同じことが起こり、復活には1940年代末までかかった。

恐ろしい考えだが、現在アメリカを襲っているメジャーなベア相場はデフレ型だと思う。苦しいデフレ期の予想が正しかったのだろうか、それとも繁栄期を阻むもうひとつの敵である強力なインフレがこれから起こるのだろうか。

《ミニ知識――インフレとデフレ》

1821～1933年の期間、米ドルと金は20.67ドルのレートで固定されていた。これによってインフレは制御されていたが、デフレは起こった。1934年にフランクリン・ルーズベルト大統領は金の価格を１オンス当たり35ドルとすることでドルを切り下げた。つまり、金を買うにはこれまでの倍近いお金が必要になり、ドルの価値が下がったのである。

第２次世界大戦末期にアメリカのハリー・デクスター・ホワイトとイギリスのジョン・メイナード・ケインズが経済協定を結び、会議が行われた地名をとってブレトンウッズ制度と名づけた。このなかで米ドルは引き続き１オンス当たり35ドルで金と固定し、それ以外の通貨もドルと固定相場制を保つという取り決めが行われた。

1913年にアメリカ政府が民間銀行（フェデラルリザーブ）に紙幣の発行を許可したことから、ドルをいつでも発行できるようになった。ブレトンウッズ下のアメリカにとって、好きなだけドルを発行して自国通貨をインフレ状態にできる素晴らしい制度だった。しかし、そうなるとほかの国もそれぞれの通貨がドルに対して高くなるのを阻止するために自国通貨を発行しなければならず、結局アメリカの思いのままの状態だった。アメリカと同調するか自国通貨を切り下げてアメリカ製品に対する競争力を落とさないと、自国通貨のほうが強くなってアメリカ向けの製品が売れなくなるからである。

実はほかの国にとって、あとひとつ選択肢があった。「黒字」分のドルをフェデラルリザーブで１オンス当たり35ドルの金と交換するのである。1971年にフランスのシャルル・ドゴール大統領がまさにこれを行い、アメリカの保有する金を手に入れた。これに対してニクソンは、金とドルの交換を停止して、アメリカの通貨に金ほどの価値はないと宣言した（ニクソンショック）。

アメリカがブレトンウッズ体制を放棄すると、経済は大混乱に陥った。アメリカはドルの発行を続けたためインフレが加速し、１つの製品に対してお金だけが増えたことで価格が上がった。これは逆に言えばドルの価値が下がったことになる。こうなると、金の価格は上がってドルは他国の通貨に対して弱くなるほかなく、実際そのとおりになった。

1970年代に入ると、資産の多い人たちが勢いを増してきた。特に借金で資産を買った人たちにとってドルの価値が下がれば返済はどんどん楽になっていった。このような時期には、金や商品や土地を所有すべきことは明らかで、逆にお金を貸しても返済されたドルの価値はみるみる下がってしまう。ただ、インフレの1970年代は株式市場のベア相場の真っただ中にも当たっていた。

だれでも物価が上昇していくインフレには多少なじみがあると思う。1930年代にはわずか５セントコイン１枚で映画を見に行けたのが、今では10ドルもかかる。1940年代には5000ドルでロサンゼルスの一等地に一軒屋が買えたのに、今では50万ドル以上ないと買えない。これはインフレのほんの一例で、言い換えれば自分の持っているお金の価値が毎年減っていくことでもある。1966～1982年のベア相場はインフレ型で、ベトナム戦争の出費を賄うため印刷所では徹夜でドルを刷り続けた。

1979年、ジミー・カーター大統領はインフレ撲滅を決意した。FRB議長にポール・ボルカーを指名し、紙幣の発行をコントロールするよう指示を出した。ボルカー議長は期待どおりの働きをみせ、紙幣を発行しつつインフレ率を劇的に低下させた。こうして高金利、ドル安、金価格高騰の時代は終わった。

このとき以来、FRBはデフレの機会を窺う政策をとっている。成長率が上がりすぎれば、ドルの発行を緩め、成長が鈍り始めると後押しする。アラン・グリースパン議長が中心になって進めているこの政策は、巨大な好景気を生み、突然ドルは力強くなり、株価は高騰した。そしてその結果が先述の途方もないメジャーなブル相場を生んだ。

新世紀を迎え、グリーンスパン議長はドルの発行を引き締め、利上げを行って経済を混乱させている。もし2001年の11回におよぶ利下げとは逆の政策をとっていれば、このような事態にはならなかっただろう。経済はやはり落ち込むことになるが、問題はインフレではなくデフレなのである。そして、デフレによるメジャーなベア相場はインフレ型ベア相場よりさらに苦しいものになる。

このようなことが本当に起こるのだろうか。われわれの予想は、本文を見てほしい。

1970年代末のようなインフレスパイラルの再来はあるのか

ほとんどの人、なかでもほとんどの政治家は、インフレシナリオのほうがまだましだと思っている。このことと、FRBがいくらでもお金を発行できる権限を握っていることで、われわれはドルが今後インフレになると予想している。

今日、アメリカが抱える負債の額を考えれば、デフレに陥るわけにはいかない。もし30万ドルの自宅に24万ドルのローンを組んでいても、インフレで家の価値が上がっていれば問題はない。しかし、もしデフレで家の価値が下がったら悲惨なことになる。まず、ドルの価値が上がるため、その価値が上がったドルで支払われる収入は下がることになる。次に、ドルの価値が上がることで負債分の価値も上がる。そして３つめに、家の価値は下がる。もし20万ドルになってしまった家に24万ドルのローンを抱えていたら、返済を続ける気になるだろうか。多くの人はそうはならないが、これこそアメリカ政府が避けたい状態だろう。

アルバート・フリードバーグが、開始以来12年以上年率40％以上のリターンを上げるという前代未聞の実績を記録した。この実績を背景に、フリードバーグは「名目紙幣が横行する社会は、デフレには耐えられない」と断言している[2]。

恐らくこれは正しいだろう。政府がお金の発行をコントロールしていれば、デフレを阻止するためにできるかぎりのこと、つまり紙幣を大量に発行（巨大なインフレ圧力）してデフレトレンドに対抗することになる。

フリードバーグのような経済のエキスパートは、このようなお金のことを名目紙幣と呼ぶ（米ドルはその好例）。これは、政府の命令によって発行された紙幣で本質的な価値はない。人々はこれに何がしかの価値があると信じているが、実際にはただの紙切れでしかなく、実体のあるものと比較したら何の価値もないのである。今日、世界のほとんどの通貨がこれに含まれる。名目紙幣の正反対にあるのが金貨や銀貨で、原料の金属の価値がそのままコインの価値になる。

2003年、フリードバーグのデフレに対する批判は続いていた。2003年１月末に発行した彼のニュースレターには、最初の行に「米ドルの下落と並行して急速な通貨供給が行われ、財政が膨れ上がるとデフレの恐怖など無意味になる[3]」と書いている。

フリードバーグはさらに、17商品中15商品は１年前よりも価格が上がって、約20年来の高値を付けていると指摘したうえで、最後に「インフレが大幅に加速するのは間違いない」と締めくくっている。

2003年半ばには、BCAリサーチ（http://www.bcapubs.com/）の

アナリストでこちらも非常に聡明なマーチン・バーンズがバロンズ誌に同じようなことを述べている。「あまり知られていないが、中国のインフレ率がプラスに転じた。（中略）来年半ばまでにデフレへの恐怖がインフレとFRBの利上げに対する懸念に変わっているだろう[4]」

アメリカ政府は、どんなことをしてでもデフレを阻止しようと考えている。これは、うっかり行きすぎて巨大インフレを生んでしまっても仕方がないという意味で、恐らくそのとおりになるだろう。そして同時に、世界には5つの主要なデフレ圧力が存在している。

この論争でだれが正しいのかは分からない。確かに、フリードバーグやバーンズのような賢いアナリストの主張は事実と歴史に基づいたものではあるが、それでもただ信じるのはよくない。今後の状況は、われわれの4つ星システムを使って自分でモニターしていってほしい。

4つ星システムでインフレやデフレを追跡する

インフレやデフレの目安となる4つの指標をモニターしてみよう。

- 商品価格（インフレ時期に上昇することが多い農産物、工業用素材など）
- 消費者物価
- 金価格
- 金利

商品価格

商品価格の上昇は、インフレが近づいていることを告げる優れた先行指標になる。1970年代のインフレ期には、商品価格の多くが高騰して多くの人が巨大な富を手に入れた。商品価格が上がるときは、イン

図9.1　CRB指数の大きな変動はインフレにつながることもある

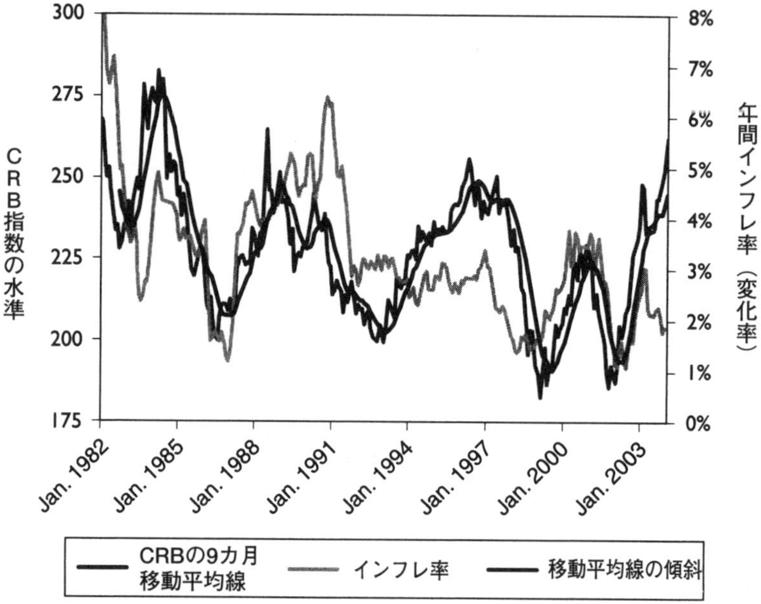

出所＝http://www.bigcharts.com/

フレ率も上がることを覚えておくとよいだろう。また、商品価格が下がると、インフレ率も下がることが多い（例えば、5％のインフレから3％のインフレに下がる）。

最初の指標は、時間の経過とともに商品価格が上昇しているか（あるいは下降しているか）を見ていく。そこで、商品価格の9カ月移動平均線（または200日移動平均線、40週移動平均線など入手しやすいもの）を見ていくことにする。もし、9カ月移動平均線が上昇していれば（右肩上がり）、近いうちにインフレ率が高くなると考えられる。また、移動平均線の傾斜が急だと、インフレの上昇率も高くなる。

図9.1には、代表的な商品指数であるコモディティ・リサーチ・ビ

図9.2　消費者物価指数

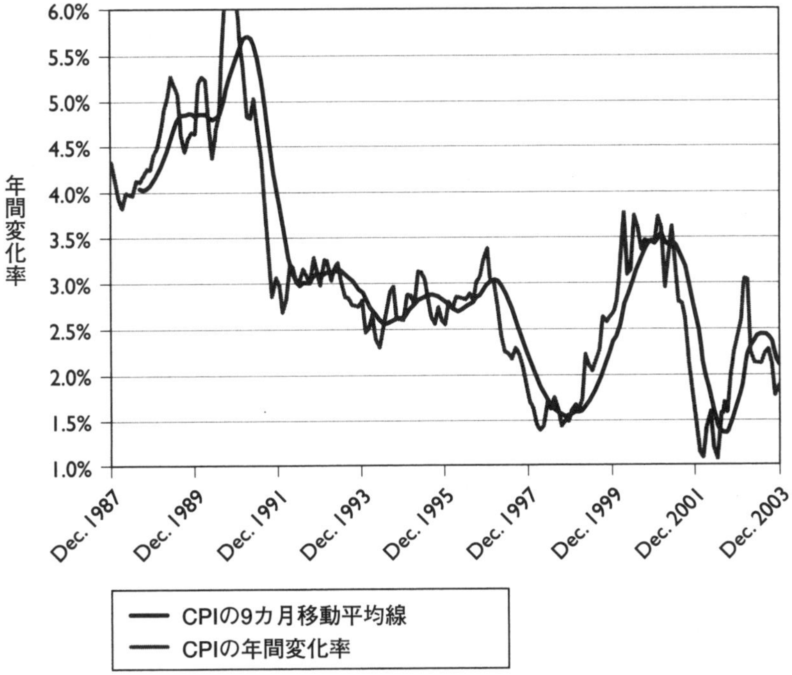

ューロー（CRB）の指数を過去30年分示してある。このなかで、現在の状況を見てほしい。指数はこれからの跳ね上がるところであり、この最初のサインからはインフレが予想される。[5]

消費者物価

政府は、消費者物価指数（CPI）というインフレ指数を発表している。この指数はわれわれの名目紙幣制度の下、たいていは少しずつ上昇している。ただ、アメリカ政府のコントロール下にあるこの指数は、少し危険な指標ともいえる。算出方法はこれまで何度も変更され、インフレ圧力を隠すための操作だとも言われている。いずれにしても高インフレの期間は、CPIが９カ月移動平均線を上回っている。

また、CRB指数と同様に、９カ月移動平均線の傾斜が急だとインフレのトレンドもそれに続く可能性が高い。

図9.2は、現在のCPIを示している。直近の動きが下に向かっていることに注目してほしい。もしCPIがゼロを下回ると、デフレ期に入るということも知っていてほしい。ちなみに、今回のグラフは1987年以降のものなので、デフレ期は含まれていない。

金価格

インフレへの恐怖が高まると、投資家にとっては本当の通貨として金の魅力が増す。**図9.3**が示すとおり、これまで金の価格は将来のインフレを予想するための素晴らしい先行指標になってきた。CRBやCPIと同じように９カ月移動平均線が急上昇すればインフレが近く、逆もまた正しい。

本書執筆時の金価格は１オンス当たり420ドルで、260ドルの安値を付けた2001年初めから約160ドル上昇している。これはインフレがかなり近づいていることを意味している。

CRBと同様、もし金が下落していれば、インフレも減速する（例えば、５％から３％に下がる）。ただ、インフレは多少緩和したとはいえ、やってくることに変わりはない。**図9.3**の1979～2000年を見てほしい。この期間はインフレ圧力がずっとかかっていたにもかかわらず、金価格は大幅に下落している。金価格が９カ月移動平均線（または200日移動平均線か40週移動平均線）と比較して上昇トレンドにあるときは、インフレが近いと思ってよいだろう。[6]

図9.3　金価格が大きく動くとインフレ率もそれに続く

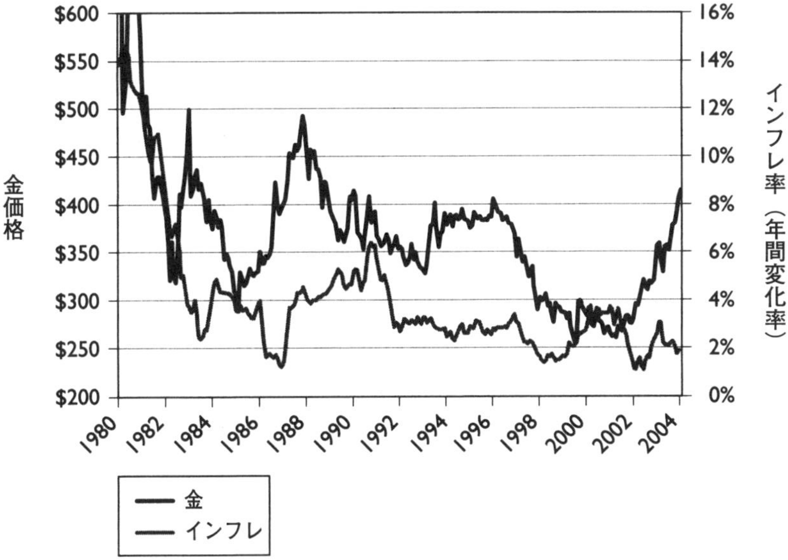

金利

通常、インフレ率が高いと長期金利も高くなる。もし、１年後に今の10万ドルの価値が９万ドルに下がってしまうと分かっていたら、５％の金利で10万ドルを貸す気になるだろうか（それまでに5000ドルの金利は受け取っている）。もちろんそんなことをして毎年5000ドルの価値を失っていくつもりはない。インフレが始まると金利は上がる理由はここにある。

ただし、これにはひとつ例外がある。紙幣をどんどん発行してインフレ率が高くなることを知っている政府が、低金利で資金を貸し出そうとするのである。もしインフレで損失が出れば、さらに紙幣を発行すればよい。しかしそれでも、インフレ下ではローン金利が高くなる。

図9.4　実質金利vsインフレ

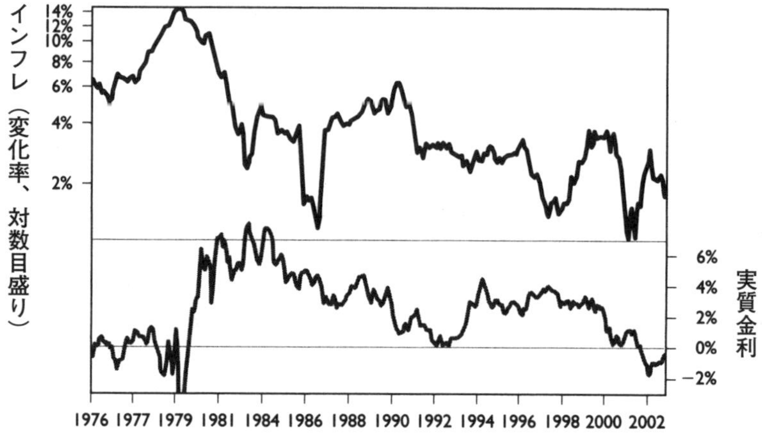

1980年代のインフレのピーク時には、金利が２桁に達していた。

この原稿の執筆時の長期金利は急速に上昇しており、インフレがすぐそこまで迫っていることを示唆している。しかし、政府は予防策として短期金利を調整し、景気を刺激しようとしている。

しかし、政府が意図的に金利を低く抑えるのは非常に危険なことなのである。1970年代末のように実質短期金利が０％を下回った状態が続けば、インフレが近いと考えてよいだろう（**図9.4**がそれを裏付けている）。

ここで実質というのは、インフレ率調整後の金利を意味している。もし短期金利が１％でインフレ率が３％ならば、今持っているお金の実質的なリターンは－２％になる。政府は消費を促して景気に刺激を与えるため、ここまで金利を押し下げている。そして消費が拡大すると、少ない品物に大量の資金が向かうことで物価が上昇し、インフレが起こる。

金利については、第10章でもさらに詳しく述べていく。今のところは、実質金利がゼロを下回ったままの状態のときは、インフレが近いということだけ覚えておいてほしい。

指標を使って儲ける方法

図9.1～図9.4は４つの指標のうち３つが長期の下降トレンドから上昇に転じており、大部分がインフレを示唆している。本書では、これを３つ星サインと呼んでいる。これが意味することを掘り下げて見ていこう。

４つ星＝インフレの加速

４つの指標がすべてプラス（モデルのスコアが４点のとき）であれば、インフレ率の上昇が予想される。４つ星モードでは、株式市場が崩壊するか少なくとも購買力は落ちると考えられるために、資産の40～50％を不動産など実体のあるものに交換しておくことが望ましい。インフレ下では、金、コイン、切手、銀、美術品など実体のある資産のパフォーマンスがもっとも良いことに気づくだろう。逆に、株や債券など紙の資産は振るわない。ただし、投資するのは自分が知識を持っている資産に限るということに注意してほしい。収集品のなかには、インフレのときでも危険なものがあり、知識がないと結局は異常な高値でつかまされることになりかねない。

高インフレのときには、金、金貨、金関連株も素晴らしい投資先になる。資産の25％までならば、これらも候補に入れるとよいだろう。取引しやすくて金相場の動きともよく連動している銘柄に、ニューマウント・マイニング（NEM）がある。ちなみに、筆者はセント・ゴーデンスがデザインした金貨で1924～1928年に発行された未使用のものを好んでトレードしている（MS63が約750ドル、MS65が約1400ドル。MSは鑑定規準で、数字が大きいほどグレードが高い。セント・ゴーデンス金貨はもっとも美しいとされている金貨）。ただしコインを買う前に必ず『コイン・コレクティング・フォー・ダミーズ（Coin Collecting for Dummies）』を読んでほしい。[7]

インフレ期に投機の対象にもっともなりやすいのが、商品先物トレードだろう。しかし、レバレッジが高いことでリスクが大きくなりかねないこの取引は本書の安全な戦略を紹介するという趣旨に反するため、ここでは触れないことにする。もし詳しく知りたければ、IITMでは電子先物取引セミナーも開講している。

3つ星＝インフレの危険性が高い

4つの指標のうち3つがプラス（モデルのスコアが3点のとき）もインフレ率の上昇が予想されるが、時期は少し先になると考えられる。投資先としては、4つ星のときと同じだが配分を35～45％に減らすとよいだろう。

2つ星＝インフレのリスク有り

4つの指標のうちプラスが2つしかなければ、インフレのリスクはあるが、さほど大きくはないと考える。インフレ対策の資産配分は小さくてよい（25～35％）。

1つ星＝インフレ率の緩和または低下

1つ星モードになったら、インフレ対策資産は手仕舞う。これらの資産のほとんどはインフレ率が下がると価値が下がるため、1つ星に下がったらできるだけ早く手放す。

星なし＝インフレ率の低下

星の数がゼロになったら、インフレ対策資産は20％以下に抑える。このモードのときは要注意。

マイナス１つ星＝デフレ

もし４つの指標がすべて下降していてCPIがゼロを下回ったら、インフレ率が下がってデフレの可能性が出てくる。FRBが存在している以上、長期的に見ればこのシナリオは考えにくいが可能ではある。もし本当にこの状態になったときには、資産を流動性が高い現金にできるかぎり代えていく。

本書執筆時点で、このモデルは３つの指標がインフレ率上昇を示す３つ星のサインを出している。インフレが近いと考えてよいだろう。
http://www.iitm.com/ に掲載している「タープスソート」（無料ニュースレター）を読んで最新状況を常に把握しておいてほしい。

《キーアイデア》

- **現在、アメリカ経済に影響を与えているデフレ要因が５つあり、それがわれわれのお金の価値を上げている。**
- **政治家（特にアメリカのような債務国の）にとって、デフレの代償は大きすぎるため、行きすぎた政策がインフレを招くというシナリオの可能性が高い。**

▶インフレをモニターするための4つ星システムがある。2004年1月現在、システムは3つ星モードにあり、インフレ率上昇が予想される。
▶インフレ率が上昇しているときには、金やそのほかの有価資産に投資する。この時期は商品先物相場に投機するチャンスでもあるが、これは本書の趣旨である安全戦略からは外れている。
▶デフレ期（マイナス1つ星、すべての指標が下降してCPIがゼロを下回っている状態）には、資産を現金にしておく。
▶インフレ率が下がり始めたら、いずれ株式市場は強含み、有価資産の価値は下がると考えられる。

《アクションステップ》

▶現在のモデルのサインを確認して、必要な行動をとる。
▶インフレ対策資産に配分すべきポートフォリオの割合を確認し、必要ならば再配分する。
▶http://www.iitm.com/ から「タープスソート」を購読する。

注

1．マサチューセッツ州ケンブリッジにあるフォレスターリサーチによると、2015年までに330万人分のハイテクとサービス業の仕事がアメリカから外国に移行し、その大部分はインドに行くという。また、これを賃金に換算すると1360億ドルになる（クリスチャン・サイエンス・モニター紙、2003年７月23日付）。

２．フリードバーグについての詳しい情報は http://www.friedberg.com/ に載っている。

３．フリードバーグのニュースレター「コモディティ・アンド・カレンシー・コメンツ」2003年１月27日号。

４．バロンズ誌2003年６月５日号に掲載されたインタビュー。

５．CRB指数は、http://www.bigcharts.com/ を開いてシンボルの欄に20299A01と入力すると見られる（なぜこのようなシンボルなのかは不明）。

６．金のチャートやデータを無料で入手するのであれば、http://www.kitco.com/ がお勧め。ドルの価値が下がっているときも、金価格は上昇する。

７．ロン・グース著『コイン・コレクティング・フォー・ダミース（Coin Collecting for Dummies）』

第10章

ドルと金利——脅威を富に転換する

The Dollar And Interest Rates : Turning Threats To Your Wealth Into Profits

「ペーパーマネーの問題点は、資金操作ができる少数の連中が得をして、まじめに働いて貯金してきた世代がバカを見ること」
——アダム・スミス（ジョージ・グッドマンのペンネーム）

自国の通貨は、外貨に比べて強いのだろうか、それとも弱いのだろうか。もしインフレ圧力があれば、答えは恐らく弱いということになる。そしてもし自衛しなければ、この圧力は財産に破壊的な影響を与えかねない。気づかないうちに資産が半分になっているなどということだってあり得る。しかし、本章を読めばドルの崩壊と相対的な金利水準が資産に与える影響を理解できるため、それに対応して資産内容を整えることが可能になる。

いつの時代も、政府は債務返済のために自国のペーパーマネーを破壊しようとしているように見える。そして、実際に破綻に至ったケースもある。1922年、戦債の支払いに窮したドイツは紙幣を乱発したため、1923年末には物価が数兆倍に膨れ上がってしまった。そして、それまでドイツの人たちが蓄えてきた資産は消滅してしまった。

今日、同じような破綻劇は世界中で起こっている。例えば、ベネズエラで昼食を買うには台車いっぱいのお金が必要になる。なにしろ10

年前に１ドル対100ボリバーだった交換比率が同国の紙幣乱発によって今では１ドル対1600ボリバーに下がっているため、１ドルを得るためには10年前の15倍も多く稼がなければいけなくなってしまった。

ドルの価値、つまりアメリカ人の財産も今、同じ脅威にされされている。[1] これは2003年第１四半期の経済成長が－29％だったベネズエラの話ではない。FRBのベン・バーナンク理事が2002年11月21日に行ったスピーチを転機に始まったこの流れにおいては、適切な予防対策を講じないかぎり資産は破壊的な影響を受けることになる。

バーナンクは、簡単に言えばFRBが自国通貨（つまり国民の財産）を犠牲にしてでも目的を達すると言っている。この日のスピーチの一部を紹介しよう。

> **米ドルの価値は、その供給量によって上限が決まる。しかし政府は印刷機という技術を持っている（現在では電子化されているものもある）ため、ほとんどコストなしに好きなだけドルを発行できる。**
>
> **しかし、米ドルの流通量が増えると、（たとえそれが良くないことだと分かっていても）物価やサービスが値上がりすることでドルの価値が下がることになる。結局、ペーパーマネー制度の下では、政府が覚悟を決めれば消費拡大とそれがもたらすインフレ率の上昇は必ず実現できる。[2]**

このスピーチのあと、ドルが主要通貨や主要商品（例えば金）に対して大幅に下げたことは言うまでもない。そして、このような時期にはリスクを分散して資産の一部を米ドル以外にしておく必要がある。これは、特別変わったものに投資するということではない。まずは、第７章で紹介したベア相場用の戦略や、本章で紹介する最大利回り戦略を試してみるとよいだろう。

《ミニ知識――米国の抱える債務》

将来のインフレの大きさを予測するためには、アメリカがどのくらいの債務の山を築いているのかを考えなければならない。政府にとってこの問題のもっとも簡単な解決方法はお金を印刷することだからである。借金を自分で発行したお金で返すなど卑怯なようだが、アメリカ政府がまさにこれをしている。

アメリカ政府が公式に発表している債務は７兆1000億ドルで、これを約１億世帯で割ると、政府はアメリカの各世帯に７万1000ドルの借金があることになる。そして、これが政府の借金の限界だと思ったのならば、それは違う。先の7.1兆ドルには将来支払わなければならない社会保障や年金にかかわる31兆ドルは含まれていない。

これらの数字は、政府が作成した2004年の財政報告書に記載されている。皮肉なことに、報告書の注釈には「課税権限は資産に含まれていない」などと書かれている。もし、アメリカ政府自体が投資先であれば、恐らくだれも買わないだろう。

ここでとれる選択肢は簡単で、アメリカ人から死ぬほど税金を取るか、債務不履行で借金を踏み倒すか、インフレを生むしかない。そして、もっとも不快感が少ないのは３つめということになる。

「悪いけれどヨーロッパ旅行はあきらめてほしい。そんなお金はないんだ」

ドルの価値は半分になることだってあり得る。言い換えれば、財産（ドル建ての）が半分に切り下げられる可能性がある。しかし、過ぎてしまえばほとんどのアメリカ人が何が起こっているのか、あるいは起こったのかを分かっていない。ドルの価値が下がるということの意味が理解できないからだろう。そこで、ひとつ例を挙げてみよう。

ビジネスマンが1985年３月に、１年間の長期出張でヨーロッパに降り立ったとする。まず銀行で１万ドルを交換すると、２万8000スイス・フランを手渡され、お金持ちのアメリカ人になった気分を味わう。滞在中は贅沢に生活し、ロレックスの時計も格安で手に入れた。

３年後の1988年３月、再びスイスに出張して前回と同様に銀行で１万ドルを出すと、今回は１万4000フランとしか交換できなかった。「本当にこの金額で合っているのか」と聞いても「間違いありません。３年間でドルの価値は半分に下がったのです」と銀行員に言われて唖然としてしまう。前回と比べて半分のものしか買えないし、ドルでの支払いは２倍になっている。

厳しい現実は、ヨーロッパの物価が２倍になったためではない。スイスの店のロレックスの値段は上がっていないが、同じ時計を買うのにドルなら前回の２倍必要なだけなのである。1985年から1988年にかけてアメリカ人の財産は暴落し、購買力は実質的に半分になった。**図10.1**には過去30年間のドルのトレンドを示してある。

もしこの期間に資産を金に変えていれば、１オンス当たり300ドル以下から500ドル近くまで約２倍に値上がりしていた。ただ、実際には金が値上がりしたのではなく、ドルの価値が下がっただけで、その結果１オンスの金を買うのに以前よりたくさんドルが必要になっただけだった。この期間の金の価格をスイス・フランで見ると、ほとんど変化していない。

1988年などはるか昔のことだと思っている人が多いが、ドルは1990年代末に高騰したため、アメリカ人はドルの心配などしなくなった。ビル・クリントン大統領の下でドルは強くなっていき、いまやドル高になっている。しかし、これがピークであるだけでなく、すでに大きく下げ始めている。アメリカ人の購買力が再び落ち込むのは目に見えているし、実際もうこれが始まっている。１年前、１ドルは1.7スイス・

図10.1　米ドルはメガトレンドを作る傾向がある

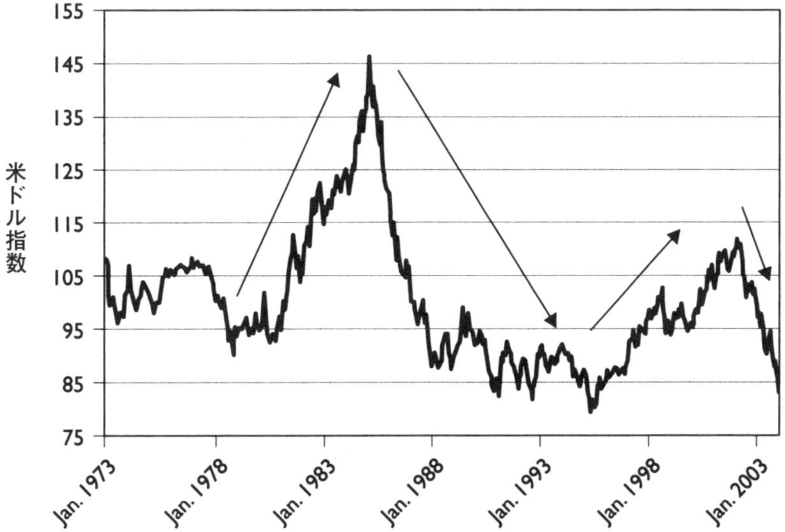

フランと交換できたが、今は1.4スイス・フラン程度にしかならない。何が起こっているのだろう。

お金に影響を及ぼすたった2つの要因

メディアから聞こえてくることを無視して自分で数字を分析すれば、お金持ちの国の通貨に影響を及ぼす要因がほかの通貨と比較した購買力と、実質金利差の２つしかないことに気づくだろう。財政赤字と経常赤字も影響するという声もあるが、関係ない。

購買力平価は、次のように考えると簡単に分かる。どこでも手に入る安い材料を使い、まったく同じ方法で作られているビッグマックは、世界中どこでもほぼ同じ価格だと考えることができる。当然、アメリカから国境を越えてカナダに入ってもこの値段はさほど変わらないが、実はいつもそうとは限らない。

2003年の夏、ビッグマックはカナダで買うとアメリカで買うよりも0.49米ドルも安かった。もしナイアガラの滝に行くのならば、カナダ側で買うべきだろう。

なぜ、カナダのマクドナルド・ナイアガラ店は、ニューヨーク州のナイアガラ店よりビッグマックを0.49米ドルも安く売っているのだろう。２つの富裕国の価格差にはどういう意味があるのだろう。実は、長期的な差はない。長い期間には２つの通貨は本来の購買力である同等の価値に戻っていくが、もちろんこれがかなり先になる可能性はある。

ドルの価値に影響を及ぼすもうひとつの力は実質金利の差で、お金も一番居心地の良い所に流れていくということが根本にある。もし５％の金利を支払う国と１％の金利を支払う国があってその他の条件が同じであれば、お金は５％のほうに流れてその国の通貨は上昇する。これは需要と供給の簡単な仕組みにほかならない。

さほど昔でもない1995～1997年に、米ドルが最高の通貨だったことがある。現金を預ければ５％以上の金利がつき、インフレ率も低かった。そしてデンマークや日本のビッグマックは、アメリカより100％以上高かった。しかし、今はもう違う。

お金持ちの国の通貨に影響を及ぼす２つの要因（購買力平価と実質金利の差）から考えて、問題を抱えているのは米ドルである可能性が高い。アメリカのビッグマックは値上がりし、金利はわずか１％に下がっている。

ドルの価値を追跡する

利益を上げ続けるために追跡すべき指標は３つある。

1．ドルのメガトレンド

図10.2　米ドルのメガトレンドを追跡する

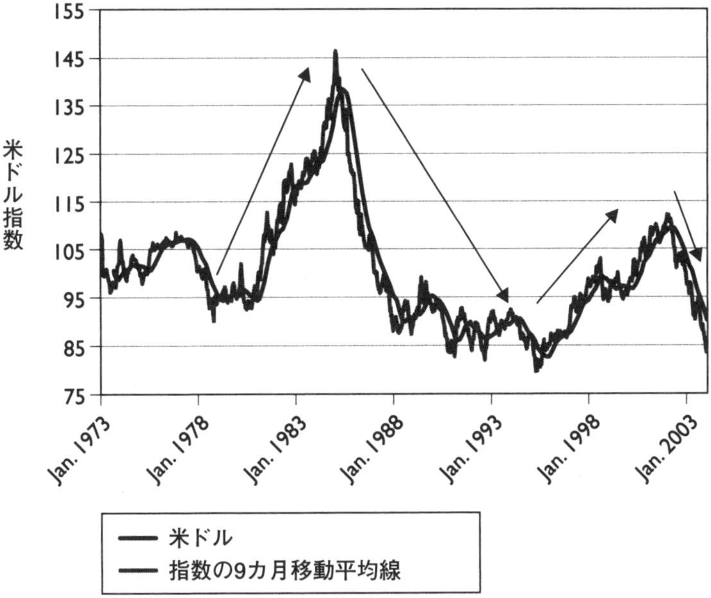

2．ビッグマック指数（購買力平価）
3．お金がもっとも大事にされている場所

ドルのメガトレンド

通貨はファンダメンタルを無視してメジャートレンドに沿って動くことが多く、一度乗ってしまうとその状態が長期間続く傾向がある。ここでも取引高で加重された米ドル指数の９カ月（または40週か200日）移動平均線を使ってトレンドを見ていこう[3]。

９カ月移動平均線が上昇しているとき、ドルは上昇傾向にあってさらにそれが続くことが多い。逆に、９カ月移動平均線が下降していると（移動平均線がマイナス傾斜になっている）ドルのパフォーマンスは低くなる。**図10.2**はこのことを図で示している。

ビッグマック指数（購買力平価）

本書執筆時点におけるアメリカのビッグマックの価格は、約2.70ドルになっている。もしこの価格が例えばヨーロッパと比べて20％以上開いていると、近いうちに調整され、平価に近づく可能性がある。

実際には、現在ビッグマックの価格はアメリカよりもヨーロッパのほうが10％高い。つまり、購買力から見れば、ファンダメンタル的にドルがユーロと反発する理由はない。逆にオーストラリアでは、ビッグマックがアメリカより31％も安い。そして、当然ながらオーストラリア・ドルは米ドルに対して急速に強含んでいる。この原稿執筆時点でビッグマックがもっとも安いのは中国で、米ドルに換算して約1.20ドルで売っている。しかし、中国元は米ドルと連動しており、これは当分続くと考えられる。オーストラリアと南アメリカではともにビッグマックを約1.86米ドルで買える。逆に、スイスでは4.59米ドルで、ユーロ採用国のほとんどでは2.97米ドルになっている。エコノミスト誌では、この最新情報を年に数回掲載している[4]。

お金がもっとも大事にされる所

お金は、それがもっとも大事にされる所、つまりもっとも安全で利回りの高い所に流れていく。現在その場所は、中央銀行の金利が4.75％のオーストラリアといえるだろう[5]。この利率をアメリカのFFレートの１％やユーロと欧州中央銀行の２％、あるいは１％にも満たないスイスの中央銀行と比べてほしい。ちなみに、最高は南アフリカ中央銀行の13.5％だが、ここでは２桁のインフレ率もあり得る。

3つ星ドル指標

2003年９月現在の状況。

１．ドルは下降トレンドにある。

２．アメリカのビッグマックは、いくつかの国より高い。

３．先進国の中で低金利のアメリカでは、お金はさほど大事にされていない。

今のところドルは弱いようだが、本書が出版されるころには違っているかもしれない。そこで、これを自分で判断できるようになる必要がある。実は、この判断はそう難しいことではない。バン・タープが発行している無料ニュースレター（ｅメール）の「タープスソート」に毎月掲載されている最近のデータが役に立つだろう。

金利がドルや個人の資産に与える影響

もし銀行が12％の金利を支払うようになれば、たいていの人は株を売って貯金を始める。低リスクの銀行預金で株と同じ程度のリターンを得られるのならば、わざわざ株のリスクをとる必要はないと考えるのが普通だろう。つまり、理論的に言えば、人々が株を売るのは金利が上がったときだけということになる。

これを逆に考えると、銀行が金利を下げて限りなくゼロに近づいていくと、人々はお金をどこか別の場所に投資したくなり、たいていは株式市場がその行き先になる。

ここで先述した２回の17年メガトレンドについて考えてみたい。1964～1981年にかけて、金利は４％から14％に着実に上昇していった。この17年間のダウ平均を株のパフォーマンスとして見ると、株は投資先としては散々だった。ところが、次の17年間はその正反対で、金利が14％から５％まで下がる間に株は8000ポイント以上も上昇した。

このような金利のサイクルに注意すれば、安全に大きな利益を上げることが可能になる。

	長期国債の金利	ダウ平均
1964年12月31日	4.20%	874.12ドル
1981年12月31日	13.65%	875.00ドル
1998年12月31日	5.09%	9181.43ドル

本章後半では、金利変動を投資に利用する方法、金利上昇期（あるいは下降期）の投資先、そして世界の金利差を利用して利益を上げる方法を学んでいく。

しかし、まずは次のことを覚えておいてほしい。

●金利のトレンドは長期になることもある。
●株のパフォーマンスは、金利上昇期には悪くなり、金利下降期には良くなる。

図10.3は、40年間の国債の利率の上昇トレンドと下降トレンドを示している。

最大利回り戦略――１年に１回の作業で安全に2桁の利益を上げる

最大利回り戦略は、高金利を利用して利益を上げたいとき最適な方法になる。先述のとおり、お金は金利が高くてビッグマックが安いところで保有するのがよい。

ここで、お金がもっとも大事にされる場所に流れていくことを思い出してほしい。本書執筆時点では、それはオーストラリアとニュージ

図10.3　主要な上昇トレンドと下降トレンド

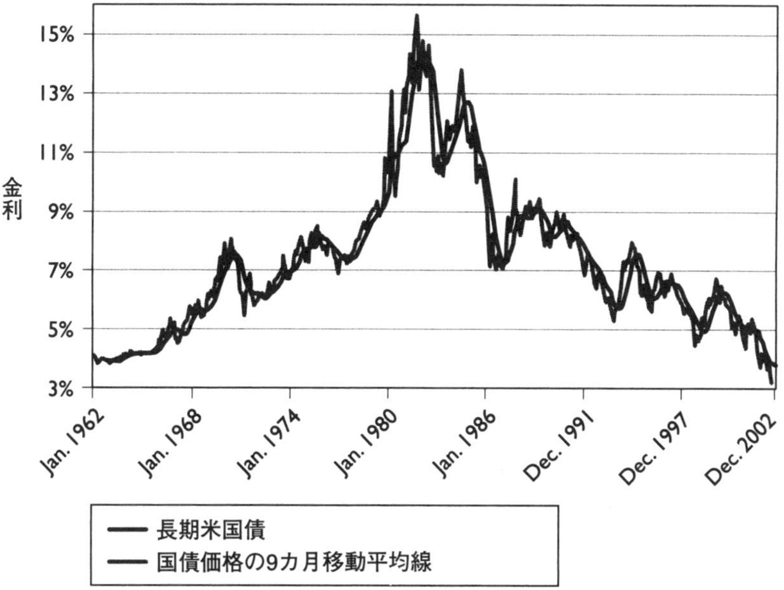

ーランドであり、2003年９月の時点でオーストラリアのビッグマックはなんと0.84米ドルも安く、これを率に換算すれば31%のディスカウントになっている。金利も魅力的で、アメリカではFRBのグリーンスパン議長が短期金利を１%に下げたのに、オーストラリア政府は４%以上の水準を保っている。この情報は、お金が大事にされている所に流れるという発想を基に作られた戦略に大いに利用できる。

通貨のエキスパートであるクリス・ウェーバーは、通貨を利用した投資だけで生計を立てられるため、定職に就いたことはない[6]。彼が作成した**表10.1**を見ると、安全な国のなかでもっとも金利の高い所を選んで毎年資金を移していけば、33年間以上にわたって２桁のリターン

表10.1　1万ドルの現金で株のパフォーマンスを打ち負かす

年	最高利率	通過	金利	通貨価値の増減（米ドル）	米ドルに換算した累積リターン
1970	アメリカ	米ドル	10.00%	n/a	$11,000.00
1971	ドイツ	独マルク	7.50%	16.00%	$13,200.00
1972	ドイツ	独マルク	5.50%	1.00%	$14,058.00
1973	イギリス	ポンド	9.00%	−6.80%	$14,367.28
1974	イギリス	ポンド	16.00%	4.70%	$17,341.30
1975	日本	円	13.75%	−2.00%	$19,378.91
1976	イギリス	ポンド	10.00%	−17.30%	$17,964.25
1977	イギリス	ポンド	13.50%	10.50%	$22,275.66
1978	フランス	フラン	9.25%	9.33%	$26,414.48
1979	イギリス	ポンド	12.50%	10.00%	$32,357.74
1980	イギリス	ポンド	17.33%	3.60%	$39,130.22
1981	ユーロドル		18.00%	0.00%	$46,173.65
1982	イタリア	リラ	21.38%	−13.90%	$49,625.14
1983	イタリア	リラ	19.00%	−21.30%	$48,483.76
1984	イタリア	リラ	17.75%	−14.75%	$49,938.27
1985	イタリア	リラ	15.70%	12.10%	$63,821.11
1986	オーストラリア	豪ドル	18.75%	−2.40%	$74,255.86
1987	オーストラリア	豪ドル	16.00%	8.70%	$92,597.06
1988	オーストラリア	豪ドル	12.88%	18.40%	$121,556.79
1989	オーストラリア	豪ドル	16.88%	−7.30%	$133,195.85
1990	オーストラリア	豪ドル	15.75%	−2.20%	$151,243.89
1991	スペイン	ペセタ	14.49%	−5.45%	$164,916.34
1992	スウェーデン	クローネ	13.75%	−3.00%	$182,644.84
1993	スペイン	ペセタ	13.35%	−23.00%	$165,019.61
1994	スペイン	ペセタ	7.73%	8.11%	$191,158.72
1995	ニュージーランド	NZドル	10.02%	2.06%	$214,250.69
1996	イタリア	リラ	8.85%	3.50%	$240,710.66
1997	ニュージーランド	NZドル	7.63%	−17.36%	$217,289.51
1998	ニュージーランド	NZドル	8.40%	−10.37%	$213,008.91
1999	イギリス	ポンド	5.63%	−2.51%	$219,654.78
2000	イギリス	ポンド	6.71%	−7.74%	$217,392.34
2001	ニュージーランド	NZドル	6.52%	−7.15%	$216,022.77
2002	ニュージーランド	NZドル	4.84%	24.81%	$280,073.52
2003	ニュージーランド	NZドル	5.76%	25.00%	$366,224.14

出所＝クリス・ウェーバー

を上げ、現金で株のパフォーマンスを打ち負かしたことが分かる。

この戦略は非常に簡単で、毎年1月1日に安全で最高利率の国に投資するだけでよい。先進国のなかでもっとも高い金利を受け取ると同時にその通貨が米ドルに対して値上がりした分の利益も得ることができるため、結果として2桁の年間リターンが可能になる。

表10.1を見ると分かるとおり、毎年必ずうまくいくわけではもちろんないが、仕組みとしては悪くない。うまくいっていないのはドルがブル相場のときで、ウェーバーによればアメリカは現在三度目のベア相場に突入しようとしているという。今こそ、このような戦略に目を向けるべきなのかもしれない。

最高利回りゲームを簡単に実行するには

この戦略のためにわざわざ遠くの国に送金しなくても、外貨建て定期預金（CD）や外貨建て投資を専門に扱う米国企業がある。外貨建て定期預金には、現地の銀行と同じ金利がつく。このような商品を扱っている企業を3つ挙げておこう。

エバーバンク（http://www.Everbank.com/）888-882-3837

インターナショナル・アセット・アドバイザリー

（http://www.iaac.com/）800-432-0000

ペレグリン・ファイナンシャルス＆セキュリティース

（http://www.pfswp.com/）877-539-1004

エバーバンクはひとつの定期預金で4つの高金利通貨（カナダ・ドル、豪ドル、ニュージーランド・ドル、南アフリカ・ランド）を扱っている。2003年9月現在のこれらの通貨の6カ月インデックスCDは、年率5％になっている（インデックスCDは、投資対象の利率に連動した定期預金）。

仮に、資産の５％をこのようなCDに投資して残りを米ドルにしておくと、もし米ドルが外貨CDの金利である５％以上強含めば元金はドル金利が５％を超過した分ずつ減っていくことになる。別の見方をすると、もし資金の５％をエバーバンクのCDに投資して、この価値が上がればその分はよいが、残りの95％は購買力が下がっていることになる。逆にもし、５％の価値が若干下がっても、ドルのまま残っている95％は購買力が増えているということで、結局全体としてはリスクが分散されていることになる。

《ミニ知識――エバーバンク》

エバーバンクは、フォーブス誌の「ベスト・オブ・ザ・ウエブ」のリストに2000年、2001年、2002年と名を連ねているアメリカの銀行で、FDIC（連邦預金保険会社）の保障がついた預金や定期預金などを扱っている。最低額は、預金が2500ドル、CDでも１万ドルと低いが、本書で勧めている通貨バスケットCDやコモディティ通貨のCDは、最低２万ドルからになっている。ただ、FDICの保障は付いていても、絶対に損失が出ないというわけではない。

大きな利益を求めて地球の裏側に行く

高金利と安いハンバーガーだけでもオーストラリアは十分魅力的だが、実はこの地を目指す理由はほかにもある。オーストラリア・ドルはコモディティ通貨といって、国際的な商品価格（金を含む）に大きく影響される通貨のひとつであり、金を産出している同国では金やその他の商品（コモディティ）相場に国の資産額が大きく左右される。

図10.4　金価格に追従するオーストラリアドル

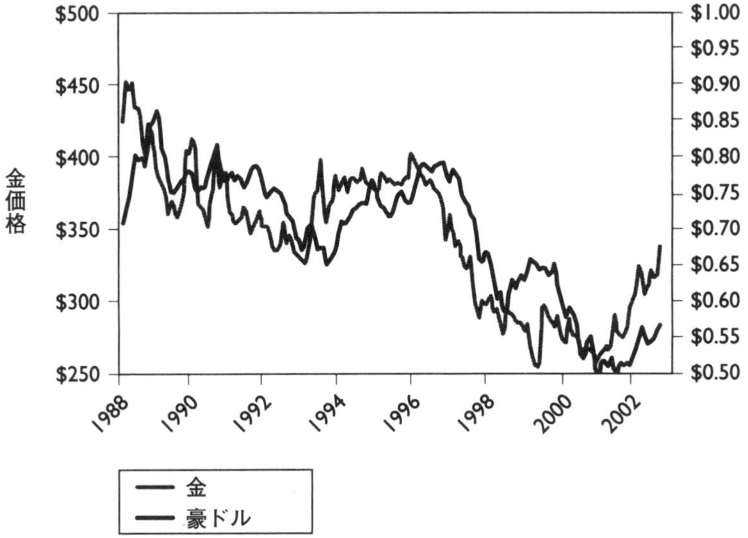

この10年間で、オーストラリア・ドルは金相場に多少遅れながらも極めて高い相関性を見せてきた。つまり、金の価格が下がるとそのあとオーストラリア・ドルが下落するし、金が上がればオーストラリア・ドルもいずれ上がる。この動きを**図10.4**で確認しておこう。

金価格は、2003年に５年来の高値を付けた。つまり、そろそろオーストラリア・ドルが上昇するということで、これを利用するためにはオーストラリア・ドル建ての安全性の高い投資先に資産の相当額を移すべき時が来たということになる。

１セント当たり30%の利益

このような投資先のひとつに、アーバディーン・アジア・パシフィック・インカム・ファンドがある。これはAMEX（アメリカ証券取引所）

にFAXのシンボルで上場されているオーストラリア債券のファンドで、オーストラリア・ドルと高い相関性を持っているが変動率は高めになっている。もしオーストラリア・ドルが10％変動すると、このファンドは30％近く動くという具合に推移する。ただ、これも完全ではない。理由のひとつは、このファンドの資産の60％しかオーストラリアに配分されていないことで、残りはほかのアジアの債券に投資されている。しかし、それでもこれはオーストラリア・ドルの高利回りを得るための良い方法で、うまくいけばオーストラリア・ドルの大幅な値上がり益まで期待できる。FAXの８％という高配当を受けながら、米ドルの下落に合わせて30％以上のキャピタルゲインを期待して待つのも悪くない。

この方法は、クリントン大統領のドル高政策の下ではうまくいかない。しかし、当時の政策から７年たった現在、ドルは高い通貨であり、１％の利率ではそのリスクに見合わない。そして、この行きすぎたドルを引き戻すきっかけになったのが、先に紹介したバーナンク理事のスピーチといえるだろう。

金利環境に応じた最高の戦略

主な金利環境には上昇と低下の２つがあるが、それに安定した高金利と安定した低金利を付け加えてもよい。それぞれの環境において、安全に投資するための方法を考えてみよう。

- **●金利低下**　もっとも投資しやすい時期で、ほとんどのタイプに投資できる。株も債券も全般的に1982～2000年のような活発なブル相場にある。
- **●金利上昇**　うまくいくものはほとんどない。金利上昇はインフレ懸念のシグナルになることも多いため、有形資産への投資がもっともよい。インフレを懸念する投資家は有価資産に逃げるため、1970年代のインフレ期でも金利が上昇するなかで、金、収集品、希少コインなどがもっとも高いパフォーマンスを上げていた。また、この時期は不動産も株や債券を上回る成績を上げた。

金利上昇中に確実に成功したいのであれば、インバース・プライムレート・ファンドやライデックス・ジュノー・ファンド（http://www.rydexfunds.com/）などのインバース債券ファンドを買えばよい。後者のファンドは、米国債と逆のパフォーマンスを上げるよう設定されており、金利が上昇して債券価格が下がると、このようなファンドのパフォーマンスは極めて良くなる。

●**金利安定期**　もし高金利で比較的安定していれば、債券に投資すべきだろう。高金利は企業収益を締め付け、株価の低迷につながるが、債券の利回りは高い。そのうえ、いずれ金利が下がれば高金利に加えてキャピタルゲインも手に入り、一挙両得になる。

低金利で安定しているときは、借り換えで経済的自立の目標額を減らしたり、最大利回り戦略を実行したり返済できるものは済ませるチャンスになる。低金利の目的は、低迷する経済を刺激するためである場合が多く、そのあとに続くのは、①強い経済の下、将来の高金利を見込んで投資パフォーマンスが下がる、②景気低迷が続いて通常の投資パフォーマンスも振るわない――のどちらかになる。低金利のときは、高リターンの投資先に引かれがちだが、ここは資産を見直して安全性重視の姿勢で臨みたい。

自分で金利をモニターする

主な金利指標に、FFレートの調整と米国長期債金利がある。

金利の状態を知るためのもっとも良い方法は、FRBの利上げ（または利下げ）に注意しておくことだろう。FRBでは６週間ごとに会議を開くが、毎回金利が変更されるわけではない。しかし、実際に調整が行われるときは必ずニュースになるので簡単にモニターできる。もし、FRBが利下げを行うか何もしなければ、たいていの投資には支障がない。しかし、利上げが行われれば、脇に避けるべし！　この時期、大幅に上昇するものはほとんどない。

長期国債のトレンドは、９カ月（あるいは自分が扱いやすい時間枠の）移動平均線をモニターしておけばよい。これはヤフー・ファイナンス（http://finance.yahoo.com/）のホームページを利用すれば簡単に行える。

2004年２月現在、下降トレンドで推移してきたアメリカの金利は長期の移動平均線よりもさらに下にあるため、株、債券、住宅価格が2003年初めから上昇しているのは当然といってよいだろう。金利が歴史的低水準にある現在は、安全を重視してまず負債を返済し、残りは最大利回り戦略を検討してほしい。

《キーポイント》

- ▶外国通貨に比べ、ドルは現在下降トレンドにある。
- ▶下降トレンドの理由は、アメリカの低金利、弱い経済、相対的なインフレ水準などによる。
- ▶ドルが上昇すると、通常の戦略はうまくいく。
- ▶ドルが価値を失うと、個人の財産も目減りする。このシナリオの下では、外貨取引や外貨建ての資産を買う戦略を考える。

《アクションステップ》

- ▶ドルが40週移動平均線を上回っていれば、ドル下落に対する予防策は必要ない。
- ▶１カ月に一度モニターするか、IITMの週刊ニュースレター「タープスソート」（無料ｅメール）を購読して毎月掲載される全体的な動きに関するコメントを読む。
- ▶毎月、FRBの公定歩合と10年債の利率を調べることで、金利の推移をつかんでおく。
- ▶ドルが40週移動平均線を下回っていたら、少なくともポートフォリオの25％は本章で紹介した方法でプロテクションをかける。
- ▶もしアメリカの金利が低ければまず負債を返済し、あとは最高利回り戦略で利益を狙う。
- ▶金利が上昇し始めたら、ライデックス・ジュノー・ファンドなど利上げによって利益の出るファンドを探す。
- ▶金利が安定して高いときは、債券投資を考える。ちなみに、現在の状況はこれとはほど遠い。

注

１．詳しい情報は、FRBのサイト（http://www.federalreserve.gov/）から入手できる。

２．バーナンケ理事のスピーチは、http://www.federalreserve.gov/ で閲覧できる。

３．ドルに関するデータは、http://www.federalreserve.gov/ から入

手できる。

4．ビッグマック指数は、エコノミスト誌のサイト（http://www.economist.com/markets）から安価で入手できる。

5．主要国の金利は、http://www.bloomberg.com/markets/rates で見ることができる。

6．ウェーバーのニュースレターは下記で入手できる。

Weber Global Opportunities Report
Mount Vernon Publishing
105 W.Monument St., Baltimore, MD 21201
電話　888-384-8339
e メール　customerservice@mtvernonpublishing.com

第11章

不動産投資を増やす

Sizing Up Real Estate As An Investment

「不動産市場が上がれば、お金持ちになれる。不調のマーケットを避けることができれば、ずっとお金持ちでいられる」
――ロバート・キャンベル

大金持ちの資産は、不動産の割合がもっとも高い。つまりこれは個人のポートフォリオも、少なくとも一部は不動産にしておいたほうがよいということではないだろうか。実はこれは正しいが、十分な注意も必要になる。不動産はタイミングを間違えたりレバレッジが高すぎると、大きな損失につながりかねない。

通常、一生の間に不動産価格は上昇していく。しかし、どのくらい上がるのだろう。維持費、税金、契約費用、その他のゴタゴタを考えると、本当に不動産投資をする価値はあるのだろうか。自分のポートフォリオのなかで不動産の位置づけは、ほかの投資と比較してどうなのだろうか。本章では、このような問題について考えていく。本章を読み終わるころには不動産の過去のパフォーマンスや今日の不動産に対する賛否両論とも理解できるようになっているだろう。そしてもちろん、将来の不動産の割合を増やしていく方法も学んでいく。

不動産は本当に良い投資先なのか

不動産バブルは本当にあるのだろうか。今は不動産投資の絶好のタイミングなのだろうか。不動産投資は経済的自立達成のための重要戦略であるため、実際に個々の戦略を見ていく前に、これらの質問について考えてみてほしい。

正味２％というのは、データがそろうかぎりの期間（1960年代以降）のアメリカの住宅価格（インフレ調整後）の上昇率を示している。恐らく信じられないと思うがこれは本当のことで、実際には住宅の価格が約６％上がってこの間のインフレ率の平均が４％程度だった。ただ、2000年以降に限ると、アメリカ全土では15.4％上昇しているが、これには地域差があり、ロサンゼルスでは平均的な住宅がわずか１年間で23％も上がったのに対し、中西部の町の不動産価格はほとんど変わっていない。

アメリカの住宅価格が割高になっていると感じている人は多い。また、近年の急激な値上がりを「住宅バブル」だと断言する声も多くある。人々は不動産に群がり、そろそろ天井だという意見もある。また、エキスパートといわれる人の多くは、すぐ現在の状況と1990年のバブル崩壊後に不動産価格が75％も下落した日本を比較しようとする。

不動産投資のマイナス面

エキスパートの多くが、現在不動産バブルが起こっていて、いつ崩壊してもおかしくないと言う。なかには、すでに崩壊が始まっているなどという意見まである。住宅ローンの猛烈な拡大と、激しい投機の対象になっている地域があることがその理由らしい。これらの状況を詳しく見ていくことにしよう。

住宅ローンの猛烈な拡大

この２年間の住宅ローンは、毎年10％以上増えている。また、過去19四半期（５年弱）の残高は３兆ドル、あるいは58％も増加している。FRBによると、現在アメリカの個人が所有する不動産は、13兆6000億ドルで、そのうちローンが７兆6000億ドル、つまり実際には55％しか所有していないことになる。大恐慌のとき、アメリカ人は自宅の85％を所有していたおかげで不動産の暴落になんとか耐えることができた。

考えてもみてほしい！　過去３年間で住宅価格が15％上昇したのに対し、負債額は平均的な住宅価格の45％に増えている。これは、住宅用の資金でほかのものを買っているということになるが、デフレ型ベア相場の時期にすべきことではない。価格が下落し始めたら、どうするのだろう。

一部の地域で行われている大規模な不動産投機

フロリダでは、まだ建設中の海岸沿いのコンドミニアムに預金をつぎ込み、完成時に売却するとなかなかの儲けが上がる。このような過度の投機に近いことは、ナスダックでもピーク時に行われていた。

フロリダ州の不動産は、場所が良ければ数百万ドルで売れる。ここは１年中気候が良いうえ、合法的に個人住宅の価格全額を負債額と相殺できるようになっている[1]。例えば、500万ドルの住宅を所有していれば、100万ドルの頭金しか支払っていなくても、500万ドル全額がどのような訴訟からも免除される。つまり、もし正味資産が500万ドル以下だったら80％の住宅ローンが残っている500万ドルの家が、どのような訴訟からも資産を守ってくれるということになる。このため、フロリダの不動産はほかの州に住人にとって、非常に魅力がある。

このような大きなメリットにもかかわらず、フロリダ州のゴールドコースト沿いに建つ高級住宅は３年前の半額で売りに出ている。そして、売れた物件を見ると所有者が大幅な値下げに応じていることが分かる。同様の下落は、ラスベガスやシリコンバレーでも起こっており、この動きは南カルフォルニアなどの人気エリアにも広がりかねない。

不動産が下げ始めたときには、まず商業用不動産に注目する。これは現在すでにアメリカ全土で弱含み始めている。そして、その次に注目すべきなのは別荘や高級住宅で、やはり同様の兆しが見え始めている。

FRBは、不動産の大幅な下落を阻止するためにあらゆる手を尽くすとしているが、実際にできることはあまりない。もしできたとしても、アメリカ経済はこれからしばらく（もしかしたら15年間くらい）は弱まると考えられる。そして、下落を止められなければ、恐らく負債による内部崩壊が強力なデフレシナリオにつながっていくだろう。ベア相場が底を打つのも早くなるが、これには痛みも伴うため十分注意しておこう！

不動産投資のプラス面

アメリカにも日本で起こったような不動産の暴落が起こるなどと言っている連中は、宿題をきちんとやってほしい。1980年代のブームで日本の不動産は300％も上昇したため、現在の下落はその分を帳消しにしているだけなのである。一方、アメリカの不動産は、株式市場のブームとともに上昇したわけではない。

この30年間で住宅は買いやすくなった

近年、不動産価格が上昇しているのは事実だが、本書執筆時点では、

図11.1　住宅購買力指数（HAI）vs住宅価格

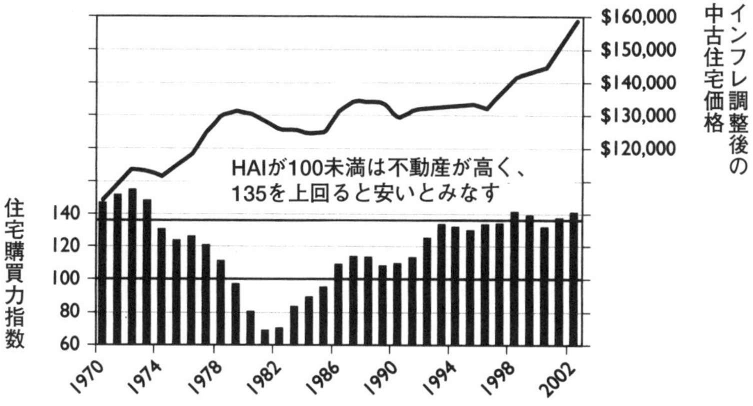

出所＝http://www.realtor.org/

価格の上昇に伴ってファンダメンタルも良くなっている。1981年には返金的な住宅を買うために資産のすべてをつぎ込む必要があった。当時の住宅ローン金利が15%だったとすると、元本と金利だけで平均的な世帯の年収の42%を占めていた。

今日、当時の約半額で、同じ家が買える。1981年に15%だった住宅ローンの利率は、2004年には5.5%に下がり、平均的な世帯（年収約５万3000ドル）の１カ月の返済は約900ドルになっている。つまり住宅ローンの支出（元金と金利）は、年収の約20%に抑えられていることになる。**図11.1**を見ても分かるとおり、このことによって1970年代初期以降のどの時期と比べても、住宅は買いやすくなっている。

住宅が買いやすい時期に住宅ブームは起こる

1970年代初めの住宅が買いやすかった時期が過ぎると、住宅ブームが起こった。ところが、皮肉なことにこれは20世紀で２番目にひどいベア相場（1973～1974年）の最中だったため、株価が下がれば住宅価格も下がるという常識はまったく役に立たない「知識」になってしまった。

1970年代は金利も上昇していたが、住宅の価格は飛躍的に上がり続けた。しかし、それでも住宅は「買える値段」だったため、高金利でも新規の買い手がついた。住宅ローンの返済額のほうが賃貸料よりも安ければ、金利が途方もなく上がらないかぎり住宅価格は魅力的な水準とみなされることになる。

図11.1に示したHAI（住宅購買力指数）の推移（http://www.realtor.org/ の「Research」「Existing Homes」と進むと入手できる）はその時期に利用できるローンを使って通常価格の住宅を買うときの購買力を測っている。この原稿執筆時（2003年）の指標を見ると、住宅は過去30年間でもっとも買いやすくなっていることが分かる。逆に、世帯の収入が減って金利か住宅価格が高騰するとこの指数は下がる（つまり、住宅が買いにくくなる）。

ただ、重要なのはこれまでの価格ではなくて、今後どうなるかということで、それを値ごろ感で考えていく。30年前と比較して、今、住宅は買いやすくなっている（返済額と収入の割合から見て）。ちなみに、前回ここまで買いやすかったときの住宅価格は６年で２倍になっている（インフレ調整前）。

HAIは、アメリカの全体像をつかむには適しているが、不動産は地域差も大きいといわれている。自分の地域の状態はどのようになっているかを考えてみてほしい。

自分の地域の住宅価格

過去５年間に、アメリカの住宅は年間6.5％値上がりした。しかし、地域別に見るとカリフォルニア州サンディエゴでは５年間で84.7%、ニューヨーク州のナッソーとサフォークでは81.7%、フロリダ州ウエスト・パームビーチでは51%と格差がある。さらに、過去５年間、毎年約1.6%しか上昇しなかったイリノイ州スプリングフィールドとは雲泥の差になっている。

全米住宅産業協会（NAHB）が独自に行った地域別の住宅購買力に関する調査がある。これは、アメリカ全土の数百カ所における平均的な年収と平均的な住宅価格を比較したもので、結果は予想どおりインディアナ州では10世帯中９世帯が平均的な家（年収６万4000ドルに対して12万5000ドルの住宅）を買うことができる反面、サンフランシスコでは平均的な家（８万6000ドルの年収に対して52万5000ドルの住宅）が買えるのは、10人に１人だった。このことから、一部の地域ではバブルが起こっているのかもしれないが、それがアメリカ全土に広がっているとはいえない[2]。

外国不動産投資――５つのメリットと３つの儲ける方法[3]

アメリカ人投資家の多くは、不動産に関する**「最高の物件と最大のチャンスはアメリカ国内では見つからない」**という簡単な真実を見逃している。アメリカでは、西海岸にも東海岸にもバーゲン価格で手に入る海岸沿いの物件など恐らく見つからないし、素晴らしい海岸を独占することもできないようになっている。つまり、世界でもっとも魅力的な物件は、アメリカ国内では見つからないということになる。むしろ、トップクラスの物件は、経済と政治の要因によって割安で買える場所にあるといってよいだろう。

外国不動産がアメリカ国内の物件より優れている点は５つある。

１．外国不動産のほうがアメリカの不動産よりも速く値上がりする。また、割安で買えるために値上がりの余地も大きい。また、IT技術のおかげで地球上のどこででも仕事ができる人たちが増えている。もしカリブ海に面したベリーズで同じように仕事や生活ができるのであれば、わざわざピオリアの郊外（イリノイ州の地方都市）にいる必要はない。
２．アメリカで何かあったとき、外国不動産が安全策になってくれる。アメリカには本土の安全に関して積極的でない有権者が多いが、世界にはもっと積極的に取り組んでいる政府が多くある。
３．外国不動産を買うことは、簡単に資産を国外に移動する方法のひとつ。政府でも債権者でもそのほかのだれであっても、外国で所有している資産を差し押さえるのは極めて難しい。
４．個人の楽しみや、セカンドハウスや、休暇で過ごす別荘を兼ねることで、投資の価値が２倍になる。楽しみのために利用しつつ値上がり益や賃料を得たり、純資産の安全対策としても機能する。
５．グローバル不動産投資は、新たな視野を開くことでライフスタイルを広げてくれる。このような効果を期待できる投資は、あまりない。

今日では、好きな場所に住んだり、働いたり、リラックスしたり、引退生活をおくることが可能というよりも、むしろ簡単にできるようになった。このことに気づき、それを実現する方法を見つけた投資家が最大の利益を手にすることができる。そのためには、どこを探せばよいのだろう。

外国で自分に合った物件を見つける

物件は地理的なことだけでなく、戦略の種類も考えて選ぶ必要がある。外国不動産投資で利益を上げる方法は、３つある。
１．不動産（土地、家、アパートなど）を買って付加価値をつけ、高く売る（フリッピング）。

2．値上がり益に加えて、維持費を上回る家賃収入が見込める物件（家、アパート、リゾート物件）に投資する。
3．いずれ値上がりが期待できる土地を買う。これは長期のバイ・アンド・ホールド戦略ともいえる。

現時点でお勧めの場所のひとつとして、ニカラグアを挙げたい。状況は1980年代に不動産が短期間で500％上昇したコスタリカやベリーズと似ているうえ、周辺諸国と比較して、湖、火山、２つの海、運河、熱帯原始林などの天然資源にも恵まれている。

もうひとつのお勧めは、本質的な価値の高い物件に投資することで、アルゼンチンのブエノスアイレスにあるアパートなどがそれに当たる。近年の経済危機によって、同国の不動産価格は崩壊し、築数百年のクラシックスタイルのアパート（パリやバルセロナなどいくつかの都市にしか残っていないような物件）が数年前の１平方メートル当たり2000ドルから1000ドルに値下がりしている。このような場所は本質的な価値があり、保有しておいて損はない。現在の価格であれば、かなり魅力的な投資先といえる。

インターナショナル・リビング誌では、無料のｅレターで世界中のお勧め物件を紹介している。登録は http://www.internationalliving.com/ から行う。

不動産投資のカギを握る不動産サイクルを理解する

金利と同様に、不動産にもサイクルがある。

このサイクルの底はマーケットの低迷で、低価格、新規の建設がない、空家率が高い、低家賃などが見られる。しかし、みんなが不動産では儲からないと言うようになると、いずれ底から抜け出す。

そして、回復期に入る。価格も家賃も下げ止まり、入居率は上昇し始める。ただ、新たな建設はまだ始まっていない。

次の段階は、楽観論が広がってブームが始まる。恐ろしい勢いで建設が始まり、価格も家賃も急上昇する。みんなが不動産なら必ず儲かると言い始めたら、天井だと思ってよい。

そしてある日、突然下落に転じる。建てすぎた物件は手に余り、狂乱のなかで良からぬことを考える連中も現れる。そして不動産からのリターンがしぼみ始める。

そして、サイクルは振り出しに戻って同じことの繰り返しになる。

不動産で儲ける方法

不動産王といわれる人たちは、どのようにして儲けるのだろう。もちろん、先の３つの原則に従って儲けた人もいるだろうが、多くは本書では推奨しない方法、つまり巨大なリスクをとるという戦略を用いている。

もしデベロッパーとして1000万ドルを借りたら、儲かるとしても損するとしても、数十万ドル単位になるだろう。デベロッパーは１日の失敗で失業に追い込まれるかもしれないが、一連の勝ち取引によって大金を得ることもできる。ただ、これには高レバレッジという大きなリスクが伴う。

レバレッジは両刃の剣で、いずれにしても借りたお金は最後の１セントまで責任を持たなければならない。日本の不動産投資家は、このことを辛い経験から学んだ。東京の地価は、いまだに10年前の半分でしかない。もし50万ドル借りて買った家の価値が25万ドルに下がっても、借金は50万ドルのまま変わらない。トラブルを起こすのは、レバレッジであって不動産投資自体ではない。

結局、不動産投資のリスクとリワードを決めるのはレバレッジと分散という２つの要因だといえる。

図11.2　商業用不動産の年間総リターン

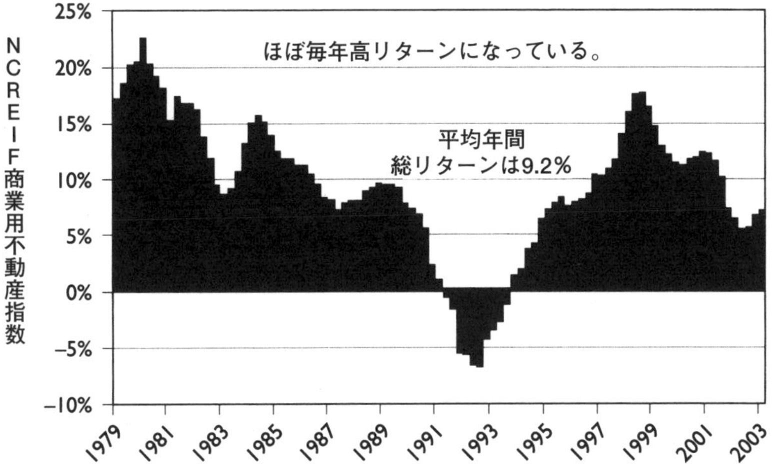

出所＝http://www.realtor.org/

レバレッジについては十分述べたので、次は分散について見ていこう。場所やセクターを分散することで、リスクは大幅に下げることができる。

不動産はほかの資産よりも有望

住宅の価格が年率６％（インフレ調整後は２％）しか上がらないとしても、不動産投資のリターン（家賃や不動産銘柄の配当）はおおむねそう悪くはない。もし価格が１年間で６％上がって経費後の家賃収入が７％ならば、株と比較しても悪くない。

特に、商業用不動産は素晴らしいパフォーマンスを上げている。**図11.2**の総リターンを見てほしい。過去25年間でマイナスになった時期は１回しかなく、ボラティリティも株価に比べればずっと低かった。

現在の収入（6％程度）と値上がりの可能性を考えれば、ポートフォリオのなかに不動産を含める価値は十分ある。しかし、大きなオフィスビルを買ったり、分散のために複数のビルを買ったりできる人はそうはいない。いずれにしても、自分の住んでいる地域のビルでは大した分散にはならないし、プロでもなければ不動産管理は難しい。それよりも、不動産株の一種である不動産投資信託証券（REIT）を利用したほうがよい。

また、自分自身で分散したければ、次章で紹介するジョン・バーリーの戦略もある。バーリーは20％のリターン程度では取引しない。もっと大きな利益を狙うバーリーの戦略が利用できないかをぜひ検討してほしい。

不動産マーケットをモニターする方法

これまで不動産投資のマイナス面とプラス面の両方を見てきた。しかし、これをどう利用できるかは次の3つのルールがカギになっている。

ルール1　金利に逆らってはいけない

FRBが金利を引き上げ、住宅ローン金利も上がっているときや金利が全般的に上昇しているとき、住宅価格は低迷する。これは、金利が上回れば同じ返済額で買える住宅の価格が低くなるためで、理屈は合っている。

住宅ローンの金利は、潮のようなものだと考えることができる。波が来るときはそれを止められないように、金利上昇期に住宅価格が低迷するのも止められない。もし波が上がるのであれば、それと戦ってもしたかたない。ただ、幸いなことに、波と同様金利もいずれは引いていく。

もし住宅ローンの直近の10％の動きが不利な方向（金利上昇）であれば、急いで買う必要はないということを覚えておいてほしい。しかし、もしこれが有利なほうに（金利低下）に10％行けば、価格は上昇し始める。幸いなことに、住宅価格の動きは非常にゆったりとしている。ウエブ上でローン金利をただでモニターしたければ、http://www.bankrate.com/ がよいだろう。事前調査をしっかりしておいて、金利環境が好転したらすぐに行動を起こせるようにしておこう。

ルール2　価格トレンドに逆らってはいけない

家族が1970年代にフロリダの海岸沿いに２区画の土地を２万ドルで買った。そして、20年間保有したあと１区画を売り、もう１区画に家を建てた。今日、売却したほうの区画は恐らく50万ドル以上になっているだろう。残念なことに、売ったのは価格がちょうど上昇し始めた1990年代初期で、売却額は８万4000ドル程度だった。

不動産で利益を上げるためのキーポイントのひとつは早く売りすぎないことで、トレンドに乗っていればそのまま走らせておこう。たいていの人は利益が出ることが分かると、すぐ売ることを考えてしまう。隣近所でも同じ割合で上がっているとは思いもしないため、儲けるどころか結局は売買手数料の分だけ損することになる。

短期的には、取引コストが素晴らしいリターンを台無しにしかねない。もし１年前に買った家が15％値上がりしたとしても、もし売ればその利益は、最初に買って今回売ってまた買うための手数料でほとんどなくなってしまう。

ルール３　売るときは躊躇してはいけない

もし、自分の地域の住宅価格が下がり始めると同時に金利は上がり始めたら、投資用の不動産は売却する。このとき、決断が遅れると、とても高くつく場合もある。過去50年間にいくつもの地域で不動産は暴落しており、そうなったときにたくさんの不動産をを所有しているのは得策ではない。[4]

ここで３つのルールをまとめておこう。

金利に逆らってはいけない。
価格トレンドに逆らってはいけない。
売るときは躊躇してはいけない。

この原稿執筆時点では、金利は上がり始め、住宅価格トレンドは高いところにある。低金利と価格トレンドと買いやすさ（住宅購買力指数）を合わせて考えると、近い将来不動産が苦しい時期を救ってくれるように見える。ただし、価格や金利のトレンドが変わったら、戦略も見直さなければならない。

不動産戦略をモニターする

次章で紹介する「クイック・キャッシュ」と「バイ・アンド・ホールド」というジョン・バーリーの２つの戦略は、マーケットが低迷期から抜け出そうとしているときか、急上昇しているときにもっともうまく機能する。例えば、家を20万ドルで買って、１カ月1500ドルで貸すことは可能だが、そうすると毎月500ドルのマイナスキャッシュフローになることも考えられる。しかし、もしこれが人気物件で毎年15％値上がりしていれば、大きな問題ではない。これは毎月の値上がり益が2500ドルになるからで、それなら500ドルのマイナスキャッシュフローは耐えられる。ただ、このような戦略は、不動産マーケットが下げているときには機能しない。下がっているのに値上がり益を期待していたら、一文無しになりかねない。

バーリーの「キャッシュフロー戦略」は、たいていのマーケットの状態で使えるうえ、下降時に対してはさまざまな予防策が講じてある。

《キーアイデア》

▶2003年は、不動産のピークだという意見も多いが、アメリカの一部の地域だけに起こったバブルである可能性が高い。

▶アメリカではかなり久々に家が買いやすくなっている。この結果、不動産価格は上昇すると考えられる。

▶短期的には、外国不動産のリターンがアメリカ国内の不動産のリターンを上回ると考えられる。

▶住宅ローン金利、価格トレンド、地域別の住宅購買力を追跡することで、自分の地域の不動産に投資すべきかどうかが判断できる。

注

1．破産をしたときには、住宅ローン額とほかの負債を相殺することはできない。また、自宅を物件の所有者に差し押さえられることはある。

2．地域別のトレンドは、http://www.ofheo.gov/ の住宅価格指数を見ると分かる。

3．この項は、長年インターナショナル・リビング誌の編集者兼発行者であり6カ国に不動産を所有しているキャサリン・ペディコードが執筆した。同誌は、外国の不動産を買うための上昇を目的別（居住、引退生活、投資、旅行）に掲載している。

4．ロバート・キャンベル著『タイミング・イン・ザ・リアル・エステート・マーケット（Timing in the Real Estate Market)』。キャンベルは、不動産サイクルをモニターするための4つの指標を紹介し、それを使うためソフトウエアも販売している。詳しくは、http://www.realestatetiming.com/ まで。

第12章

利益の出る不動産投資戦略

ジョン・バーリー

Real Estate Strategies You Can Use For Profit

「人生のなかで、土地を所有するほどいい気分になれることはそうはない」
——ハリエット・マルチーノ

1980年代末に、筆者は不動産投資の世界に足を踏み入れる決心をした。それまでの筆者はファイナンシャルプランナーとして成功し、独自の利益の上げ方も確立していた。しかし、いつしか会社勤めを辞めてパッシブ収入によって本当の経済的自立を達成し、充実した生活を送れるようになりたいと考え始めた。このとき、不動産投資ならば必要なパッシブ収入やプラスキャッシュフローを速いペースで生み出してくれることに気づいた。そこで、アリゾナ州フェニックスに引っ越し、積極的な不動産投資を開始した。

スタート資金は少なかったが、投資計画には自信があった。そして2～3年が過ぎて32歳になったときには、引退しても一生十分暮らしていける状態になっていた。しかし、引退する代わりに不動産投資を続けることにして、この知識を広めればほかの人も経済的自立を経験できると考えた。今日、筆者は1000件以上の不動産取引にかかわっているし、3大陸で何千人もの人たちにお金の使い方と成功を呼ぶ不動産テクニックについて話をしている。そして、セミナーに参加してくれた人の数から考えて、この戦略が筆者自身が使い始めたころよりもはるかにポピュラーになっていると確信している。人々は、不動産が安定したキャッシュフローを生む安全な投資であることに気づき始めている。

不動産には、主に３つの段階がある。これからそれぞれの特徴と、それがどのようなタイプのマーケットでもっとも効果を発揮するのかを見ていこう。

戦略を選ぶ

不動産投資の戦略選びは、次の３つの質問に答えることから始める。

１．ほかの人が買いたがるような値上がりしていくポートフォリオを構築したいか。もしそうならば、**バイ・アンド・ホールド戦略**が適している。

２．次の90日間ですぐ儲けたいか（例えば１万ドル以上）。もしそうならば、**クイック・キャッシュ戦略**が適している。

３．これから10～30年間相当額の収入を毎月得たいか。それならば、**キャッシュフロー戦略**が適している。

３つとも利益を生む戦略だが、使う時期や方法はかなり違う。筆者は、３つをそれぞれ違う時期に何度も使っており、戦略はそのときどきの目的と状況に合わせて選んできた。

戦略１――バイ・アンド・ホールド戦略

昔から教え継がれ、よく知られた戦略。ほとんどのマーケットで使えるが、一部の地域では避けたほうがよいときもある。特に、価格が最高水準に達している地域での実行は、かなり難しいだろう。

この戦略の基本は簡単で、良い物件を買って短期または長期で貸しながら、値上がり（価値の上昇）を待つ。不動産投資といえば、たいていはこれを指す。ただ、もちろん今でも有効な手段ではあるが、1970年代や1980年代と比べると若干陳腐化し、効果も薄れてきたと思う。

もしこれを1970年のカリフォルニア州で使っていたらどうだろう。当時は、良い家が３万ドル程度で買えていたが、今では同じような物件が中心街なら50万ドル以上する。1970〜1980年にかけて毎年２〜３件買っていたならば、数百万ドル以上になっていただろう。

この戦略では、家賃収入が返済と経費をカバーしていることが重要なカギのひとつになる。これは1970年代と1980年代、そして1990年代の初めくらいまではアメリカ国内のどこでもさほど難しいことではなかった。しかし今日、カリフォルニア州や北東部で経費をカバーできるほど高い家賃を取るのは難しくなっている。しかし、南西部、南部、モンタナ州周辺、中西部のなかにはまだバイ・アンド・ホールド戦略が機能する地域が残っている。

バイ・アンド・ホールド戦略のメリットとデメリットを見ていこう。

メリット

- **高利益の可能性がある**　20万ドルの家が年間15％上昇したら、値上がり益は毎月2500ドルになる。もし、頭金20％（４万ドル）を支払ったのであれば、１年目のリターンは75％（2500ドル×12カ月＝３万ドル）になる。
- **キャッシュフローが安定的に上昇する**　物件の価格が上がってマーケットの状況も良ければ、家賃を毎年３〜５％程度引き上げられる。
- **大きな節税効果**　経費（その物件から得られる収入を超える分）の償却が可能なうえ、物件の価値の若干部分も減価償却できる。

デメリット

●**高額な維持費**　修理、空家時の経費、場合によっては管理人の費用など、さまざまな経費がかかることが多い。

●**現金が必要になる**　ときには物件の価値の20％程度の現金を用意しておかなければならないことがある。また、修理のために多額の現金支出が定期的にかかってくる。

●**サイクルが非常に長い**　不動産サイクルは、20年という長きにわたることもある。10～20年後に売るまで大きな利益は得られないこともある。

今日のマーケットにおいて、この戦略の前に立ちはだかるバリアははっきりしている。物件価格の上昇が家賃の上昇よりずっと速く、それに合わせて返済額、維持費、修理費、管理費の上昇も速まってしまう。近年、多くの投資家がマイナスキャッシュフローの物件（収入より費用がかかる物件）を所有してしまったり、プラスのキャッシュフローに転換させようとして多額の現金をつぎ込んだりしている[1]。

しかし、マイナスキャッシュフロー対策とはいえ、どちらも勧められない。もし実際に自立できない物件（すべてのコストをそこで賄えない物件）ならば筆者は買わないし、だれも買うべきではない。もし、10％以下の頭金で返済額と業界で実質的にかかると思われる経費を賄うキャッシュフローが得られないのであれば、長期保有の目的で買う物件には該当しないと考えたほうがよいだろう。

ところで、業界で実質的にかかる経費とは何を指すのだろう。元本と金利や税金、保険（PITI）など、収入の15～40％（あるいはそれ以上）は経費としてかかると考えておいたほうがよい。それに、どんなにうまく管理したとしても、予定家賃収入の100％がまるまる儲けになることはない。空き家になったり、訴訟費用がかかったり、管理費、破損、通常維持費、設備改良、修繕費などがかかってくる。このような経費を想定していなかったために、厳しいキャッシュフローに直面する投資家も多い。

しかし、希望を捨ててはいけない。ものすごい額の頭金を払わなくてもプラスキャッシュフローを生む物件に出合えるまで探し続けてほしい。必死で探していれば、利益も増えていく。通常、低額物件のほうが家賃が割高になるため、高額物件よりもプラスになりやすい。例えば、テキサス州ダラス（低価格地域）では10万ドルの物件を80～90％で買える（１～２万ドルの即時財産）。恐らくここでは１カ月1200ドルの家賃収入が見込めるため、キャッシュフローはプラスになるだろう（経費後に実際に入ってくる金額）。反対にカリフォルニア州サンノゼ（高価格地域）では20万ドルの物件を60～80％で買えなければ（４万～８万の即時財産）賃貸の経費はカバーできない。そのため、よりたくさんの物件を見て回る必要があるが、その分リターンも大きい。長期的に見れば両方とも同じことで、ダラスでは契約できる案件を見つけやすい代わりに、サンノゼの利益に並ぶためにはたくさんの物件が必要になる。

物件探しを始めるときに参考になる良い情報源はたくさんある。

●米国軍人援護局（VA）
●住宅都市開発者（HUD）／連邦住宅管理公団（FHA）
●農民住宅局（FmHA）
●バンクREO
●内国歳入庁（IRS）のセールス部門
●州長官による売却
●アメリカ連邦保安局のセールス部門
●管財人による売却
●米破産裁判所の売却
●遺言に基づく売却

●持ち主直売（FSBO）
●建設会社
●MLSリアルターのリスト（MLSは不動産情報を複数の業者で閲覧できるようにしたシステム）

ここで筆者がカリフォルニア州ロスガトスのバスコム通りにある物件をバイ・アンド・ホールドのために買ったときのことを話そう。ロスガトスは、サンフランシスコから約50マイル（80キロ）南にあるサンノゼ近郊の町だが、アメリカ国内でももっとも高額な物件があるマーケットのひとつになっている。

当時、筆者は賃貸アパートに住んでいた。多くの人同様、頭金はさほどなかったが、家賃を払い続けるのにも嫌気がさしていた。そこで、２～３カ月ほど新聞を徹底的に調べ、数本の電話をかけ、いくつかの物件に申し込んだ。そして、取引が成立した。ロスガトスにコンドミニアムを所有している歯科医師と彼の父親が、マイナスキャッシュフローの物件に手を焼いていた。彼らは、政府が税制を変えたために減価償却も税控除もできなくなってひどい目に遭ったと言っていた。そのうえ空き家が続き、管理も面倒ですぐにでも売却したがっていた。

物件の評価額は約13万8000ドルだったが、11万9000ドルで合意した。ただ、先方は頭金として20％の支払いと、残りの80％のローンを経費を含めて引き取ることを希望していた。素晴らしい条件ではあったが、問題は頭金の２万3800ドルがないことだった。それではいくらあるのかと聞かれ、十分生活できるだけの収入はあるが、預金は2000～3000ドル程度しかないと正直に打ち明けた。契約成立にはどうしても頭金が必要だということで、彼らは非常に残念がった。

筆者はあきらめる代わりに頭金の使い道を聞いてみると、利率が約7.5％の定期預金に入れるということだった。そこで、利率10％、額面２万3800ドルの手形を作ることを提案した。これなら7.5％以上の利益になるうえ、売り主が買い手に直接ローンを提供するオーナー・ファイナンシングで税金の優遇措置も受けられる。

そこからはトントン拍子に話が進んだ。ところが、エスクロー会社が筆者に支払い能力がないと判断したことで、話がまた頓挫してしまった[2]。エスクロー会社は、双方を守りながら取引を成立させるためのものだが、時として合意した行動を止められて困ることもある。エスクロー会社に現金しか信用できないと言われたときは信じられない気持ちだった。この素晴らしい計画が、目の前で消え去ろうとしている。幸い、逆境はチャンスを生むことも多い。翌日、筆者はくよくよするのをやめ、48時間以内に２万5000ドルの現金を用意できそうな知り合いすべてに電話をかけ、１週間で500ドルの金利を支払うと申し出た。貸し手はお金を筆者に渡す必要さえない。こうしてローンは承認され、売り主の契約を解除して筆者がローンを引き継ぐ契約書に署名した。必要だったのは、銀行の出納係がエスクロー会社にあてて発行した小切手１枚だけだった。筆者は出資者を見つけ、１週間後にはきちんとそのお金と500ドルを返した。そして、筆者ははれて家の所有者になった。

ここで、１カ月のキャッシュフローを見てみよう。

１番目の信託契約書[3]（銀行への返済）	−665.65
２番目の信託契約書（売り手への返済）	−198.33
住宅所有者組合の会費	−97.12
固定資産税	−119.93
経費合計／節税額	−1081.03

節税額（$918.00×0.33%）	302.94
家賃（１部屋分）	450.00
収入合計／節税額	752.94

正味キャッシュフロー（支出）　－328.09

結局、筆者の支払額は１カ月当たりわずか328.09ドルになった。当時の賃貸相場は１カ月550ドルで、筆者は主寝室とガレージを使うことにした。さらに、これからは長期の利益、つまり値上がりが期待できた。また、評価額の87％は、まったく自分のお金を使わずに手に入れることができた。結局、この物件は29カ月後に22万ドルで売却したため、所有している間に毎月3482.76ドル値上がりしたことになる。そして、エスクロー口座を閉鎖したときには、９万3000ドル以上の小切手が手渡された。うまくいけば、バイ・アンド・ホールド戦略はこのような展開になる。

次に進む前に、バイ・アンド・ホールド戦略についてまとめておこう。

- 物件自体の経費は、その物件の収入で賄えなければいけない。高額住宅の賃料の割合は、低額住宅のそれより小さくなる。つまり、住宅の価格が高ければ、それだけ家賃収入と返済額の差も広がっていく。こう考えると、**低価格の地域で実行したほうが成功確率も高くなる。**
- 案件ごとのキャッシュフローをきちんと把握しておく。**この戦略はあくまで売買によって儲けるためのもので、保有して儲けようとするものではない。**
- バイ・アンド・ホールドがうまくいく地域といかない地域がある。**価格は低いが上昇している地域を探してほしい。**

戦略2――クイック・キャッシュ戦略

クイック・キャッシュ戦略のカギは、買い方にある。この戦略では、小売店の仕入れ担当の目が必要になる。目的は商品（不動産）を卸値で買い、それを転売して利益を得る。仲買人として物件を安く買い、すぐに高く売るためクイック・キャッシュと呼ばれている。

クイック・キャッシュ用の物件は、卸値価格以下で買って、小売価格よりも多少低い価格で売る必要がある。通常、取得価格は物件本来の価格（評価額ではない）の80％以下に抑えたい。この水準で手に入れば、すぐに転売してかなりの利益が見込める。

クイック・キャッシュ戦略のメリットとデメリットをまとめておこう。

メリット

- **すぐに現金が手に入る**　できるかぎり素早く転売しなければならないが、結果もすぐ出る。
- **時間枠が短い**　２カ月で15％の利益を上げられれば、年率では90％になる。
- **面倒が少ない**　修理、集金、空家対策、夜中の電話など、家主の煩わしさがない。

デメリット

- **回転率が高い**　常に新たな物件と買い手を探していなければならない。
- **多額の現金が必要なことが多い**　例えば、１万ドルの利益のために、２万5000ドルの頭金をすぐ支払わなければならなかったりする。しかし、１～２カ月の間に40％のリターンになるかもしれない。
- **修理が必要なことも多い**　妥当な価格で早めに売るためには、多少の修理をしたほうがよいこともある。
- **税率が高い**　この取引の税率は、通常の収入と同じになる。

筆者の初めての不動産契約が成立したのは1982年で、これはクイック・キャッシュの案件だった。有名な不動産投資の本を何冊か読んだあと実際に試してみることにしたのだが、頭金がなかったのでとにかく投げ売り状態のものを探さなければならなかった。

そこで、リアルターズ（Realtorsは登録商標）という専門紙で物件を探すと同時に、不動産を買いたいと周囲に触れ回った。それから６カ月後、省エネ関連の見本市に、小さな建設会社の代表として参加した筆者は、素晴らしいクイック・キャッシュの物件を見つけた。会場で出会ったソーラー式ヒーターを売っていた男性が、次のような話をしてくれた。彼は18カ月前に住宅建設の仕事を始め、2.5エーカー（約１万平米）の区画を買って約1800平方フィート（約170平米）の平屋を建てたそうで、当時の評価額は８万9000ドルだったという。

この家自体は良かったが、問題は金利だった。1982年当時の金利は途方もなく高かったため、家を買おうという人はほとんどいなかった。男性は、建設費用のローン返済に窮し、近いうちに売却しなければすべてを失うことになると言っていた。筆者がこの話に興味があることと、支払い能力があることを知ると、彼は何としてでも売りたいといってきた。最終的にローンや契約手数料などすべての経費を支払うことを条件に７万5000ドルで合意した。

筆者は、この契約の金額を８万9000ドルとして、9000ドルの免除条件付き手付金をエスクロー口座外で保有するという形式にしてもらった。こうすれば８万9000ドルの支払いに充てるということで８万ドルのローンを受けることができる。しかし、実際には9000ドルの手付金は売り手が免除してくれることになっているため、第三者（エスクロー口座）には預けていないが理論的な合計額は上がる。

最後に、８万ドルの資金を手当てしたあと（頭金なし）、エスクロー口座を閉鎖するときに売り手が5000ドルのリベート（割り戻し）を行った。

全体の流れを整理してみよう。

契約上の買取価格	89,000
免除条件付手付金	−9,000
ローン	80,000
売り手からの割戻金	−5,000
最終的な買い値	**75,000ドル**

この契約が終了したとき、筆者は5000ドルの現金だけでなく、9000ドルの含み益も手にしていた。エスクロー口座を閉鎖したときに手に入れた5000ドルがクイック・キャッシュに当たる。転売するまで待つ必要もなく、お金を受け取るとすぐ入居した。これ以上のことがあるだろうか。

この件で唯一の難点は、ローンだった。今日に比べ、1980年代の金利はひどかった。FHA（連邦住宅管理公団）のローンは年率16～18%で、これではビザやマスターカードで買っても変わらない。当時の状態を考えれば、今日利用できるローンは素晴らしいといってよいだろう。

ここで、この案件のキャッシュフローを見てみよう。

元利金（住宅ローン返済）	−754.32
固定資産税	−74.17
損害保険	−24.42
抵当保険	−29.34
総支払額	−882.25

節税額（$828.49×0.30%）	248.55
家賃収入（１部屋分）	350.00
総収入／節税額	598.55

正味キャッシュフロー　　　　　　－283.70ドル
（支出、月額）

最終的に、筆者は１カ月300ドル弱の支払いで、小川も流れる広い庭付きの素晴らしい家を手に入れた。

市場価値の80％以下で買った物件は、たいていすぐに元が取れる。実際に所有者が居住しない場合でも90～100％、あるいはそれ以上のローンや借り換えができるチャンスは大いにある。ちなみに、所有者が住む場合には、評価額の100％までローンが組めるケースが多い。

クイック・キャッシュ戦略のバリエーションのひとつに、評価額の50～75％（抵当流れ物件などでは珍しくない）で買って、ローンを借り替えるという方法もある。こうすれば転売しなくてもすぐに現金が手に入り、それから良い条件で売れる相手を探せば利益も増える。これ以外のクイック・キャッシュのテクニックも見ていこう。

契約譲渡

クイック・キャッシュのなかでも最高のテクニックのひとつは契約譲渡で、これは信じられないくらい簡単にできる。うまくいけば、所有権も、頭金も、ローン申請も、信用調査もなしに利益を得ることができるのである。仕組みを説明しよう。

ある物件を買いたいと申し込み、合意したらその買う権利を別の相手に売却、または譲渡する。そして、エスクロー口座を閉鎖するときには口座の管理者から小切手を直接受け取ることにしておけば、契約に立ち会う必要もない。小切手は郵送してもらうこともできる。このテクニックでは、買い手のデータベースを作っておくことと、自分の利益を乗せても買い手が見つかる十分な割引率の物件を探すことがカギとなる。

データベースを作成するには、正確な希望を提示した広告を出すとよい。筆者の場合は、次のような文言を使っている。

●売り主。ノースウエスト・フェニックスにある物件を評価額の92%で。要ローン資格。リアルタース未掲載。
●至急。売り主。頭金1900ドルのみ。銀行審査無し。無理のない返済額（月額）。
●要修理。入居費用総額3500ドルのみ。簡単審査。
●新規ローン資格があれば、グランデールの住宅をFHA評価額の90%で販売可能（グランデールは、カルフォルニア州郊外の人気エリア）。

そして問い合わせがあると、希望と時間枠を聞いておく。また、金額をはじめとしてローン資格に関する質問もしておく。広告を出して間もなく、まだ見つかってもいない物件にどれほど多くの有望な買い手がいるのかと驚くことになるだろう。こうなると、市場価格よりもずっと安く買う交渉ができる。実際に合意できるのはこのなかのほんの一部だが、話がまとまればデータベースの顧客に物件を紹介する。契約譲渡を持ちかけるときのキーポイントを挙げておこう。

●必ず譲渡者の名前のあとに「および／または」を付ける。こうすることで、契約を別の買い手に譲渡したり、裏書きしたりする権利ができる。
●転売には十分な時間（最低でも60～90日）をかけられるようにする。
●将来の居住者に物件を見せる権利を書面で要求し、そのとき看板は外すようにしておく。このとき「居住者」という言葉を使うことが重要で、こうすることによって売り主に誤解を与えずに将来のテナントや買い手に物件を見せることができる。

●不測の事態に備えて、契約を破棄する権利を確保しておく。この種の契約書によく盛り込まれる偶発事故条項は、「本申請は買い手のパートナーが60日以内に書面で承認しなければ成立しない」という文言で、「パートナー」の代わりに「弁護士」「会計士」「公認会計士」「ファイナンシャルアドバイザー」「投資顧問」などを入れてもよい。ただ、このような条項が増えると、合意は難しくなっていく。

●十分な利益が上がるように案件を構成する。例えば、極めて少ない頭金で買って、高い頭金で転売したり、売り手がお金を必要としていれば、手形（ローン）を作ってそれを第三者に売ることもできる。この場合、手形の売却代金は売り手に渡しても、データベースから見つけた顧客が支払う頭金が利益になる。

●契約上の評価額を十分高くして、新しい買い手が必要額以上のローンを組めるようにする。これは、例えば先に紹介した筆者の最初の案件のように８万ドルで買っても、契約上はエスクロー口座に入金しない9000ドルの免責条件付手付金を含む８万9000ドルとすることで、これによって購入額全額のローンを組むことができるようになる。もし最初にこのように設定しておけば、新しい買い手はゼロかそれに近い頭金で入居でき、差額が仲介者として得る利益になる。

このテクニックを使うときは、合意した案件ごとに何通かのホールセール提案書を作成しなければならない。つまり、この戦略では資金的に十分柔軟に対応してくれる売り主が見つかるまでオファーを出し続ける必要がある。

契約譲渡テクニックは柔軟な対応ができ、最低限の現金と信用で済むため、初めての不動産投資にこれを試す人も多い。これはよいことだと思う。

戦略3――キャッシュフロー戦略

筆者が不動産を始めた当初は、バイ・アンド・ホールドとクイック・キャッシュだけを行っていた。バイ・アンド・ホールド戦略にしたのは、将来に向けて資産を蓄えたかったのと、それ以外の方法を知らなかったからだった。そして、クイック・キャッシュ戦略は多くの人と同様、筆者も資金をすぐ必要としていたからだった。

最初フェニックスに引っ越したときは、ずっとバイ・アンド・ホールド戦略でいこうと考えていた。当初は、国の払い下げ物件やそのほかの投げ売り物件を買って、あとはそれを貸しながら所有し続けるという計画だった。しかし、すぐにこれは自分には向いていないと気づいた。

懸命に働いて得た資金を投資して、せいぜいトントンのキャッシュフローを得る程度では気に入らなかったし、テナントのために作業をするのも嫌いだった。修理は得意でもなければ楽しくもなく、地主はもうたくさんだった。案件を組み立てるのは楽しかったが、修繕やテナントとの付き合いにはうんざりすると同時に、金銭的にもマイナスで、もう限界だった。筆者には、このような作業なしに不動産で収入を得る方法を見つける必要があった。実際のところ筆者が望んでいたのは不動産を所有することではなく、お金を得ることだった。そこで、これらの土地を売買契約、つまりラップ案件として売り始めた。これはもともとの住宅ローンを返済しながら物件を別の買い手にローン付きで売却するため、もともとのローンをラップする（包み込む）ような契約になる。詳細は後述するが、これらの案件の投資利回りはたいてい年率60%以上になる。

また、購入権付きのリース案件としてもマーケティングを行った。これは物件を買って入居者を探すときに、将来その物件を買い取るオプションを付けるテクニックで、入居者は所有者としての経費をカバーするため一時金を売り主（筆者）に支払うことになる。そして、あとは入居者が家の管理と維持を行う。支払額は、税金や、保険料や、住宅所有者組合の手数料と同様に上昇していく。もともとの住宅ローンの返済を続けながら入居者からの返済額との差額がスプレッド、つまり収入になる。不動産管理の煩わしさがなく、集金だけで相当額の収入が得られるため、とても気に入っている。

キャッシュフロー戦略には、下町の実用本位の家を買うようにしている。これは中・下層の地域で平均価格を10～20％下回る価格の物件を探せばよいだろう。筆者のの最初のキャッシュフロー案件を詳しく見ていくと、どのようなタイプの物件が最適か分かるだろう。

アリゾナ州フェニックス、ノース68番街

この物件はアリゾナ州フェニックスの西にある1150平方フィート（約107平米）の３LDKで、１と3/4バスルーム、柵付きの庭、２台入る車庫は静かな道に面している（１バスルームとは風呂、トイレ、シャワー、洗面所のセットで、3/4は風呂が欠ける）。裏手は静かな道に囲まれた扇形の土地で、３倍の区画になっている。家は1978年に建築され、天井が素晴らしい居間には談話室も付いている。

この家は、購入価格が４万7000ドル、１カ月の返済総額は476ドルで、抵当流れの物件だったために頭金もなくて買うことができた。結局かかったのは契約手数料のみだったので、投資総額はわずか1025ドルだった。

家自体は比較的良い状態だったし、電気、ガス、水道などすべてを念入りに点検した。暖房機器も給湯器も問題はなかった。次に、348.50ドルで便利屋を雇い、居間の壁とベッドルームにペンキを塗った。それから台所も修理した。

この家は、購入して２～３週間後に売ることになった。売却額は

６万3900ドルで頭金1500ドル、１カ月の返済額は650ドルになった。この取引によって合計で１万6900ドルの利益が手に入った。この額は、換算すればこれから30年間毎月174ドルのキャッシュフローを得られるということで、地主になる必要もなくたいそう気に入った。

ちなみに、この家の買い手は、まず壁紙をはがしてペンキを塗り替えるのだと言っていた！　これは重要な教訓だった。たいていの買い手は、自分で外観に手を加えてもいいと思っている。それで頭金が少なくなるのであれば、なおさらだろう。

ここで、この戦略のメリットとデメリットをまとめておこう。

メリット

●**契約後、すぐに利益が手に入る**　価格も金利も購入時よりも高く売却する。先の例では、４万7000ドルの家を６万3900ドルで売った。

●**長期のキャッシュフロー**　売却によって30年間、毎月174ドルのキャッシュフローを得られることになった（毎月の受取額$650－もともとの住宅ローン返済$476＝$174）

●**自動操縦で運用できる**　新しい「所有者」が自分の家として維持、管理を行ってくれるうえ、支払いもしてくれる。

●**賃借人が必要ない**　空家になる心配はないし、夜中にたたき起こされたり、修理で悩んだりする必要もない。

●**最低限の修理**　最大でも売却前に若干の手を加えるだけですむ。

●**面倒も少ない**　簡単に実行できる。

デメリット

●**集金**　支払いが遅れることもあり、そのときは集金しなければならないが、遅滞料は徴収できる。

●**短期的にマイナスキャッシュフローになる可能性がある**　家がすぐに売れないと、何カ月かは自己資金で返済しなければならない。

●**契約撤回**　買い手が返済できず、家の所有権が戻ってくることもある。これはよいことでもある。再び売れば、恐らく家の価格も上がっているためキャッシュフローは改善し、新たな頭金も入ってくる。

筆者は、最近では長期のキャッシュフローに重点を置いている。さらにいくつかの例を紹介しよう。

アリゾナ州フェニックス、ウエストケリーレーン

この物件は、2002年10月に投げ売りされているものを買った。とても良い家で、状態も良かった。価格は10万4000ドルで頭金が7500ドル、返済計画も素晴らしい条件で合意し、自分のローンと組み合わせて毎月911ドルの返済を始めた。

この契約の投資額は、頭金と契約手数料9500ドルで、毎月の返済総額（PITI）が911ドルになっていた。しかし、1カ月もしないうちにこの家が11万9900ドルで売れた。まず、入居手数料の4150ドルが入り、毎月の支払額は1250ドル（ローンはこちらが組んでいるため）としたため、差額の339ドルは360カ月分で12万2040ドルになる。結局、現金で投資したのは5350ドル（9500ドル－4150ドル）で毎月339ドルのパッシブ収入を手にすることができるようになった。これを率に直すと76％のリターン（年間収入4068ドル÷5350ドル）になる。このような案件をいくつか実行できれば、経済的自立の目標額は急速に減っていくだろう。

アリゾナ州フェニックス、ノース30番ドライブ

資金面のパートナーと2人で、3LDKにバスルームが2つとプールの付いたこの家を6万9513ドルという安さで手に入れた。前の所有

者がリフォームの途中だったために、主寝室が完全に取り壊されていたことで、頭金と契約手数料がわずか7500ドル強で済み、毎月の返済総額は522ドルになった。３週間後、われわれはこの家を要修理として売り出し、８万7900ドルで売った。入居手数料として2725ドルを受け取り、毎月の支払額は825ドルとした。これで360カ月間、毎月303ドルが手に入り、合計すれば10万9080ドルになる。結局、4775ドル（7500ドル－2725ドル）の投資で年間3636ドル受け取ることができ、率にすると76.1％のリターンになった。

ときどきあることだが、この物件では２～３年たって住人が支払いをやめ、退去することになった。契約に基づいて、家は再びわれわれの所有になった。あるとき電話があって、家を返したいと言われることはよくあることで、そのときは退去手数料をとる場合もある（通常500～1500ドル）し、支払いが滞って法的な手続きで退去させることもある。このようなケースでは、自分の居住地域と経験によって違ってくるが、３週間～３カ月程度の時間がかかる。

この物件が手元に戻ったあと再びマーケティングを始めると、前回より良い条件で売れた。売り値は11万2900ドルで、もともとの買い値より５万ドル以上高く売れたことになる。新しい住人は月額を調整して1075ドルとしたため、名目上は毎月550ドル以上利益が増えた。

これらの案件は、特別な仕組みでも、特に素晴らしいラップ取引でもなく、筆者が毎日のように結んでいる典型的な案件のひとつでしかない。もちろん、なかには毎月のキャッシュフローが200ドルを下回るものもあるし、500ドルを超えるものもあるが、たいていは250～350ドル程度になる。

このキャッシュフロー戦略は簡単にすぐ実行できるうえ、かなりの収入につながるので気に入っている。お金というのは、なぜか使ってしまうもの（これが最大の問題点）だが、この戦略はその対応策になる。毎月どれだけ稼いでも、なぜか使い道はちゃんとあるもので、それが筆者にとってはクイック・キャッシュ戦略やバイ・アンド・ホールド戦略の最大の難点だった。この２つの戦略だけで常に資金が入ってくるようにするためには、案件を常に探して次々と結んでいかなければならない。これでは、もし失敗の取引に当たったり、疲れてやめてしまったら、それまで懸命に働いて蓄えてきたお金が尽きて結局昔の上司に泣きつくことになるだろう。

《キーアイデア》

- ▶本章で紹介したバイ・アンド・ホールド、クイック・キャッシュ、キャッシュフローという３つの戦略をよく研究する。また、それぞれのメリットとデメリットをしっかりと理解する。
- ▶現在の価格が低くて、急速に上昇しているときは、バイ・アンド・ホールド戦略が最適。
- ▶割安物件があってすぐに転売できるならば、クイック・キャッシュが最適。売り出す前に、十分な買い手候補をそろえておく。
- ▶キャッシュフロー戦略は、長期間安定したリターンを得られる。
- ▶現在の状況では、キャッシュフロー戦略が適当で、小さな案件を積み重ねることで１カ月のキャッシュフローは５桁（米ドルで）になった。

《アクションステップ》

- ▶自分の地域の不動産の状況を調べる。
- ▶現状を改善して経済的自立の目標額を減らすことにつながる方

法を考えながら、長期の見通しを立て、それに沿った計画を考える。ただし、不動産の案件については、別途1件ずつ計画を立てる。

- **▶本章で紹介した3つの戦略のうち、最適なものを選ぶ。**
- **▶ 3つの戦略を使って投資計画を立てるためのさらなる情報が必要であれば、http://www.johnburley.com/ または800-561-8246に問い合わせる。IITMでも詳しい情報を提供している。**

たいていの人は、富といえば現金を指すと思っているが、実は違う。本当の富はキャッシュフロー（毎月継続して入ってくるお金）であり、それが増えれば経済的自立の目標額はゼロに近づいていく。キャッシュフローを得る唯一の方法は、案件の一部を所有することであり、それがキャッシュフロー戦略の気に入っている点でもある。この戦略を使えば、各案件の一部または全部を所有でき、資産が手に入る。本当の富とは、ほかの人がお金を支払ってくれる資産であり、そのような資産があれば経済的に自立できる。

いずれにしても、不動産取引を始めるときは、事前に徹底的に調査するようにしてほしい。案件を組み立てるときには、正確なキャッシュフローや修理や空家になったときの対策などの重要ポイントをしっかりと考慮しておかなければならない。また、ジョイントベンチャーのたぐいと一緒に仕事をするときには、案件の内容をしっかりと把握するまで絶対に署名はしないでほしい。

注

1．たくさんお金をつぎ込めば、元金も利払額も小さくなる。つまり、賃貸用の物件に十分な頭金を支払えば、キャッシュフローはプラスになる。例えば、10万ドルの家を買って９万ドルの頭金を支払えば、１万ドルのローンを組んで元金と金利を支払うための返済額は毎月100ドル以下で済む。これに、修理代、空家のコスト、税金を足したとしてもプラスキャッシュフローになるような家賃設定はそう難しくないだろう。ただし、もし毎月500ドルのプラスキャッシュフローがあったとしても、１年間で6000ドル（500ドル×12カ月）の収入では９万ドルの投資のリターンとしてよいとはいえない。

２．エスクローは中立の第三者（エスクロー会社）で、書面による契約に基づいて、書類、不動産、資金、証券などを預託しておくと、所定の条件が満たされたときに先方に預託した資産の引き渡しを行う。

３．第一信託証書とは、第一抵当のことで、もしローン返済が履行されなければ抵当権第一位の貸し手から順に、優先的に回収する権利を持っている。

PART Ⅳ

経済的自立のためのセーフガード

Safeguarding Your Financial Freedom

パートⅠでは、経済的自立のための計画を立て、パートⅡとⅢでは目標額を減らすための戦略をいくつか学んだ。そこでパートⅣでは、リスク管理の手法を用いてこれらの戦略を安全で利益率の高いものにしていく方法を学んでいく。本パートは、ほかの部分よりも若干複雑な内容だが、もっとも重要なパートでもある。必要ならば何度も読み返して、これらの概念を必ず理解してほしい。

第13章は、投資を成功させるための６つのキーポイントを紹介する。このなかには、手仕舞いの時期をはっきりと設定しておくことで資産を守り、損失を抑え、利益を伸ばしていくことや、期待値を理解することで、投資の頻度と最終利益の関係を知り、自分に優位に動いているポジションだけを保有することなどが含まれている。

第14章は、ポジションサイジング、つまりどの程度のリスクならとれるのかを学ぶ。戦略を安全に進めつつ、目指す結果を出すためにもっとも重要な要因のひとつになる。

第15章は、使った戦略が機能しているかを見極める方法を説明する。また、投資結果に影響を与えかねない最新のマクロ経済要因の把握の仕方も学んでいく。ここでは、無料の情報源も合わせて紹介している。

パートⅣを読めば、マーケットのタイプに合わせた戦略を選び、そこから発生するリスクとリワードをシミュレーターに入れれば正確な期待値が分かる。正しい戦略かどうかはそれで判断すればよい。リスク管理は非常に重要であり、自分の戦略が安全だということを知っていれば安眠できる。

第13章

投資を成功に導く6つのカギ

Six Keys To Investment Success

「裸で泳いでいる人は、波が引いたとき初めて分かる」
――ウォーレン・バフェット

歴史を振り返ると、音楽でも、スポーツでも、それ以外の分野でも、たくさんの一発屋がいる。もちろん、苦労せずに一発当ててしまう人もいるが、真の偉人はみんな自分の選んだ分野の基本を徹底的に学び、それをひとつひとつ積み上げて成功をつかんでいる。読者も、大いに学んでほしい。

パットを何百回と練習するゴルファーも、数え切れないほど音階の練習をするピアニストも、澄んだ発声法を練習する講演者も、一流の人はみんな基礎をマスターしている。本章で紹介する基礎は、不動産、株、先物、ベンチャービジネス、収集品など、どの投資にも適用できるうえ、これがパートⅡとパートⅢの戦略を安全なものにしてくれる。

本章では、投資のカギとなる原則の活用方法を学んでいく。もしすでに投資経験があれば、基本を改めて学ぶのは抵抗があるかもしれないが、これまでの理解を向上させる機会となるかもしれない。そして、もし投資が初めてならば、この機会にしっかりとした基本を学び始めればよい。これを完全に理解しておけば、投資戦略を安全に成功させる準備は整ったことになる。

基本その1――資産を守る

投資資産を守るためには、リスクの本質とリスク・リワードの関係を理解しておかなければならない。また、マーケットが不利な方向に動いた場合に備えて、信頼できる手仕舞いの戦略も欠かせない。

投資を始める前に避難経路を作っておく

最悪の手仕舞いポイントを決めずに、投資を始めてはいけない。このようなポイントをストップロス（損切り点）といい、その名のとおり状況が不利になったとき、損失が膨らんでいくのを止めるために設定する。

新しい投資を始めるときは、まず最初にこのストップロス・ポイントを設定してほしい。これまで何度も優れたトレーダーと仕事をしてきたが、彼らは例外なくどこで手仕舞うべきかをトレードごとに、最初に決めていた。5分足でナスダック上場銘柄や週足で国債をトレードするときでも、まず見るのは予想利益ではなく安全性であり、予想リスクを調べたあとで予想利益を考えていく。そして、もしリワードの比率がリスクと比較して十分高くなければポジションは作らない。

これは、駆け出しのトレーダーとははっきり違う点で、初心者は巨額な利益に魅了され、自分のポジションのリスクも、リワードとの比率も理解していない。

自宅に送られてくるダイレクトメールの投資「チャンス」を考えてみてほしい。どれも目を見張るような利益を謳っているが、もし不利な流れになったときに投資額を守ってくれる方法について書いてあるものは、ほんのわずか（もしあるとしたら）しかない。難しいことだが、考え方を「際限ない」（まず利益）から「どんなことをしても自分のお金を守る」に切り替える必要がある。長い目で見れば「**守ったほうが勝ち**」なのである。

最悪のケースの損失に対する守り

状況が不利になったときに被り得る損失額をリスク額といい、Rで表す。これは、計画がうまくいかないと判断したときに、手仕舞うことをあらかじめ決めておいたポイントでもあり、最悪のケースの損失と考えてもよい。投資案件ごとにリスク額（R）で見ることができるようになれば、投資に関する思考過程は飛躍的に向上したといえるだろう。これができると、投資をリスク・リワード比率で考えられるようになる。このような考え方は、生活のなかではすでに行っていると思う。

リスク・リワード比率で考える

2つの選択肢があるときには、どのような判断基準が考えられるだろうか。例えば、通勤経路が2通りあるとする。ひとつはいつも混雑している高速道路で、うまくいけば会社から30分で帰れるが、事故があると2時間かかってしまう。もうひとつは、比較的すいているが信号が多い道で、混雑の如何にかかわらずたいてい45分程度で帰れる。この場合は、恐らく早く家に帰りつくというリワード（報酬）と高速道路で渋滞に巻き込まれて立ち往生するというリスク（かなり悪化することもあり得る）を天秤にかけて、どちらの経路にするかを選ぶのだろう。同様の考え方は、投資で成功するためにも応用できる。見込める利益と起こりうる損失を天秤にかけて、その比率に納得できれば実行する。

一流の投資家は、マーケットにあるチャンスをリスク・リワード比率で言い表す。投資のプロである彼らは、投資対象を常にリスクの倍率、つまりR倍数でとらえる。例えば、ある投資にリスクの3倍のリワードが見込めれば、それは3Rのチャンスとして見る。この方法を使って、株、ミューチュアルファンド、不動産、その他どんな投資も言い表すことができる。株であっても不動産であっても、2Rの利益と言えば、リスク額の2倍の利益が期待できるということを意味している。いくつか例を挙げよう。

初めは、クイック・キャッシュ戦略のため格安物件を探してフリッピング（転売）しようとしているケースを見てみよう。8万ドルの住宅を買って、想定リスクR（許容できる最大損失額）が5000ドルとする。希望売却額は10万ドルで、2万ドルの利益を目指している。するとこれは見込み利益（2万ドル）がリスク額（5000ドル）の4倍になるため、4Rのチャンスと言える。この例では、マーケットが予想よりも低調で、9万ドルでしか売れず利益は1万ドルだった。結局この取引の儲けはリスク額の2倍だったため、2Rになった。

次は、株の例を見てみよう。採用しているシステムが25ドルで取引されているマイクロソフトを短期で買うサインを出したとする。戦略上、もし23ドルまで下げたら手仕舞うことにすると、Rは1株当たり2ドルということになる。一方、株価の目標額は33ドルで8ドルの利益を見込んでいるため、このトレードはリスク額の4倍で4Rということになる。しかし、実際の株価は29ドルを超えそうもないため、利食って次のチャンスを探すことにした。結局、このトレードもリスク額の2倍の利益が出た2Rの投資になった。

R倍数は、これからも何度も登場する。投資のチャンスを分析をするときには、常にこの概念を基にして考えることができるように、発想の転換を図ることがもっとも重要だということを覚えておいてほしい。このような発想のうえに成る基本概念を積み重ねていくことで、安全で成功率の高い投資ができるようになる。

《儲けのヒント――資産を守るストップロス・ポイント》

ストップロスは、不利な状況になったときに手仕舞うポイントを決めておく方法で、非常に重要なルールである。これを使いこなすためのポイントをいくつか挙げておこう。

- ●投資を始める前に、不利な状況になったとき手仕舞うポイント、つまりストップロス・ポイントを必ず決めておく。
- ●ストップロス・ポイントは、一度設定したらどんなことがあってもけっして仕掛けた金額と反対方向に動かさない。ただ、仕掛けた金額に近づける（トレイリングストップともいう）のは可能。
- ●数カ月以上保有するつもりの株は、25％下落したら手仕舞うようストップロス・ポイントを設定しておく。この方法の詳細は、後述する。
- ●不動産投資の場合は、損失が頭金の半分以上（できれば10％を超えない）になったら手仕舞う。不動産投資で最初の現金投資額以上の損を出すのは、絶対に避けたい。不動産の所有者は、当初支払った頭金の額を思い出してほしい。

投資戦略の初期リスクを理解する

投資において、リスクを限定することの重要性は理解できたと思う。そこで、これまで紹介してきた戦略と、その初期リスクを見ていこう。

●**第６章――ミューチュアルファンド**　最悪のシナリオで手仕舞うときのカギとなるのは、①もしマーケットが１週間で２％下げたら、ポジションの25％を手放す、②パフォーマンスがもっと良いファンドがあれば乗り換える。このようにしていけば、最悪のリスクはポートフォリオの約８％になる。ただ、実際にここまでいくことはほとんどない。

●**第６章――ヘッジファンド**　どのようなヘッジファンドでも、ポートフォリオの25％以上をつぎ込んではいけない。もし15％下落したら手放すことにすれば、ポートフォリオ全体で見たリスクは約3.75％になる。また、どのようなヘッジファンドでも投資するときは、事前にしっかりと調べてからにする。

●**第７章――ベア・ミューチュアルファンド**　マーケットが３％上昇したら、ポジションの５分の１を手放す。そして、もし５週間前よりも上がっていたらそのポジションはすべて手仕舞う。また、VIX指数（オプション変動率）が50以上になればすぐに利食う。こうすれば、最悪でもリスクは約10％に抑えられる。ただ、実際にここまでいくことはほとんどない。

●**第７章――割高株の空売り**　どのような株であっても、ひとつの銘柄に投資するのはポートフォリオの４％以下とし、ストップロスを25％に設定することで、ポジションごとの最大リスクを１％に抑えることができる（４％の25％は１％）。

●**第８章――ニュースレターの推奨に従う**　特定の情報源の推奨に従った投資額はポートフォリオの４％までとし、ストップロスを25％に設定する。こうすれば、ポジションごとのストップロスを１％に抑えられる。

●**第８章――効率性の高い銘柄**　これも、ポートフォリオの４％以内に抑える。ストップロスを25％にしておけば、初期リスクは１％に収まる。

●**第８章――割安株を買う**　グレアム基準の60％の銘柄を買うのは、１銘柄当たりポートフォリオの２％以内とする。また、買うのは株価が上昇しているときに限る。その後、もし株価がグレアム基準の50％になればさらに２％買い増してもよいが、やはり買うのは株価が上昇しているときに限る。そして、40％まで下がればあと２％買ってよい。ただ、もしこれがグレアム基準の30％まで下がったら、何か深刻な問題があるため、ポジションをすべて売却する。これが最悪のケースで、2.4％の損失になる。

●**第９章――インフレ時の投資**　ポートフォリオの25～50％をインフレ時期に適した対象に投資している場合は、それぞれの投資先のガイドラインに従ってリスク割合を算出する。

●**第10章――金利を利用した戦略**　もし金利が上昇していれば、ポートフォリオの約10％でインバース債券ファンド（例えばジュノー・ファンド）を買う。20％下げたら手放すことにしておけば、全体のリスクは約２％に抑えられる。

●**第10章――最大利回り戦略**　上昇している通貨建ての資産としてその国の債券を買うときは、ポートフォリオの10％以内にして25％のストップロスを設定する。こうしておけば、債券ごとのリスクは2.5％に抑えられる。

●**第12章――不動産戦略**　不動産の場合は、頭金の額以上のリスクは取らない。ジョン・バーリーの戦略の多くは、ほんのわずかの（あるいはゼロ）リスクに抑えた構成になっている。

それぞれの投資について、1Rがどの程度かは想像がつくようになったと思う。

《儲けのヒント――トレーティングと投資の黄金律》

損失は小さく抑え（1R以下）、利益は伸ばす（初期リスクの大きな倍数）。

基本その２――損失は小さく抑える

すべての投資をＲ倍数で考えられるようになったら、黄金律の前半である損失を抑えることに注目する。投資家を期待利益から遠ざけるのは、ストップロス・ポイントを過ぎてもやめない（またはそもそも設定していない）という悪癖にある。世界一の投資戦略であっても、ルールに従わなければ成功することはできない。長期的な利益を継続するための唯一の道は、計画に従って損失を抑え、利益は伸ばしていくこと以外にない。

投資はガーデニングとよく似ている。毎日小さな雑草を抜いていれば、「おばあさんの庭」のように花が咲き乱れる美しい庭が出来上がる。小さな雑草はまだ大きく根付いていないため、簡単に引き抜くことができるが、大きくなるまでほっておくとなかなか抜けなくなる。そして、雑草と格闘している間は果実を実らせている植物から目を逸らすことになるため、さらに無駄になる。しかも大きくなった雑草は、大事な庭を台無しにしかねない。同様に、損失が出たポジションは、ポートフォリオに雑草をはやすのと似ている。常に目を光らせて、損失は小さいうちに除いておけば、利益の出る素晴らしいポートフォリオを維持することができる。

《「おばあさんの庭」》

荒れた土地を手に入れた女の人が、１年をかけて柵を直し、土を肥やし、植物を植え、雑草を抜いて庭を作り上げた物語。あるとき訪ねてきた牧師が目を見張る変化と真の美しさに感動して「あなたは神とともにこの庭で素晴らしい仕事を成し遂げました」と言うと、女の人は「神様とですって？　でも神様だけのお庭だったときは、ひどいありさまでしたのよ」と答えた。

小さな損失を摘み取ることで投資を継続できる

投資の世界では損失も経費の一部とみなす。いずれ起こることは冷静に受け止めるしかない。庭の雑草と同じで損失も小さいうちに摘み取っておくほうがずっと簡単に抜けるし、根が大きく育った雑草と同様に損失も大きくなると取り除くのは難しくなる。小さな損失をたくさん取り除いたために、資産がなくなったという投資家はほとんどいないが、１つか２つの大損ですべてを失った元トレーダーならたくさんいる。大きくなった雑草が庭を台無しにするように、大きな損失は投資資産を消滅させる。雑草を大きくさせてはいけない。

適切な投資心理が損失を小さく抑えるカギになる

損失が出ている取引をやめ、利益が出ているものを育てていくことを続けていけば、ポートフォリオが順調に増えていくというのは理に適っている。それなのに、なぜ多くの人はそれをしないのだろう。損失を膨らませるのはその人の投資心理の表れで、損に対するこのような考え方がトラブルを生む。

ここで投資の雑草を抜くべきときに、それを阻む２つの問題を見ていこう。ひとつは「正しくなければいけない」という心理で、もうひとつは利益や損失を良しあしで分けようとするときの感覚が直感に反するという問題である。

正しくなければいけない

われわれは、正しくなければならないという発想を小さいときに植え付けられる。これがもっともよく表れているのが学校制度で、答えが合っていれば褒められるし、間違っていれば非難され、協調性がない考えもやめさせられる。そして、子供たちは全体の70％間違えれば落第するということを学ぶ。エンジニアリング、医療、会計、法律など、職業のなかには正しいことが非常に重視されるものもある。このようなケースでは、先の考えは非常に役に立つのだが、投資家の場合は正しいことにとらわれすぎるよりも利益を優先してほしい。

例えば、近い時期に新しい病院の建設が計画されているため、その地域の不動産価格がこれから急騰すると見込んで10万ドルの賃貸用の物件を頭金１万ドルで買ったとする。そしてキャッシュフローがトントンになるだけの賃料を得るが、本当は病院が認可されて価値が上がったら15万ドルで素早く売ろうと思っている。

この案件で、想定しているリスク額は現金投資額の半分に当たる5000ドルで、期待利益は５万ドル、つまり、10Rの投資チャンスを想定している。しかし、病院の認可が役所のゴタゴタに巻き込まれ、計画は認可されたとしても３年後に延期されることになってしまった。このニュースが流れると、物件の評価額は９万5000ドルに下がったが、売って5000ドルで損切りする代わりに状況が好転するのを待つことにした。売った途端に病院の認可が前倒しになって自分の物件を含む地域全体が高騰するような気がしてならなかったからで、マーケットの底で間違うというリスクは犯したくなかった。

残念ながら、病院の認可はずるずると先延ばしされて所有物件の価値も９万ドルに下がってしまった。最初の投資額から2R分の１万ドル下がったことになる。しかし、もう少しがんばれば事態は好転すると確信して踏みとどまるが、遠方にある別の病院建設候補地が急浮上したために、住宅の価格はさらに5000ドル下がってしまった。

目標からは大分それてしまったが、やはり待つしかない。評価損は紙の上だけのことで、売ったあとになって承認されたりしたら悔やんでも悔やみきれない。ところが、あろうことか遠方の候補地が認可され、住宅は購入価格を３万ドルも下回ってしまった。こうして、売ったときには投資額の１万ドルを失ったばかりか、ローンを返済するためさらに２万ドルを捻出しなければならなくなり、３万ドルの損失は想定していた最悪のケースである5000ドルの６倍にも達していた。投資計画に従わず、正しいと思うことを優先していると、このような痛ましい例も起こり得る。

良い利益、悪い損失

損失は悪いこと、利益は良いことという概念に固執することが、小さいうちに損を摘み取るという計画の実行を阻むこともある。損失が悪いという考えに取り付かれてしまうと、意識的に、あるいは無意識に損失を避けるようになる。ポジションがマイナスに向かい始めると、損失は悪いことだという思考が働き、損失を避けようとするあまり1Rの時点で損切りせず、そのまま放置する。つまり、手仕舞うまで損失は実現していないため、認めなくてよいという発想に陥ってしまうのである。しかし、いずれ手仕舞うときが来れば損失はさらに拡大していて、さらに大きな罪悪感と戦いながらの処理は辛いものになる。

一方、逆の発想もやはりよくない。利益が出始めると、「利益大事」モードが全開になり、今のうちに利益を確保しておきたいという気持ちが抑えられなくなる。そこで、ポジションを維持して利益を伸ばしていく代わりに、急いで摘み取ってしまう。このように、善悪のパラダイムは結果として利益を縮め、損失を増やすという希望とは反対の結果を生むことになる。

もし、正しくなければの精神が作動して損失にしがみついてしまったときはどうすればよいのだろう。あるいは、現実の損失を認めたくなくてポジションを手仕舞えないでいるときはどうすればよいのだろう。まずは自分の投資心理（投資をするときの考え方）を永久に変えることから始めよう。このためには、覚悟とすでに証明済みのテクニックが必要になる。投資家心理にこれらのプラス変化をもたらすことこそ、この20年間われわれが手がけてきた仕事の真髄といえる。そして、これを達成するためのツールが２つある。

- **IITMゲーム**　IITMのポジションサイジング・ゲームを使うと、小さな損失を摘み取る練習ができる。最初の３レベルはhttp://www.iitm.com/ から無料でダウンロードできる。このゲームを繰り返すことで、この考えになじめるようになるだろう。
- **計画を書面にする**　投資をする前に取引全体の指針となる計画書を必ず作成する。これは、株のデイトレーダーだったら１トレード当たり１行の記録でもよいし、アパート経営や起業の企画であればビジネスプランのように複雑なものになることもある。もし計画のなかに柔軟に対応する部分があるときは、ストップロス（手仕舞うポイント）を明確に書き込んでおく。このことが損切りをきちんと実行できるかどうかを大きく左右する２つめのツールになる。書面にすると、その内容が現実味を帯び、ストップロスを無視するには意図的な自己破壊をしなくてはならなくなる。試しに30～60日の計画を書き出して、その影響を試してみるとよいだろう。計画は正しい。きちんと従えば、資金を守りながらなかなかの利益を上げてくれる。

そして、このような考え方を身につければ、投資結果ではではなく、計画を遂行することに集中できる。

ストップポイントを設定して、そこに達したら必ず手仕舞うことができるようになれば、それ以外の投資の側面はさほど重要ではなくなる。そして、損切りできる規律を身につければ、一流のトレーダーや投資家が多くの時間を割く部分、つまり利益を伸ばすということに注目できるようになる。

《キーアイデア》

- 損失は小さいうちに摘んでおけば拡大する心配はなく、そうすれば投資を続けていけるということを忘れてはいけない。
- 多くの人が正しいことをしなくてはいけないと思って、急いで利食ってしまう。また、間違いを避けたいばかりに、反発を期待して損失を抱え込んでしまうが、たいていはそれが痛手をさらに拡大する。
- このような問題を克服するために、IITMのトレーディングゲームを勧める。また、投資ごとに書面の計画書を作成し、それに従うのもよい。

基本その3――勝ちトレードは伸ばす

損失を小さいうちに摘み取るというのは、計画から外れないという規律を身につけることを意味している。これは、投資の非常に分かりやすい部分だといえるだろう。一方、利益を伸ばすのには、想像力と投資計画を深く理解することが必要になる。

もし、横ばい状態から抜けて高値を更新し、システムが買いサインを出したら、このトレードが間違っていて再度横ばいの水準に戻ってしまった場合に備えてストップポイントは近くに設定する。５回のトレードを行って1Rの損失が４回と8Rという大きな利益が１回出たら、結果は５回のうち１回しか勝っていなくても、全体としては4Rの利益になる。利益を伸ばすことの効果が分かるだろう。8Rの利益は、４回分の1Rを帳消しにしたうえ、正味利益をもたらしている。５回のうち４回（80％）間違っても、前進していけるのである。

1990年代末の株のトレンドが長期に及びそうに見えた時期、利益を伸ばすということはこれ以上有利な方向にはいかないと確信するまで、このトレンドに乗り続けることだった。そして、そうすれば簡単に８Ｒの利益も上げられた。しかし、今日の変動するマーケットにおいて「利益を伸ばす」ためには幅広い解釈が必要になる。そこで、いくつかのシナリオにおける成長株のファンダメンタルがどのようなものかを見ていくことにしよう。

長期投資の成長株

パートⅡとパートⅢでも紹介した次の戦略は、長期の値上がりを目指す投資家（バリュー投資家）や、マーケットのメジャートレンドに乗って儲けたい投資家が好んで使うことが多い。

- そのとき最強のミューチュアルファンドを買い、さらに強いファンドが現れるかマーケットが下がり始めるまで手放さない（第６章）。
- パフォーマンスの良いヘッジファンドを買って、マーケットを上回っている間は手放さない（第６章）。
- S&P500が５週間下げているときに、ベア・ミューチュアルファンドを空売りし、５週間連続で上昇するか、極端に下げすぎるまでそのポジションを維持する（第７章）。

- 割高の銘柄を空売りし、25％のトレイリングストップに達するまで買い戻さない（第７章）。
- 効率性の高い銘柄を買って、25％のトレイリングストップに達するまで売らない（第８章）。
- 清算価値の３分の２で株を買う（上昇したら半分売って元を取る）。そして残りを次のブル相場で割高になるまで保有する（第８章）。
- ４つ星のサインが出たときは、インフレ時に有利な資産を買って、インフレ率が下がり始めるまで保有する（第９章）。
- ドルが下がり始めたら、１年間、あるいはドルがはっきりと上昇し始めるまで投資資産は最大利回り戦略で運用する（第10章）。ドルが下降トレンドの間は、アーバディーン・アジア・パシフィック・インカム・ファンド（FAX）を買うのもよい（第10章）
- 値上がりが期待できる地域で低価格の不動産を買うバイ・アンド・ホールド戦略（第12章）。
- 不動産キャッシュフロー戦略を、プラスであるかぎり継続する。キャッシュフローの評価は、１年ごとに行う（第12章）。

これらの戦略は、どれも損失を抑え、伸びている利益はそのまま維持することがカギとなっている。長期利益を目指した取引で投資を継続するためには、どこかで必ず起こる落ち込みに対する戦略が必要になる。ポジションが有利な期間は保有しながらも、利益を確定していくことができるトレイリングストップは、先の戦略の多くで使うことができる。ぜひ利用してほしい。

トレイリングストップを理解する

先のストップロスの概念を少し進めて利食いしながら手仕舞いたいときは、トレイリングストップがもっとも簡単な方法だろう。トレイリングストップは投資対象が有利な方向に動いたとき、それに合わせて同じ方向に移動するストップポイントで、反対の方向には動かさない。例えば、25%のトレイリングストップは、現在の価格を25%下回ったところにストップポイントを置き、株価が高値を更新したり（買い持ち）、安値を更新したら（空売り）、それに合わせてストップポイントをその25%下に設定し直す。

表13.1を見ると、実際の動きがよく分かるだろう。例えば、QCOMを１株当たり40ドルで買ったときは、最初のストップを25%離した30ドルに設定する。QCOMが44ドルに上昇すると、ストップポイントもここから25%下の33ドルに移る。つまり、高値が更新されればストップポイントも上げて、常に株価から25%離れたところになるようにしておく。作業を簡素化したければ、毎日終値でストップポイントを調整してもよい。この場合は、もしQCOMが45ドルまで上がっても、終値が44ドルならばストップポイントは33ドルでよい。

しかし、もしQCOMが36ドルに下がったら、それに合わせてストップポイントも25%離して設定し直すのだろうか。それはしない。ストップポイントは新高値に合わせて上方向のみに調整し、株価と反対方向には動かさない。つまり、もし株価が36ドルに下がったときは、ストップは33ドルのままで株価とは３ドルしか離れていないことになる。

再びQCOMが上昇を始め、高値を更新して64ドルに達したらストップもここから25%離した48ドルに動かすが、そのあと下げて48ドルに達すればそこで手仕舞う。結局下げて手仕舞ってはいるが、もともと40ドルで買っているため、８ドルの利益を手にすることができ

表13.1　トレイリングストップの例

株価	ストップポイント	行動
$40	$30	株を買って最初のストップポイントを設定
$44	$33	新高値に合わせてストップも上げる
$36	$33	株価が下がってもストップは下げない
$64	$48	新高値に合わせてストップも上げる
$52	$48	ストップは変わらず
$45	$48	ストップポイントに達したので48ドルで手仕舞い8ドルの利益が確定

た。今回は最初のリスク額が、10ドルで確定利益が８ドルだったため、0.8Rの利益になったことになる。

このトレードをあとから見て、「64ドルで手仕舞えばよかった」と思うかもしれないが、トレードの最中に株価がそのあと下がるのか（上がるのか）どうかは分からなかった。このことは、心理面でもうひとつのカギとなる欲望という要素にかかわってくる。事後になって、最高値で売れば、24ドル儲かったなどと考えず、実際に得ることのできた８ドルの利益を喜んでほしい。これは、しっかりとした原則に基づいて利益を上げることができたということであり、このやり方を今後も継続していけば、マーケットでの勝ち組になれる。

「紙上の利益」を自慢する人が多すぎる。しかし、これは本当の利益ではないし、計画なしに大勝すると実力を過信して結局はそれが破滅へとつながっていく可能性もある。こうなると、効率的な計画を立てるよりも、マーケットを上回ることにとらわれて、判断を誤るようになる。

《キーアイデア》

▶投資を始めるときは、初期リスクの何倍かの利益を目指す。大きな利益を得るために、ときには忍耐も必要。
▶トレイリングストップは、どのような投資にも簡単に使える。25％のトレイリングストップはバイ・アンド・ホールド戦略の代わりとしても十分使える。
▶得るはずだった利益ではなく、実際に得た利益を喜ぶ。

基本その4――リスクとリワードの関係を理解する

ここでは、すべてのトレードをポジションを作った当初のリスク額（R）で考えるようになることを目指している。この数値は、期待値と呼ばれている。この概念は、すべてのトレードを初期リスクの倍数でとらえるもので、必ず理解してほしい。そして、期待値の応用の仕方を理解しないかぎり、投資の最大の可能性を追求することはできない。この便利な概念を、楽しみながら学んでほしい。

あるとき地下室を掃除していたらランプを見つけ、磨いてみると魔人が出てきた。ところが、この魔人は願い事ではなく２つのオファーのどちらかを選べと言う。方法は、これから10年間、毎月５日にホイール（地下室で魔人が呪文を唱えると、どこからともなく現れることになっている）を回し、その結果によってお金をもらえたりもらえなかったりするということで、もらい方には２つの選択がある。

選択１

80％の確率で、１万ドルを受け取る

20％の確率で、何ももらえない

選択２

５％の確率で、20万ドルを受け取る

95%の確率で、何ももらえない

先に進む前に、どちらを選ぶか決めてほしい。

たいていの人は、可能性が高いほう（選択１）を選ぶ。そして、投資戦略を選ぶときも同様に考える。毎週、郵便やｅメールで途方もないトレーディングシステムのダイレクトメールがたくさん送られてくる。どれもみんな70%、80%、90%の勝率で「秘密がついに明かされた」などと書いてあり、この高勝率が数字に関係なくわれわれの「正しくありたい」とか、「利益大事」の思いに働きかける。しかし、いまだかつて平均利益が平均損失の５倍になって、勝率40%を保障するシステムには出合っていない。

先の魔人の話のようなケースでは、もし選択１を選ぶと平均で５カ月に四度はお金が入るため安心感があるが、選択２を選ぶと平均で20カ月に一度しか支払いがないため、弱気になる人が多いと考えられる。しかし、もしそうであれば、このオファーが10年間、つまり120回もホイールを回せるということを思い出してほしい。このことと、重要なのは利益の高いほうを選ぶということを念頭において、このオファーを数学的に評価してみよう。

それぞれの選択の総支払額は、支払額ごとにその確率を掛け合わせればよい。あとはそれを合計すると、その選択の期待値が算出できる。公式は、次のようになる。

１カ月当たりの支払額＝
（Ａになる確率×Ａの支払額）＋（Ｂになる確率×Ｂの支払額）

総支払額＝1カ月当たりの平均支払額×回数（月数）

魔人の選択に当てはめると、次のようになる。

選択1

80％×１万ドル＝8000ドル

8000ドル＋（20％×０ドル）＝8000ドル　１カ月当たりの平均支払額

8000ドル×120カ月＝96万ドル　総支払額

選択2

５％×20万ドル＝１万ドル

１万ドル＋（95％×０ドル）＝１万ドル　１カ月当たりの平均支払額

１万ドル×120カ月＝120万ドル　総支払額

もしひとつの選択のなかに２つ以上の支払い方法があれば、さらに足していけばよい。また、マイナスが出る場合（損失）は足す代わりに引けばよい。

この計算から、選択１を選べば毎月支払いを受ける可能性はこちらのが高いが平均支払額は低いため、10年間たってみると総支払額は選択１のほうが24万ドルも少なくなることが分かる。

高利益率ではなく、高勝率を選択するというワナにはまってしまう投資家は多い。しかし、大事なのは安心できて賢く見える（正しいことが多い）ことではなく、利益の違いを見極めることにある。確率（勝率）から利益率（長期的にもっとも多く儲けること）に思考を変換するために、もうひとつ別の例を紹介しよう。

魔人のお金がもらえる10年間が終わった。何年か前に読んだ『魔術師たちの投資術』のおかげで、24万ドルも多く手に入れるほうを選ぶこともできた。そこで、この素晴らしいランプを大事にしまおうとすると、また魔人が出てきて、その礼儀正しさに最後のプレゼントをくれるという。今回は、これから10年間、毎月１回銀行口座にお金が入金あるいは出金されるというが、やはり選択が２つある。

選択1

50％の確率で、5万ドル入金される

50％の確率で、1万ドル出金される

選択2

90％の確率で、10万ドル入金される

10％の確率で、75万ドル出金される

今回は、きちんと計算しないと選ぶのが難しい！　10カ月のうち9回大金が入ってくるのは魅力的だが、10カ月に一度は大きな支出に堪えなければいけない。しかも、これは1回で終わるわけではない。知りたいのは、120回繰り返したあとの利益率なのである。それぞれの支払額を計算してみよう。

選択1

50％×5万ドル＝2万5000ドル

2万5000ドル＋(50％×－1万ドル)＝2万ドル　1カ月当たりの平均支払額

2万ドル×120カ月＝240万ドル　総支払額

選択2

90％×10万ドル＝9万ドル

9万ドル＋(10％×－75万ドル)＝1万5000ドル　1カ月当たりの平均支払額

1万5000ドル×120カ月＝180万ドル　総支払額

今回も、数学的に見て支払い頻度の少ないほうが有利だという答えが出た。忍耐があれば、魔人からのお金は60万ドルも増える。

　この魔人の話から、簡単な計算によって投資パフォーマンスを評価するときにカギとなるツールの基本が分かったと思う。このツールが期待値であり、これを使えば短期の商品取引でも長期の株式投資でも不動産でも事業への出資でも、リスクをとって利益を目指す投資先はすべて評価することができる。期待値の算出は、魔人の選択の評価と同じ方法で行う。

　投資戦略を評価するときは、たいてい個別トレード（投資）の記録か全体の平均値のどちらかを使うことになる。両方のタイプの評価方法は、後ほど学んでいく。もしトレード記録があるのならば、システムの期待値を知るためのもっとも簡単な方法はトレードごとのＲ倍数を合計してトレード数で割ればよい。簡単な計算で、そのシステムの期待値が分かる。一例として、**表13.2**に10トレード分の記録を載せてある。

　10トレードの合計は、利益が7Rで平均は0.7Rになる。平均利益（または期待値）は多くのトレードを行ったと期待できる平均利益を、初期のリスク額の倍数で示している。この例では、１トレード当たりリスク額の0.7倍の利益が期待できるということになる。

　期待値は、１ドルのリスクに対して平均何ドルの利益が上がるかを表していると考えることもできる。もし、この数値がマイナスになれば、それは１ドル当たりのリスクに対して出る損失ということになる。この定義を元にして考えると、期待値が0.7Rのシステムは１ドルのリスク額に対して平均0.70ドルのリターンと最初の１ドルが期待できることになる。[1]実は、この２つめの定義は最初の定義と同じことを言っているのだが、分かりやすいほうで覚えればよい。

　先述のとおり、投資システムの期待値を算出する方法はもうひとつある。この方法は、対象としている戦略の予定利益があらかじめ分かっている場合などに役に立つ。例えば、もしあるシステムの予想勝率が分かっていれば、勝ちトレードや負けトレードの損益をＲ倍数で表

表13.2　期待値算出のためのサンプル

トレード番号	リスク額（R）	損益（$）	R倍数
1	$1.50	$3.00	2*R*
2	$3.00	$3.00	1*R*
3	$2.00	−$1.00	−0.5*R*
4	$2.50	$10.00	4*R*
5	$3.00	−$3.00	−1*R*
6	$2.00	−$3.00	−1.5*R*
7	$1.00	$3.00	3*R*
8	$4.00	−$4.00	−1*R*
9	$2.50	−$2.50	−1*R*
10	$2.00	$4.00	2*R*
合計			**7**
期待値			7R÷10トレード＝0.7

すことができるため、それを使って期待値も算出できる。

期待値＝（勝率×平均利益のR倍数）－（負率×平均損失のR倍数）

この公式は、トレードごとのデータがなくても全体の結果か予想値があれば、それを使うこともできる。例えば、この方法で**表13.2**の期待値を計算してみよう。今回は、システムの勝率が50％で、平均利益は平均損失の2.4倍ということのみ分かっているとする。

期待値＝（50％×2.4R勝ちトレード）－（50％×１R敗けトレード）
＝（0.5×2.4R）－（0.5×１R）
＝（1.2R－0.5R）
＝0.7R

結果は、前回と同じ0.7Rになった。簡単だということは分かってもらえたと思う。

次に、期待値が理解できたかどうかを確認するための練習問題を４つ挙げておく。答えは、本章の最後に載せてある[2]。これらの問題を解くために必要なツールは、すべてすぐ前の期待値の項に書いてある。

例１

次のトレーディングシステムが毎週同じ数のトレードを行うとすれば、どちらを選ぶべきか。

Ａ．勝率40％で平均利益が平均損失の３倍になるシステム

Ｂ．勝率70％で平均利益も平均損失も同額のシステム

例２

次のトレーディングシステムが毎日同じ数のトレードを行うとすれば、どちらを選ぶべきか。

Ａ．勝率50％で平均利益が平均損失の1.5倍になるシステム

Ｂ．勝率80％で平均利益は平均損失の半分のシステム

例３

投げ売りの物件を買ってすぐ転売するクイック・プロフィット戦略が２つある。**表13.3**と**表13.4**にそれぞれのシステムの典型的な取引結果が示してあるが、どちらを選ぶべきか。

例４

次の長期トレードシステムが、毎年同じ数のトレードを行うとすれば、どちらを選ぶべきか。

Ａ．勝率30％で平均利益が平均損失の７倍になるシステム

Ｂ．勝率50％で平均利益が平均損失の３倍になるシステム

表13.3　期待値の計算――サンプル1

トレード番号	リスク（R）	損益（$）	R倍数
1	$5,000	$5,000	
2	$2,000	−$2,000	
3	$4,000	−$4,000	
4	$2,500	$10,000	
5	$3,000	$9,000	
6	$6,000	$12,000	
7	$1,000	$8,000	
8	$4,000	$8,000	
9	$2,000	−$2,000	
10	$2,000	$8,000	
合計			＝ ＿＿＿＿
期待値		＿＿＿＿ R÷10トレード＝	＿＿＿＿

表13.4　期待値の計算――サンプル2

トレード番号	リスク（R）	損益（$）	R倍数
1	$5,000	$5,000	
2	$2,000	−$2,000	
3	$4,000	$4,000	
4	$2,500	$5,000	
5	$3,000	$6,000	
6	$6,000	$12,000	
7	$1,000	$2,000	
8	$4,000	$4,000	
9	$2,000	$2,000	
10	$2,000	$4,000	
合計			＝ ＿＿＿＿
期待値		＿＿＿＿ R÷10トレード＝	＿＿＿＿

《キーアイデア》

▶期待値はたくさんのトレードを行ったときの平均利益を初期リスクの倍数で示したもの。つまり、期待値が0.5ならば、トレードを多く行ったとき損失ではなく初期リスク額の半分儲かることが期待できる。
▶期待値は、１ドルのリスクに対して平均でどのくらいの利益が期待できるかを示している。

《アクションステップ》

すべての例題を解いてみる。そうすることで、この重要な概念が身につく。

基本その5――自分に合った投資の頻度を理解する

期待値が分かったら、あとは投資の頻度を調べればほかの戦略と比較できる。これは、１週間（あるいは１カ月、１年）にどのくらいのチャンスがあるのかということで、例えば、不動産投資戦略のなかには１年に３～４回しかチャンスがないものもある一方、株や先物なら１カ月に200回のチャンスもあり得る。そして、頻度と期待値の情報がそろえば、戦略の比較ができる。もしある不動産投資戦略の期待値が25（１ドルのリスクに対して25ドルの利益）で１年間に２回のチャンスがあれば、1000ドルのリスクをとったときの年間利益率は次のように算出できる。

期待値×年間のチャンス×１回当たりのリスク額＝年間利益
25×２×1000ドル＝５万ドルの年間利益

次に、トレード頻度の高い株式システムについても、同様の計算を行ってみる。あるシステムはトレード回数は多い（１日10回、１カ月に200回）分、期待値は0.04（１ドルのリスクに対し、手数料別で４セントの利益が出る）と低い[3]。これを先の不動産投資戦略と比較するため、まずトレード回数を12倍して年間の数に直し、年間2400回とする。もし、リスク額が１トレード当たり1000ドルであれば、年間利益は次のようになる。

0.04（期待値）×2400（１年間の回数）×1000ドル（リスク額）
＝９万6000ドル（年間利益）

この比較からは、検討している戦略にどのくらいの実行機会があるかということの重要性が分かる。先の不動産の例では、期待値が高くても頻度が低いことで、期待値が低く頻度が高い株のトレーディングシステムよりも利益が低かった。ただ、頻度の高い戦略同士を比較するときは、２つのことを念頭において考えてほしい。ひとつは、頻度の高い戦略ではその分費やす時間や手数料も増えるために、それも考慮することで、もうひとつはソフトウエアや機器の費用も最終的なリターンから差し引くべきことである。

期待値は、非常に重要な項目なので、もう一度まとめておこう。これは投資戦略をデザインしたり評価するために理解すべきカギとなる概念で、とったリスクに対して平均どのくらいの利益が見込めるかを示している。そして、その戦略を実行できる頻度と組み合わせることで、利益率が分かる。この手法を使えば、まったく違う方法やまったく違う時間枠（例えば、日中のトレードと10年間におよぶ不動産取引など）の投資でも比較することが可能になる。期待値は投資家にとって重要な要素である利益率とリスク・リワード比率をはっきりと示してくれる便利なツールなのである。

《キーアイデア》

▶トレードごとの平均利益（期待値）に投資頻度を掛けると、利益率が分かる。

▶期待値と頻度を掛けた数値を算出しておけば、複数の戦略を利益率で比較できる。

《アクションステップ》

▶戦略を比較するときは、それぞれの期待値を算出する。

▶戦略ごとに期待値とチャンスの頻度を掛け合わせれば、どれが良いか分かる。

▶期待値は、必ずコストも含めて計算する。

基本その6――仕掛ける前にポジションが有利な方向に動いていることを確認する

表13.5は、1999年１月～2000年４月に投資顧問のオクスフォードクラブが実際に推奨した銘柄を示している。しかし、期待値の高さに反

表13.5　オクスフォードクラブの推奨トレード（1999/1～2000/4）

シンボル	発行日	推奨価格	ストップポイント	リスク額（1R）	売却日または4/15	4/15の株価	損益	R倍数
ALA	1 Jan 99	23	17.25	5.75	4/5/00	38.5	$2,635.65	2.64
JDSU	1 Feb 99	11.95	8.96	2.99	4/5/00	110.25	$32,843.77	32.84
MTA	1 Feb 99	30.94	23.21	7.74	4/12/00	40.75	$1,208.26	1.21
NXLK	1 Mar 99	24.38	18.29	6.10	8/15/99	82	$9,393.65	9.39
ABX	1 Mar 99	17	12.75	4.25	6/15/99	17.06	($45.88)	(0.05)
LVLT	1 Apr 99	72.25	54.19	18.06	7/1/99	69.75	($198.41)	(0.20)
ATHM	1 May 99	115.43	86.57	28.86	5/15/99	112.81	($150.79)	(0.15)
MO	1 May 99	34.5	25.88	8.63	11/1/99	31.81	($371.88)	(0.37)
ADBE	1 May 99	30.9	23.18	7.73	1/31/00	55.05	$3,066.21	3.07
CX	1 May 99	23.6	17.70	5.90	4/12/00	22.56	($236.27)	(0.24)
LMT	1 Jun 99	41.25	30.94	10.31	10/15/99	31.5	($1,005.45)	(1.01)
TWFC	1 Aug 99	7.18	5.39	1.80	10/1/99	6	($717.38)	(0.72)
DCFT-SI	1 Oct 99	4.45	3.34	1.11	1/5/00	9.25	$4,254.61	4.25
PCS	1 Oct 99	35	26.25	8.75	4/12/00	51.68	$1,846.29	1.85
PETM	1 Dec 99	4.63	3.47	1.16	2/14/00	4.01	($595.64)	(0.60)
0416-HK	1 Dec 99	0.89	0.67	0.22	1/5/00	0.94	$164.72	0.16
NETA	1 Dec 99	25	18.75	6.25	4/5/00	26.31	$149.60	0.15
PEB	4 Feb 00	74.82	56.12	18.71	3/14/00	104	$1,500.01	1.50
CY	1 Mar 00	45.5	34.13	11.38	4/12/00	48	$159.78	0.16
NTAP	1 Mar 00	91.53	68.65	22.88	4/4/00	67	($1,132.00)	(1.13)
LHSP	1 Apr 00	103.75	77.81	25.94	4/12/00	99.625	($219.04)	(0.22)
							合計	**52.53**
							期待値	**2.50**

して利益が出たのはわずか11銘柄しかない。しかも、21銘柄中初期リスク額の利益（1R以上の利益）に達したのはわずか8銘柄しかない。当初の期待値は、2.5Rという素晴らしいリターンだったが、実はそれをもっと上げることも可能だった。カギになるのは最低でも1カ月間有利な動きなっている銘柄のみを買うことだった。

同じ株でも、有利な方向に動いているときのみ買うとどうなるのだ

表13.6　購入時に上昇していた推奨銘柄

シンボル	推奨日	購入時のトレンド	R倍数
ALA	99/1/1	上昇	2.64
JDSU	99/2/1	上昇	32.84
NXLK	99/3/1	上昇	9.39
LVLT	99/4/1	上昇	(0.20)
ADBE	99/5/1	上昇	3.07
PCS	99/10/1	上昇	1.85
PEB (現ABI)	00/2/4	上昇	1.50
CY	00/3/1	上昇	0.16
		合計R利益	**51.25**
		期待値	**6.41**

ろう。**表13.6**は購入時に明らかな上昇トレンドに乗っていた８銘柄をリストアップしてある（最低40日間上昇していたもの）。結局、このうちの７つが勝ちトレードになり、ただひとつ負けたLVLTも、損失はわずか0.2Rに止まっている。これら勝ちトレードの合計Ｒ倍数は、51.25で、これをポートフォリオ全体の利益の52.53と比較してほしい。また、このグループには負けは１トレードしかなかったため、８銘柄の期待値は6.41でポートフォリオ全体の期待値の約２倍に達している。

もしこれらの銘柄を買ってそれぞれ１％ずつリスクをとれば、1999年１月～2000年４月の間にポートフォリオの価値は60％近く上がったことになる。1999～2000年という時期を考えればさほどすごいこととは思えないかもしれないが、ここではポートフォリオの40％しか使わずに60％のリターンを上げているため、残りの60％は別の投資に向ける余地があるということを思い出してほしい。

表13.7には、推奨時、あるいは購入時にはっきり下降トレンドにあった銘柄をリストアップしてある。この９銘柄のうち７つは負けトレードになったうえ、勝ちのほうも利益は多くなかった。９銘柄の合計

表13.7　購入時に下降していた推奨銘柄

シンボル	推奨日	購入時のトレンド	R倍数
MTA	99/2/1	下降	1.21
ABX	99/3/1	下降	(0.05)
ATHM	99/5/1	下降	(0.15)
MO	99/5/1	下降	(0.37)
LMT	99/6/1	下降	(1.01)
TWFC	99/8/1	下降	(0.72)
PETM	99/12/1	下降	(0.60)
NETA	99/12/1	下降	0.15
NATP	00/3/1	下降	(1.13)
		合計R利益	**−2.67**
		期待値	**−0.30**

Rは−2.67で、期待値は−0.30になっている。

これらのことから、**ポジションは対象銘柄が自分にとって明らかに有利なトレンドにあるときに作るべきだ**ということが分かる。みんなに見放された銘柄を買うバリュー投資家のなかには、この提案に反対の意見も多いだろうが、もし本書の勧めに従って見放された株が少し上がったところで買えば、少ない資金で恐らく良いパフォーマンスが上げられるだろう。

ところで、ここまでは株を買うことばかり話してきたが、空売りするときにも同じことが言える。空売りするときにははっきりとした横ばい状態をブレイクして下降に転じるまで待ってほしい。ここでも有利な方向になるまでポジションを作るのは待つということが重要になる。

《アクションステップ》

▶ ６つの基本を完全に理解できるまで読む。助けが必要なときは、http://www.iitm.com/ で関連のセミナーや資料を探す。

▶ 使いたい戦略の計画を立てる。計画には、本章で説明したすべてのリスク管理の基本事項を含めること。

《キーアイデア》

▶ すべての投資には、最悪の手仕舞いポイントを設定する（まず守り）。こうすれば、投資のリスクもはっきりする。

▶ すべての投資は、そのリスク・リワード比率で考える。

▶ 平均損失は１Ｒ以下に設定し、それを超えたら手仕舞うようにする。

▶ 損失を小さく抑えておけば、投資を続けられる。

▶ 正常な精神状態を保つことが、常に損失を刈り取っていくためのカギとなる。

▶ 計画とストップロスを書面にしておくことは、損失を小さく抑えるための助けになる。

▶ 勝ちトレードは大きく育てることで、戦略として損失よりも利益のほうが大きくなる。

▶ 反転するまでマーケットのトレンドに乗り続けることで、勝ちトレードの利益を伸ばせる。

▶ 利益目標をリスク額の何倍も大きくしておけば、大勝ちできる。

▶ 平均利益が１Ｒよりもはるかに大きい戦略を選ぶ。

- ゴールは高利益率。成功率が高い戦略ではなく、利益率が高い戦略を選ぶ。
- 期待値は、１ドルのリスクをとったときに得られる利益を表している。
- 期待値は、想定される平均利益を初期リスクの倍率で示した値。
- 利益率は、１カ月（あるいは１年）に何回投資チャンスがあるかが分からなければ算出できない。
- 投資機会が多い戦略は、期待値が低くても頻度が低い戦略と同程度の利益率になる場合がある。
- 投資頻度が高い戦略は、時間がかかったり取引コストが高くなる可能性もあるため、評価するときはそれも考慮する。
- ポジションを作るのは、マーケットが自分に有利に動いていることを確認してからにする。

注

1．ここでの計算には投資コスト（手数料）は含まれていないが、実際にはこれも合わせて計算する。コストは、**表13.2**の３列目の損益から差し引く。

2．４つの例の算出方法を次に示してある。例３では、簡単な方法として先にＲ倍数を合計してからトレード数で割っている。

例１

Ａ　(0.4×3) − (0.6×1) =0.6

Ｂ　(0.7×1) − (0.3×1) =0.4

例 2

A　(0.5×1.5)－(0.5×1)=0.25

B　(0.8×0.5)－(0.2×1)=0.2

例 3

A　21R÷10=2.1

B　13R÷10=1.3

例 4

A　(0.3×7)－(0.7×1)=1.4

B　(0.5×3)－(0.5×1)=1.0

3．この例では、トレードのコストも含めて計算している。

第14章

目標を達成するためのポジションサイジング

Using Position Sizing To Meet Your Objectives

> **「この10年間で82の年金基金のうちパフォーマンスで差がついた理由の91％以上は、資産配分にある」**
>
> ――ブリンソン・シンガー・アンド・ビーバウワー

目標を定め、低リスク戦略のなかで気に入ったものをいくつか選んだら、次はポジションサイジングを行う必要がある。これは経済的自立に通じる７つめの基本ポイントになる。

おはじきゲームで学ぶポジションサイジング

われわれのセミナーでは、トレーディングのシミュレーションとして参加者におはじきゲームをしてもらうことがある。[1]よくやるゲームのひとつは、勝率20％（負率80％）だが、勝つときは10R（リスク額の10倍）と大きく儲かるシステムで、勝者を示す黄色いおはじきは２つある。一方、負けはリスク額のみと小さく、これを示す黒いおはじきは７つある。ただ、ひとりだけ５R（リスク額の５倍）の負けが出ることになっている。簡単に言えば、これはたまにしか勝てないが、そのときは大きく儲かるシステムということになる。このようなシス

表14.1　おはじきゲームの30回トレード

トレード番号	支払い率	トレード番号	支払い率	トレード番号	支払い率
1	1R負	11	1R負	21	1R負
2	10R勝	12	1R負	22	1R負
3	10R勝	13	1R負	23	10R勝
4	1R負	14	1R負	24	5R負
5	1R負	15	10R勝	25	1R負
6	10R勝	16	1R負	26	1R負
7	1R負	17	1R負	27	10R勝
8	1R負	18	10R勝	28	1R負
9	1R負	19	1R負	29	5R負
10	1R負	20	1R負	30	5R負
合計	**23R**		**12R**		**0R**

テムを使ってみたいかどうかを、この先を読み進む前に考えてみよう。このシステムの期待値は、もう簡単に算出できるようになっているだろう[2]。

表14.1に、このシステムで30回トレードを行ったときの典型的な結果を示してある。このサンプルでは、平均よりも多少良い結果が出ている。最初の10回を見ると10Rの勝ちが3回あり、結果は23Rの利益になっている。11～20回は10Rの勝ちが2回あって結果は12R、21～30回は5Rの負けが3回あるため結果は0Rになった。つまり、合計利益は35R（23＋12＋0）ということになる。第14章で述べたとおり、期待値は利益をトレード回数で割れば算出できるので、35R÷30＝1.17Rになる。これは30回のトレードでリスク額の1.17倍の利益が期待できるということで、先に計算した平均利益の0.8Rよりも今回のサンプルは良い結果になった。

このゲームをどのように進めていくかは目的によって変わる。例えば、目的が破産せずにただ勝つことだけを目的にした場合を考えてみよう。**表14.2**は、この目的を持って参加した20人の最終資産を示して

表14.2　おはじきゲームをした20人の最終資産

プレーヤー番号	最終資産	プレーヤー番号	最終資産
1	135,000	11	62,400
2	0	12	431,500
3	141,000	13	(1,300,000)
4	325,000	14	180,000
5	207,850	15	100,350
6	(1,800,000)	16	0
7	0	17	161,000
8	220,500	18	148,000
9	(430,000)	19	123,000
10	0	20	189,400

いる。参加者は、全員最初10万ドルの資産を持っており、唯一の目的は勝つこととした。ただ、破産しても罰はないが、ゲームは続けられない。ここでは、結果にはかなりのばらつきがあることに注目してほしい。一番勝ったプレーヤーは、43万1500ドルを獲得し、最低の成績だった人はマイナス180万ドルになった。同じ額になったのはゼロになった4人だけで、マイナスの3人と合わせると、プラス35Rのゲームだったにもかかわらず、8人（40％）がスタート時の資金を下回ってしまった。

サンプルゲームの最初のプレーヤーは、毎回のトレードに1000ドルのリスクをとった。そして、この35Rのゲームをプレーして13万5000ドルでゲームを終了した。一方、プレーヤー15は勝率がわずか20％しかないことで怖気づき、最低額の10ドルしかリスクをとらなかった結果、10万0350ドルで終わっている。プレーヤー6、9、13は、試しに20％リスクをとったときに5Rを引いてしまったために、マイナスになった。そこで、勝つために最後の回で持ち分すべてを賭けたのだろう。

おはじきゲームは、ポジションサイジングによって最終結果がさまざまに変わる様子を示している。20人はすべて同じ条件でシミュレーション（つまり同じおはじきに賭けた）を行い、唯一の違いは、ポジションサイズ、つまりトレードごとに賭けた（リスクをとった）金額だけだった。

結果に大きな差が出たもうひとつの理由は、一番儲けた人に商品を出すことにしたことと、損失を出しても破産しても罰則はない（ただし、ゲームは続けられない）というルールにある。このルールが参加者の目標を設定し、大きなリスクをとらせることにつながった。

仮にルールを変更して、最後に20％以上の損失が出れば罰金50ドル、破産したら罰金500ドルを課すことにしたとする。こうすると、プレーヤーの目的も変わり、結果は前回とは大きく違ってくる。もちろん結果はさまざまだが、ばらつきのレンジはかなり縮まるだろう。

ここからは２つのことが分かる。まず、期待値がプラスのゲームでは、ポジションサイジング（１トレード当たりどれだけのリスクをとるか）がもっとも重要なカギとなる。２つめは、ポジションサイジング戦略が、目的によって大きく左右されるということで、もし勝つのが目的で負けても罰則がなければプレーヤーは大きなリスクをとるため、結果には大きな差が出るし、破産者も出る。もし20％以上負けたら罰則があるとすると（たとえ勝つという同じ目的でプレーしていたとしても）、ほとんどのプレーヤーはリスク額を小さく抑えるため、ずっと少ない金額で優勝することができるだろう。安全性を優先したのである。

本書の冒頭で紹介した引用は、ポジションサイジングがパフォーマンスに与える影響を言い表している。ブリンソンは、同僚とともに82の年金基金のパフォーマンスを10年間にわたって調査した[3]。それぞれのファンドの現金と株と債券の割合を調べ、これを資産配分の「どれくらい判断」と名づけたうえで、このことがパフォーマンスのばらつきの91％を決定しているということを示した。

表14.1のようなおはじきゲームをするときは、トレードごとに資産配分を決めなければならない。これは、次のドローにいくら賭けて(リスク)、いくら安全な現金で保有するかを決めるということで、このポジションサイジングをプロのファンドマネジャーは資産配分と呼んで「どのくらい」かを判断している[4]。本章の残りの部分は、ポジションサイジング（1トレードにどのくらいのリスクをとるか）と資産配分（ひとつの戦略にどのくらいのリスクをとるか）に関する基本的な戦略を推奨していく。この2つは、両方とも投資のリスク額を決めるという同じ目的の別のパートと考えるとよいだろう。

《儲けのヒント——ポジションサイジング》

●ポジションサイジングは、ポートフォリオの結果のばらつきと利益率を決めるカギになる。
●期待値がプラスのシステムでも損失が出る人がいるのは、ポジションサイジング（1トレードにどのくらいのリスクをとるか）を理解していないから。
●ポジションサイジング戦略は、目的によって大きく変わる。

《キーアイデア》

▶ポジションサイジングによって、ひとつのポジションまたは投資にどれだけの資産を割けばよいかが分かる。これは、投資戦略のもっとも重要な要素のひとつといえる。
▶ポジションサイジングは、システムの結果を左右するもっとも大きな要素であり、目的を達成するためのカギとなる。
▶投資額の大きさは、目的（その投資で何を得たいのか、つまり結果）によって決めるべき。

《アクションステップ》

はっきりとした目的を設定して、それに合った戦略を選ぶ。

ポジションサイズを算出する

簡単だが有効なポジションサイジング戦略に、すべてのトレードのリスクを一律の割合にするという方法がある。仕掛けるときには、次の３つの情報が必要になる。

1．どのくらいのリスクをとるのか。これをキャッシュの頭文字をとってＣとする。
2．１株当たりどのくらいのリスクをとるのか。言い換えれば、手仕舞うまでにどの程度の下落までならば許容できるのかということ。これは、リスクのＲと呼ぶ。
3．どのくらいの単位（例えば何株か）を買うか。これをポジションサイズのＰとする。

トレーダーや投資家にとって、最終結果はCPRになる。[5]３つのうち２つが分かれば、残りのひとつは算出できる。

C＝R×P（現金＝リスク×ポジションサイズ）
P＝C÷R（ポジションサイズ＝現金÷リスク）
R＝C÷P（リスク＝現金÷ポジションサイズ）

仕組みを説明しよう。まず、トレードの原資（資産）がどのくらいあるのかを決める。次に、どの程度の割合ならばリスクにさらしてもよいか、つまりどのくらいの現金ならば賭けてもよいのかを決める。ポジション（あるいはシステム）がよほど素晴らしくないかぎりは、ひとつのポジション（またはトレード）で１％以上のリスクをとることは勧められない。例えば、もし３万ドルの資産額ならばリスクは最高でも300ドルまでにしたい。そしてこれが公式のなかのＣになる。これはこのポジションにかかるコストのＣではないことに注意してほしい。３万ドルの資産のうち5000ドルを投資することはできるが、「リスク額」はあくまで300ドルに抑えてほしい。

次に、１株当たりのリスク額を決めていく。長期のポジションならば、通常は25％のストップロス（リスク）を勧めている。これならば、ある程度の変動に十分耐えながら、投資を継続することができる。株価が25％下落したときは、恐らくしばらくの間は望む方向に転換することはないだろう。そして、たとえ元の資産の25％を失ったとしても、残りの資産で33％の利益を上げれば収支はトントンになる。しかし、もし50％まで下落してしまうと、残りの資産を２倍（つまり100％のリターン）にしないとスタート時の資産には戻れない。この差は大きく、後者を実現するのはかなり難しい。初期リスクの設定額として25％が適当である理由が分かってもらえただろうか[6]。

例を挙げよう。32ドルのボーイング（BA）を買って最悪のケースとして、25％（８ドル）下落して株価が24ドルになったら、手仕舞わなければならない。この場合のリスク額は、１株当たり８ドルということになる。

２つの値が分かったので、以下の式に当てはめてみよう。何株買えばよいかが分かる。

ポジションサイズ＝現金÷リスク

今回の例では、資産額を３万ドルとしていたため、１％のリスクならば300ドルになる。そうすると、ポジションサイズの金額（300ドル÷８ドル）では、BAを37.5株買えることが分かる。もちろん半株は買えないので、実際には37株（必ず切り捨て）ということになる。ここまでをまとめると、BA株が25％下げて24ドルになったとしても、損失はポートフォリオの１％の300ドルに抑えられる。これを１株当たりで見ると、リスク額は株価の25％になる。１株当たり32ドルで37株買えば、経費は1184ドルかかるが、株価が25％下げたら手仕舞うことにすると、リスクは300ドルで、ポートフォリオの１％に抑えられる。

たいていの人は投資では１％よりはるかに大きいリスクをとっている。また、最高のアセットクラスを選んで資産配分を行っている多くのファンドマネジャーでも、ポジションサイジングがパフォーマンスに大きな影響を与えることを理解していない。

この公式を使えば、１Ｒの損失を足せば300ドルまたは１％を失い、10Ｒの利益が出れば、3000ドルまたはリスク額の10倍、つまりポートフォリオの10％儲かるということも分かる。

トレーダーや投資家、特に初心者の多くがマーケットで勝つというのは、巨大利益を得たりポートフォリオを素早く倍にしたりすることだと思っている。しかし、経験豊富な投資家や長年マーケットにいる人たちは、本当の戦い方を知っている。ここでは、欲を出して燃え尽きるのではなく心して学ぶことが大事であり、元手の３万ドルを倍にすることよりも、この元手を守りつつ継続して利益を上げていくということに発想を転換してほしい。それができて初めて投資を続けていくことができ、そこからポジションを倍増できるようなトレーダーを目指すことも可能になる。

もうひとつ例を挙げよう。今度は、４ドルのサンマイクロシステム（SUNW）を買いたいとする。リスク額はやはり300ドル、つまりポートフォリオの１％（C＝300ドル）とし、25％のストップポイントを設定して３ドルに下がれば手仕舞うことにする（R＝1.00ドル）。この２つの数値を使ってポジションサイズの金額を算出してみよう。300ドル÷１ドル＝300株、つまりSUNWならば300株買え、コストは1200ドルになる。しかし、リスクは1200ドルの25％で300ドル（ポートフォリオの１％）になっている。

ポジション調整によって投資リスク（R）を均一にできる

前述の２つの例では、リスク（1R）がBAでは８ドル、SUNWでは１ドルだったにもかかわらず、ポートフォリオ全体でみたリスク額はともに１％の300ドルで均一になっていた。BAは37株で約300ドルのリスク、SUNWは300株で300ドルのリスクをとったように、１％のポジションサイジングというのは１Ｒのリスクがポートフォリオの１％になるようにすることを意味している。

《キーアイデア》

▶ポジションサイズは、現金をリスクで割って算出する。つまり、３つのうち２つの値が分かれば残りのひとつは計算できる。ポートフォリオ全体でどのくらいのリスク（現金）をとるのかと、１単位当たりのリスク（R）が決まれば、どれだけ買えばよいか（ポジションサイズ）が分かる。

▶もしいつもポートフォリオの１％のリスクをとるのであれば、どの投資でも1Rの意味は変わらない（投資ごとのリスク額をすべて１％に統一する）。

目標を達成するためのポジションサイジング

おはじきゲームにもさまざまな目的があるが、破産しないようにして勝ちたいというのがもっとも多いと思う。しかし、もし仮に目的を最高の資産額で終わるということに変えると、最後に一番儲かってさえいれば勝率は関係ない。

次はもう少し現実的にして、30トレード後に50％の利益を上げるという目的にしてみよう。これは前の目的とはまったく違う（50％でなくても同じこと）。

もっとも控えめに、損失を出したら恥ずかしいので負けなければよい、という目的もあり得る。これは、20％以上の損失が出る可能性を最低限にとめることと言い換えることもできる。

また、これらの中間、つまり50％の利益を得るチャンスは最大にしつつ20％を失うチャンスは小さく抑えていくというのもあり得る。ゴールは達成したいが、20％以上の損失も避けたいということになる。

４つのまったく違う目的を挙げてみた。２つは何らかの損失を抑えることで、残りの２つは勝つことに主眼を置いている。何らかの利益を最大にする可能性や、何らかの損失を最小限に抑える確率など、目的はいくらでも立てることができる。これについては本章後半で、簡単だが効果的なポジションサイジングの戦略を立てるためのガイドラインを紹介してある。しかし、まずは芸術ともいえるポジションサイジングについて見ていこう。

IITMには、目的に応じて最大リスクの割合を算出するための「ノウ・

図14.1　最適な値を求めて自分のゴールを入力する

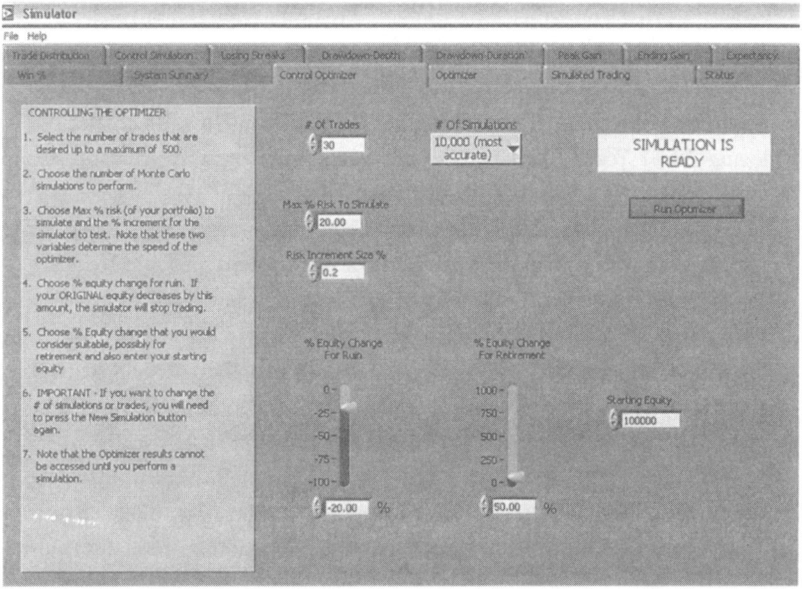

ユア・システム」（登録商標）というシミュレーターがある。[7]これはオーダーメードのソフトで個々のユーザーの過去のトレード歴に沿って結果をシミュレーションするようになっている。何年分もの予想トレード結果を分析し、最終結果を提示するのである。入力するのはR倍数のばらつき（袋のなかのおはじき）、予想損失（マイナス20%）、ゴール（プラス50%）の３つと、分析の単位を例えば0.02%などと入れると、この単位の間隔刻みに最大リスクの20%まで分析が行われる。

シミュレーターはまず最初のリスク値として最小単位（0.02%）で１万回シミュレーションを行う。それが終わると、次の単位（0.04%）のリスクでまた１万回という具合に最大リスク率（20%）までシミュレーションを繰り返す。そして、その結果からゴールにもっとも近い

図14.2　シミュレーション結果による最適な賭け方

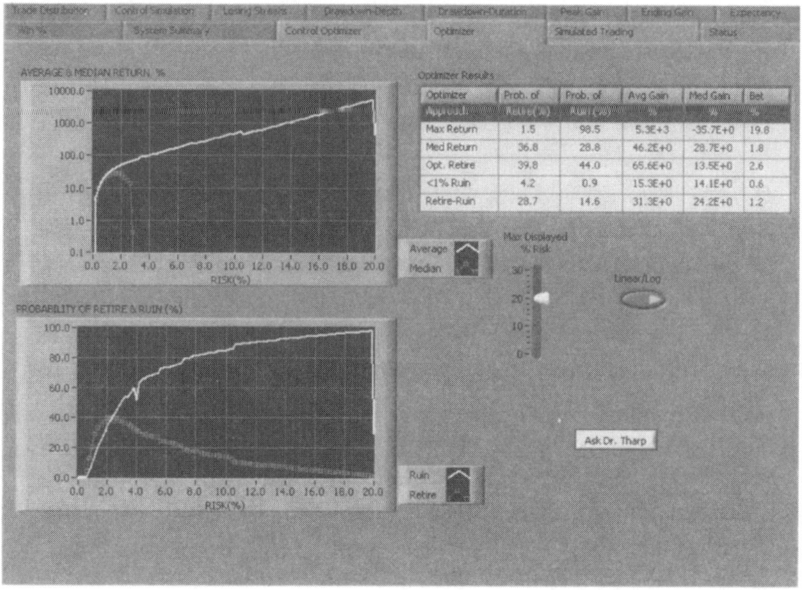

リスクレベルを知らせてくれる。**図14.1**は最初の情報を入力したところで、シミュレーションが終わると**図14.2**の画面に似たレポートが印刷される。レポートには目的に合わせた最適リスク比率が示してある。

最大リスクは、許容できる最大損失である20％に設定した。20％ならば５Ｒの負けを引いた途端に破産するため（５×20％＝100％の損失）、これ以上のリスクをとる意味はないということで、これが最大許容損失になる。しかし、ノウ・ユア・システムのレポートを見ると、19.8％のリスクをとったとき最終結果がもっとも良くなっている（勝つというそもそもの目的）。実は、ここでは破綻（その金額にすると20％の損失が出る）する確率も98.7％あることに注目してほしい。ちなみに、ノウ・ユア・システムは、損失が20％以上になり次第トレードを中止することになっており、そのときは中止した時点の資産額が最終結果になる。もちろん、そこでやめなければそのあと大勝するチャンスもあったかもしれないが、実際には損がさらに膨れ上がる可能性のほうが高い。ノウ・ユア・システムによると、19.8％のリスクをとれば、50％の利益というゴールを達成できる確率は1.5％しかないが、それでも何度もプレーしていれば19.8％のリスクで大きく儲かる（10Ｒの利益が何度も出て５Ｒの損失が出ないケース）ことがあって、平均最終資産がもっとも多くなったのだろう。もちろんこれは20％以上の損失を出してシミュレーションを中止した回の平均も含まれている。実際、このリスク額のシミュレーションにおける最終資産額の平均上昇率は5300％になっている。ただし、ノウ・ユア・システムはこのような高望みのやり方が長期的にはむしろ無益であり、ほとんどが失敗に終わるという理由も説明している。19.8％のリスクをとったときの利益の中央値（利益の半分が上で半分が下になるポイント）は、マイナスの値になってしまっているのである。

図14.2はこのシミュレーションで利益の中心点がもっとも高くなるのがどのリスク割合かも表示している。これは画面のなかの表２行目の1.8％で、平均利益が46.2％、利益の中央値が28.7％になっている。19.8％のリスクをとることで最終資産額は最高になったが、最終利益の中心値を上げるためには、1.8％のリスクをとるほうがよかったということになる。

図14.2の上のグラフは、リスクと最終資産額の関係を示している。リスクが４％のときグラフは100％を指し、リスクが14％でグラフは1000％になっていることに注目してほしい。また、下のグラフを見ると、リスクが４％で破産率（20％下落すること）は60％になり、それ以降増え続けている。

しかし、そもそもの目的は50％の利益を上げることだった。どの程度のリスクをとれば、これが可能になるのだろう。**図14.2**の表は、最適な割合が2.6%だと表示している。2.6%のリスクをとれば39.8%の確率で30トレード後に50%のゴールが達成できるとしているが、同時に44%の確率で20%の損失を出すともしている。つまり、2.6%が目的を達成するための最適な割合であっても、破産する確率は勝率よりも高いということになる。ちなみに、2.6%のリスクだと30トレード後の最終資産は平均して65.6%上昇していたが、利益の中央値はわずか13.5%の上昇に止まっていた。**図14.2**の下のグラフを見ると２%か2.5%のリスクをとっても50%のリターンを達成する可能性が40%あるとしている。しかし、これ以上リスクを増やすと目的である50%のリターンに達する確率は急速に下がっていく。

それでは、20%負ける確率を１%以下にするリスク率ならば最適なのだろうか。ノウ・ユア・システムによると、これはリスク率を0.6%にしたときだということで、こうすれば30トレード後に20%の損失が出ている可能性はわずか0.9%になる。一方、この場合の利益は平均約15.3%ということでさほど悪くないが、50%になる確率は4.2%しかないという結果になった。

仮にこれまで提示した結果のどれも気に入らない場合は、30トレード後に50%の利益と20%の損失の差がもっとも大きくなるリスク比率を選ぶという方法もある。**図14.2**の表の最後の行は、この比率が1.2%であることを示している。これはリスク率を1.2%にすれば50%の利益が上がる確率は28.7%あるが、20%の損失が出る確率は14.6%しかないということで、ゴールを達成する確率のほうが20%の損を出すより14.1%も高いことになる。

シミュレーションを行うとき、高い確率でゴールを達成（例えば100%）しようとすると、たいてい4.5%程度のリスク率という結果が出る。しかし、このリスク率では破産する確率はもっと高くなる。そのうえ、100%の利益を出す確率が20%の損失を出す確率を上回るリスク率はない。つまり、ノウ・ユア・システムには目的に沿って現実的なR倍数とトレード回数を入力すべきだろう。ちなみに、同じR倍数でも200回トレードするのであれば、100%上昇するという目的はもっと現実的になる。

もうひとつ注意してほしいのは、シミュレーションは完璧な科学ではないということで、１万回シミュレーションしたとしても結果は毎回若干異なる。しかし、それでもR倍数の分布が正しく予想できればかなり現実的な期待値を知ることができる。しかし、もしR倍数の分布が正しくないとポジションサイズの予想値も正しくなくなってしまうため、できるかぎり保守的な値を使ったようがよい。[8]

《キーアイデア》

- ▶最適なポジションサイジングの方法は無数にあり、設定したゴールによって最適なポジションは変わってくる。
- ▶自分の目的をはっきりさせ、それを達成するためにはどのようなポジションサイジングが必要かを判断する。

安全なポジションサイジング戦略

本書の目的は、経済的自立を達成するための手助けをすることであり、その最善策は高いリターンを継続して上げていくことにある。そこで、ポジションサイジングのゴールとして最低でも年間10%のリターン（できればそれよりももっと多く）を掲げると同時に、損失の可能性は最小限にとどめていきたい。

戦略１——１％以上のリスクをとらない

もし下落に耐えられなければ、ポジション当たり１％を超えるリスクはとるべきではない。どんなに優れたシステムでも、下落期はある。多くの人、なかでも初心者にとっては１％でも多すぎるかもしれない。

1991年１月～2000年４月のオクスフォードクラブの推奨株について調べたことがある。[9] これは、活況なブル相場と現在のベア相場の初期を含む素晴らしい時期だった。これらのポジションは、2000年５月にはすべて手仕舞われており、この14カ月で推奨した21銘柄のうち利益が出たのは11銘柄だった。**表13.5**に、このときの銘柄を載せてある。

先述のとおり、これらのトレードの期待値は大型ブル相場の影響もあって2.5Rだった。また、第13章で述べたとおり長期の株式投資においては、有利な方向に推移しているときに買ったほうが良い結果が出るということも思い出してほしい。今回の例では、10回の負けトレードを除くと期待値は6.41Ｒに上がった。しかし、次の例ではこの10トレードを外す代わりにポジションサイジングでその効果を見てほしい。

表14.3は、これらの銘柄を１％のリスクで運用した場合の月別パフォーマンスを示している。この例は、10万ドルでスタートしているため、ポジション（公式で求めた現金エクスポージャー）ごとのリスクは1000ドルということになる。実はこの時期（2000年３月中旬から４月中旬）マーケットは大幅に下げたときもあったが、このポジションはわずか５％しか下がっていない。14カ月全体で見ても、最大でも59％のエクスポージャーで資産は55％も上昇している。

このデータを２％にポジションサイジングして再度算出すると、結果はほぼ２倍になった。ポジションは111％上昇し、４月の損失は８％になった。２％戦略では、ピーク時に株の割合が83.5％に達し、戦略としてのリスクが高まったのを反映してマイナスの月数も２から３に増えている（株に投入する割合が増えれば、変動率も上がるため戦

表14.3　1%のリスクをとった場合の月別パフォーマンス

年月	現金	株	総額	利益/損失	変化率（%）
99/2	88,000	12,000	100,000		
99/3	80,000	20,352	100,352	352	0.0035
99/4	76,000	25,856	101,856	1524	0.0150
99/5	60,000	45,602	105,602	3,746	0.0368
99/6	59,909	42,349	104,258	−1,344	(0.0127)
99/7	63,923	46,206	110,129	5,871	0.0563
99/8	63,379	52,800	116,179	6,050	0.0549
99/9	76,836	39,018	115,854	−325	(0.0028)
99/10	67,568	49,785	117,353	1,499	0.0129
99/11	74,475	54,658	129,133	11,780	0.1004
99/12	62,667	71,865	134,532	5,399	0.0418
00/1	62,667	89,095	151,762	17,230	0.1281
00/2	71,685	82,042	153,717	1,955	0.0129
00/3	70,989	92,863	163,851	10,134	0.0659
00/4/15	130,232	25,152	155,383	−8,468	(0.0517)
			合計	**0.4613**	
			1カ月の平均利益	**0.0330**	

略のリスクは高くなる）。ただ、このリターンは史上最大のブル相場のなかで上がったもので、すべてのポジションがストップしたとしても最小限の利益は上がったが、このようなことは近い将来には期待できないということも覚えておいてほしい。安全な戦略に徹したいのであれば、２％ものリスクをとるべきではない。

戦略２――１％のリスクで最大４回までの増し玉を行う

ポジションサイジングは、有利に動いている銘柄の株数を増やすことにも使える。これはポジションに合わせた増し玉と呼ばれている。

表14.4　損関分岐点で増し玉を行う戦略

株価	ストップポイント	行動	ポジションサイズ
$40	$30	仕掛け	1%
$53.33	$40	増し玉1	2%
$71.11	$53.11	増し玉2	3%
$94.81	$71.11	増し玉3	4%
$126.41	$94.81	増し玉4	5%

この戦略はマーケットが第５章で紹介した青信号モードのときのみ使ってほしい。もし黄信号で使うのであれば十分注意が必要で、この攻めの戦略が絶対に大丈夫だと確信できるだけの経験を積んだあとでなければならない。そして、赤信号のときは避けたほうがよいだろう。

この時期、オクスフォードクラブでは、第13章で紹介した25%のトレイリングストップを設定していた。これは株価が新高値を更新するたびにその25%下にストップポイントを置き直すのだが、このポイントは上昇はしても下降はしない。例えば、もし40ドルで株を買えば、最初のストップは25%下の30ドルに設定する。そして、株価が60ドルに上がったら、ここから25%下の45ドルにストップポイントを置き直す。しかし、次に株価が45ドルに下がったら、ここで手仕舞って５ドルの利益を得る。つまり、株価が下がったとしても、ストップポイントは下げないということになる。

このように25%のトレイリングストップを設定しておくと、株価が33.3%上昇したときストップがちょうど仕掛けたときの株価になる。例えば、40ドルで買ったあと、33.3%上昇して53.33ドルになると、新しいストップポイントは買値と同じ40ドルになる。そして、これは新たに増し玉するのに十分な上昇だとみなすことができる。そこで、株価がトントンになったらポジションを１%追加することにして、これ

表14.5　1%増し玉モデルを1%リスクで25%ごとに増し玉（最大5%まで）した場合の月別パフォーマンス

月	現金	株	総額	利益/損失	変化率（%）
99/2	88000.00	12000.00	100000.00		
99/3	80000.00	20351.75	100351.75	$351.75	0.0035
99/4	72000.00	29856.50	101856.60	$1,504.85	0.0150
99/5	55702.96	54470.28	110173.24	$8,316.64	0.0817
99/6	55702.96	53866.05	109253.53	($919.71)	(0.0083)
99/7	46313.11	71655.99	117979.10	$8,725.57	0.0799
99/8	40736.38	99863.10	140599.48	$22,620.38	0.1917
99/9	74520.38	68442.08	142962.46	$2,362.98	0.0168
99/11	52596.50	129697.79	182294.29	$33,375.41	0.2241
99/12	5242.23	188744.88	193987.11	$11,692.82	0.0641
00/1	5242.23	242283.97	247526.20	$53,539.09	0.2760
00/2	24670.93	228408.41	253079.34	$5,553.14	0.0224
00/3	391.12	279916.79	280307.91	$27,228.57	0.1076
00/4/15	195455.71	64350.72	259806.43	($20,501.48)	(0.0731)
				合計	104.3%
				1カ月の平均利益	0.0745

を１銘柄で最大４回まで繰り返してよいことにする。この戦略の流れを**表14.4**に示してある。

最初に仕掛けた40ドルに25%のトレイリングストップを30ドルに設定し、株価が33.3%上がって53.33ドルになったら収支がトントンになるため、新たに１%のポジションを追加する。そして、もし株価がさらに33.3%上がって71.11ドルになったら、最初のポジションには含み益が生じ、２番目のポジションはトントンになっているため、二度目の増し玉を行って１%を追加する。もし株価がさらに33.3%上の94.81ドルに達したら、２つめのポジションも利益になって３つめがトントンになる。そこで、三度目の増し玉を行い、さらに１%買い増す。そして、あと一度33.3%上がったら、最後の増し玉を行う。

増し玉は、1999～2000年にかけたオクスフォードクラブのポジションにどのような効果をもたらしたのだろう。**表14.5**の月別の結果から分かるとおり、今回のポジションは14カ月で160%も上昇している。そのうえ４月の損失は7.3%で、２%のリスクをとったときより低くなっている。そして、このポジションは下落が始まる直前にほぼ100%株に投資した状態になっていた。しかし、この大きなエクスポージャーにもかかわらず、ポジションは最初の下落月に7.3%しか下がっていない。そして、ベア相場がはっきりしてきた４月15日にはエクスポージャーは25%まで下がり、５月には100%現金になっていたため、ピークだった３月からの損失を10%に抑えることができた。

戦略３——最悪のケースに合わせたポジションサイジング

ポジションサイジングによってどこまでの損失ならば許容できるかを決める方法もある。例えば、４万ドルでトレードを始め、先述のおはじきゲームのような戦略に8000ドルのリスクまでならば耐えられるとする。このときのリスク額を考えてみよう。通常は、１%を比較的安全な水準として勧めているが、ノウ・ユア・システムでは20%までのドローダウンを避けたければ、リスクは0.4%にすべきという結果が出た。そこで、少し違う見方をしてみよう。

ノウ・ユア・システムは、例えばおはじきゲームを１万回シミュレーションしてさまざまな記録をとることができる。しかし、計算上の期待値が0.8Ｒになってもすべてのゲームがそのとおりになるわけではない。それよりむしろ、0.8Rで30回トレードしたあとに、結果がプラスになる可能性を知るほうが面白いかもしれない。もちろん、負率が80%であれば、30回勝負を何度かプレーすれば、お金を失うことがあるのは確かだ。そこで、最悪の損失をＲ倍数で見ておいたほうがよ

表14.6　おはじきゲームで連敗する可能性

連敗数	累積確率
6	100%
8	72.8%
10	43.0%
12	25.2%
14	14.7%
16	8.4%
18	4.6%
20	2.6%

いかもしれない。負けが込んでいるとき、リスクの何倍の負けまであり得るか（最悪のケース）、引いては１万回シミュレーションしたときの最悪のケースはどうなるのかを知っておくのである。

シミュレーションの記録のなかで最初に目を引くのは、30トレードで利益が出る確率が82.5％になるということだった。つまり、もし毎日30トレードずつ行えば、５日のうち４日（80％）は儲かるというものすごいシステムということになる。これは、言い換えれば毎月30トレードを行えば、５カ月のうち４カ月は儲かるということになる。素晴らしいシステムだ。引いては毎年30回トレードすれば、５年のうち４年は儲かる。まあまあと言えるだろう。

一方、連敗の可能性に関する統計も面白い。**表14.6**は左の列が連敗数の大きさ、右の列がそれ以上の連敗が続く可能性を示している。30トレードを行うと、最低６連敗する可能性は100％、10連敗以上する確率も43％ある。たいていの人は20連敗するとシステムが壊れたと思うが、実はこうなる可能性も2.6％ある。20連敗したときの精神的なダメージはかなり大きいが、10連敗する可能性が43％あるということが分かっていれば多少はダメージも和らぐし、理解できるかもしれない。明快であることは力になる。知識がなければ実際に起こったとき

表14.7　おはじきゲームにおける最大R損失

最大損失	累積確率
−10R	85.1%
−15R	53.2%
−20R	28.2%
−25R	13.9%
−30R	5.8%
−35R	2.4%

には大混乱に陥るかもしれないが、可能性があるということを知っていればショックは和らぐ。筆者は、さまざまなグループでこのゲームを150回くらいプレーしたが、24連敗や30連敗も見たことがある。ちなみに、24連敗したプレーヤーは30トレード後にプラスで終了したが、30連敗した人の損失はひどかった。

ここで、安全なポジションサイジングのためにもっとも重要な情報である最大損失のR倍数を見てみよう。**表14.7**の左の列は、損失の大きさ（累積損）をRで表したもので、右の列は損失が続く可能性を示している。

シミュレーションは、平均損失が14.6R、１万回中最大が60Rになったことを示している。

しかし、この情報をポジションサイジングにどのように利用したらよいのだろう。前述の例と同様に、ここでも最初の資金の20%の損失までなら許容できるとしよう。すると、20%を平均最大損失のR倍数である14.6で割ると、1.2%のリスクをとれることが分かる。しかし、これでは30トレード中に損失が20%になる確率が50%ということになる。そこで、次に最大損失の60Rを使って同じ計算をすると、リスクは0.3%になってシミュレーターの出した0.6%とかなり近くなる。0.3%のリスクをとることは、１万分の１程度の確率（0.01%）でスタート資産の20％の損失が出るということを示している。もし、この確率が5.8％程度でもよければ、リスク額を0.67％まで上げることができ、最初に想定した１％にかなり近づいてくる。

繰り返しになるが、シミュレーターはＲ倍数の分布が正確でなければ正確な結果にはつながらない。おはじきゲームのＲ倍数は分かっていても、自分の投資システムのそれは推測するしかないため、常に控えめな予想値を使ってほしい[10]。

戦略その４――安全な戦略の配分

第７章のミューチュアルファンド戦略では、ポジションサイジングではなく資産配分について学んだ。ポジションサイジングと資産配分は、ともに「どのくらい」を決めるための手法だが、何が違ってどう使い分ければよいのだろう。

ポジションサイジング戦略は、それ以外の判断がすべて終わっている場合に使う。例えば、すでにXYZという銘柄を買って25％のストップポイントを設定することまで決めているとする。これは仕掛けと手仕舞いについては決まっているが、「どのくらい」かが決まっていない。そこで、ポジションサイジング戦略を使ってリスクを最大でもポートフォリオの１％に抑えることが必要になる。

一方、資産配分戦略は「買う」と「どのくらい」の判断が一体になっている。例えば、もしあるセクターのパフォーマンスがマーケットを上回ると考え、大きく保有したいようなときに希望のポジションに非常に近い内容のミューチュアルファンドがあったとする。このような場合には、１％のリスクでどのくらい買えるかを算出してもポートフォリオ全体のほんの一部分にしかならないため、資産配分戦略のほうが適している。

資産配分戦略の仕組みを説明しよう。仮に、S&P500のインデックスファンドに投資したいと考え、資産配分の公式をもとに算出したポジションサイズ分を条件が整った時点で買おうと思っているとする。例えば、過去５週間毎週最低2.5％ずつS＆P500が上昇していたら、ポートフォリオの20％分買うという計画を立てたとしよう[11]。そうすると、もしポートフォリオの資産額が２万5000ドルであれば、このミューチュアルファンドを5000ドル分買うことになる。そして、翌週以降マーケットがあと2.5％上昇すれば、さらに20％買い増すことになるかもしれない。また、反対にマーケットが５週間前を下回れば、ポジションすべてを手仕舞うことになるかもしれない。つまり、資産配分戦略にはそのエッセンスともいえる「どのくらい」の要素が判断の一部に必ず含まれている。

《キーアイデア》

- ▶良い戦略があれば、あとはポジションサイジングが目的を達するためのカギとなる。
- ▶ポートフォリオのばらつきが出る主な原因は、ポジションサイジングと投資家心理。
- ▶ポジションサイズ＝現金÷リスク
- ▶どのような投資先であっても、ポートフォリオの１％以上をリスクにさらすのは、資産にとって有害になる。
- ▶マーケットの状況が非常に良ければ、４回まで増し玉することができる。
- ▶自分のシステムのＲ倍数分布が分かっていれば、トレーディングのシミュレーションを行うことでどのポジションサイジング・アルゴリズムを使えばよいかが分かる。
- ▶本章前半で説明したとおり、最悪のケースのＲ倍数を使ってポジションサイジングを行うこともできる。損失のR倍数を避けたい損失額で割れば、ポジションサイズが分かる。
- ▶資産配分は、ポジションサイジングが仕掛けの判断の一部になっている。

《アクションステップ》

- ▶自分の目的をはっきりさせる。
- ▶そして、そのために自分のポートフォリオを使っていくら儲けたいのか（どのくらいの確率で）といくらまでなら損を許容できるか（どのくらいの確率で）を決める。
- ▶目的に沿って自分のシステムのR倍数分布のシミュレーションを何度も行い、どのポジションサイジング戦略を使うのか決定する。もし慎重に行うときは、ポジションごとのリスクを0.5％以下に抑える。
- ▶ポジションサイジングに関して、信頼のおける情報が必要ならば http://www.iitm.com/ にアクセスしてノウ・ユア・システムの無料サンプルレポートをダウンロードする。このサイトでは、ポジションサイジングの知識を深めることができるさまざまな商品も紹介している。

ポジションサイジングに関してよくある質問

ポジションサイジングは複雑な項目で、セミナーでもさまざまな質問が出る。よくある質問と、その答えをいくつか紹介しよう。

Q．２万ドルのポートフォリオでリスクを１％にすると、200ドルではほとんど株を買えない。

A． リスク額が200ドルというのは、200ドル分株を買うという意味ではなく、株をいくら買えるかはどこにストップポイントを置くかで決まる。もし10％のストップポイントを設定するのであれば、買値の10％のリスクをとるということで、2000ドル分の株を買える（2000ドル×10％＝200ドルのリスク）。どのくらい買うかは、ポジションに対するリスクとストップポイントを組み合わせて決まるということを覚えておいてほしい。この計算は、本章前半のＣＰＲの公式のところで説明してある。もうひとつ例を挙げよう。もし25％のストップポイントを使うのであれば、800ドル相当の株が買えることになる（25％×800ドル＝200ドルのリスク）。

Q．ポジションサイジングは簡単そうだが、37株や20株では少なすぎる。

A． １％のリスクをとることにしたのだと思うが、それが限度だと思う。こうすれば、危険を避けてマーケットに長くいることができる。もし10銘柄を保有してベア相場に突入したときリスクが１％ならば、それぞれが最悪のケース（１％の損失）に陥ってもポートフォリオの損失は10％に抑えられる。言い換えれば、10銘柄が失敗しても、資金の90％は残っていることになる。しかし、もしそれぞれに10％のリスクをとっていたら、10×10％＝100％になり、資金が尽きてそれ以上のトレーディングはできなくなる。

Q．半端な株数を買うのは、割高だったりブローカーに笑われたりしないか。

A． ブローカーの反応が気になるのは、個人的な問題と言える。競争の激しい今日のマーケットでは、400株買っても14株買っても手数料は一度しかかからないことが多く、端数で買うことが問題になるとは考えにくい。もちろん、30ドルの手数料はリスク額の10分の１に当たり、少額で買うことのデメリットにはなるが、大きな損失を被るというリスクを避けたければ、ポートフォリオの１％という枠は守ったほうがよい。シュワブ、ｅトレード、アメリトレードなど、オンラインで売買すればブローカーと話す必要もないため、恥ずかしい思いをすることもない。

Q．ここで習ったことはとても簡単だが、プロはもっと複雑なことをしていないのか。

A．していろプロもいるが、多くはポジションサイジングなど聞いたこともない。もしミューチュアルファンドに投資していれば、ファンドマネジャーは100％近く投資している可能性が高く（現金はせいぜい３～５％だろう）、そのことがマーケットを下回る大きな理由になっている。もしダウ平均が１年間で50％下がれば、100％株に投資していてめったにマーケットを上回ることのないファンドマネジャーは52％くらい下げている可能性が高い。

Q．もし１株当たり１ドルだけリスクをとりたければ、どうすればよいのか。

A．公式のＲに１ドルを入れる。もし全リスク額が300ドル（３万ドルのポートフォリオの１％）であれば、300株買える。これは、32ドルのBA（ボーイング）でも60ドルのMSFT（マイクロソフト）でも変わらない。１％のポジションサイジングというのは1Rの損失が常にポートフォリオの１％になっている。もし32ドルのBAであれば、300株×32ドル＝9600ドル分買う（そして31ドルに下がったら売る）。また、60ドルのMSFTであれば、300株×60ドル＝１万8000ドル分買う（そして59ドルに下がったら売る）。どちらも300ドルだけしかリスクにさらしていない。

Q．Rがよく分からない。もしこれが１株当たりのリスクならば、全体のリスクや現金のＣとどう違うのか。

A．Ｃはポジション全体のリスクで、Ｒは１株当たりのリスクを表す。期待値を計算するときは、全体のリスクとしてＣよりＲを使ったほうが分かりやすい。ポジションの利益または損失の合計（手数料別）を初期リスク額のＣで割ると、その答えがポジションのリスクをＲで示した値になる。この方法では、Ｒは常にポートフォリオの１％（あるいは想定したリスク率）になっている。繰り返しになるが、リスク率のモデルであれば、すべての投資リスクを一律にできるというメリットがある。

もしリスク額を300ドルに設定し、想定利益が600ドルだとするとリスクの２倍の利益（２Ｒ）が上がることになる。これは10株で30ドルのリスク（300ドルのリスク）をとって60ドルまで上がっても、100株で３ドルのリスク（やはり300ドルのリスク）をとって６ドルまで上がっても変わらない。２つのケースは１株当たりの株価は違っても、利益がリスク額の２倍（600ドル）、つまり２Ｒになったことに変わりはない。

Q．ポジションサイジングをどう使えば目的が達成できるのか。これまでの説明では、何にでも使える公式のように聞こえる。

A．目的によって資産額に対するリスクの割合が変わってくる。これについては、本章で詳しく述べている。

Q．ポジションサイジングは不動産を含むすべての投資に使えるのか。

A．これはすべての投資に不可欠な要素で、例えば5000ドルのリスクをとるのであれば、それが株であっても、金、先物、債券、不動産であってもポジションサイズであることに変わりはない。しかし、不動産のような非流動資産については、リスクを限定するのが難しい場合もある。つまり、もし不動産価格が下落すれば、買い手が見つかるとは限らないため、損失が１Ｒよりはるかに大きくなることもあり得る。

Q．どうすればポジションサイジングを使いこなせるようになるか。

A．ひとつのトレーディングシステム（例えば、袋に入ったおはじきのようにＲ倍数の分布がはっきりしているもの）でさまざまなポジションサイジング戦略のシミュレーションを行ってみると、ほどなく使いこなせるようになるだろう。ちなみに、http://www.iitm.com/ が無料で提供しているポジションサイジング・ゲームを使ってもよい。その場合も、さまざまな金額やリスクの割合を試して、結果がどう変わるかを観察してほしい。どのくらいの頻度で破産するのか、現実のトレードで同じようにできるのか、などということを考えるのである。また、トレーディングシミュレーターであるノウ・ユア・システムのレポートも、特定のＲ倍数分布のシステムがどのような結果を生む可能性が高いのかということを全体的に把握する手助けになる。

Q．資産配分とポジションサイジングの違いをもう一度教えてほしい。

A．どちらも「どのくらい」を決めるための手法。資産配分は、戦略全体でどれだけのリスクをとるかを判断するためのもので、モデルがストップの指示を出すか機能しないと判断するのに十分な損失が出るまで継続する。ポジションサイジングは複数回のトレードを行う戦略を使うときに、トレードごとのリスクを決めるためのもの。つまり、ポジションサイジングは１トレード当たりの損失額を決めるためのもので、資産配分は戦略全体の損失額を決めるために使う。

それぞれの例を見ていこう。モデルのひとつが出した指示に従って、大きな額の投資（ミューチュアルファンドや商品など）を行うという戦略では、資産配分を使う。例えば、テクノロジーミューチュアルファンド（一番人気）か金（インフレを懸念して）かFAX（ドル安傾向に対応して）に投資すべきだというときには、資産配分を使うのが望ましい。もしポートフォリオの25％を金にすると、このモデルのインフレ予想が間違っていたときにはポートフォリオの８％を失うことになる（これは８つの銘柄をそれぞれ１％のリスクで買って、すべてが間違っていた場合と同じこと）。この場合は、約30％下落したらこのポジションを売ると、ポートフォリオの約7.5％を失うことになる。

反対に、特定分野でトレードを行う場合は、ポジションサイジングを行う。例えば、インフレ率が上昇してきたということで、金関連銘柄（金そのものではなく）を買いたいときは、このトレードの損失がポートフォリオの25％に達するか、モデルのインフレに対する指示が変わるまでトレードを続けることにする。もし、多くの金関連銘柄を25％トレイリングストップでトレードして１％ずつのリスクをとることにすれば、その判断がポジションサイジングになる。

Q．ミューチュアルファンドのファンドマネジャーも、このような資産配分を行っているのか。

A．行っているファンドマネジャーもいるかもしれないが、大部分はやっていない。たいていは、ポートフォリオの特定割合を特定の資産タイプに割り振って、それを資産配分と呼んでいる。しかし、これは投資先を選んだだけで、どこまでのリスクを許容するかということではない。もしマーケットが50％下げても彼らはそのポジションを継続するだろう。

投資したお金に対する責任は、すべて自分でとることが非常に重要な理由はここにある。自分で責任をとれる人は、50％（あるいはそれ以上）の損失が出てもそのままにしているファンドマネジャーがいたとしても、自分の許容損失の限度である20％に達したら自主的に資金を別のところに移すことができる。

注

1．本章の大部分は、バン・タープが投資家、トレーダー、マーケットのプロなどにポジションサイジングの重要性を教えた経験をもとにして書かれている。
2．ヒント――すべてのおはじきのR倍数の合計を、おはじきの数(10)で割る。期待値は0.8Rになるはず。
3．ブリンソン・シンガー・アンド・ビーバウワー「ディターミナンツ・オブ・ポートフォリオ・パフォーマンスⅡ：アン・アップデート(Determinants of Portfolio Performance Ⅱ：Un update)」、ファイナンシャル・アナリシス・ジャーナル47号（1991年）40～49ページ
4．残念ながら「資産配分」というとポートフォリオを構成する適当な資産クラスを選ぶことが重視され、ポジションサイジングの影響をすっかり忘れているポートフォリオマネジャーが多い。彼らの多くは、資産のほぼ100%を長期ポジションに現金以外で投資しなければならないため、実際にはポジションサイジングを行うことが不可能なケースも多い。今日のマーケットの状況を考えると、このことでミューチュアルファンドは大きな危険をはらんでいると思う。
5．CPRという考え方は、ロン・イシバシが考案した。彼は、本書の草稿を読んで、ほかにもいくつかの素晴らしいアイデアをくれた。
6．25%のリスクポジションは、外国為替、先物、オプションなど高レバレッジのポジションには適当ではない。本書の趣旨は安全な戦略を紹介することにあるため、これらの商品は取り上げない。
7．ノウ・ユア・システム・シミューレーターの詳細や無料サンプルレポートは、http://www.iitm.com/ から入手できる。
8．相関性の高いポジションがあるときは、ポジション当たりのリス

クをさらに控えめにする必要がある。

9．スティーブ・ジュガードは、投資ディレクターとして当時の推奨銘柄の多くにかかわっていた。バン・タープは、同クラブの投資顧問団のひとりとして、クラブメンバーのポジションサイジング戦略を指導していた。

10．相関性の高い複数のシステムを使っているときや、多くのトレードを同時に行っているときは、さらに注意が必要になる。ノウ・ユア・システムはこのような相関性は考慮していない。

11．基本的に、第7章で紹介した空売り戦略と逆の考え。

第15章

自分の戦略を知る

Knowing Your Strategy

「マーケットで損をすると『負けた分を何とかして取り返さないと』と言うが、それは違う。それよりも、次の手が見つかるまでそこに止まっているべきだ」
──ジム・ロジャーズ

これまでに、安全で利益が出る戦略の基本はほとんど説明した。しかし、あとひとつ重要な要素が残っている。これは自分の戦略が機能しているのか、あるいはしていないかを知ることで、本章ではそれを判断するための枠組みを紹介する。

まず、機能しなくなった戦略から資産を守るための３つのステップを勧めたい。

第１ステップとしては、カギとなるマクロ経済の主な要因が変わったとき、自分の戦略にどのような影響があるかを知る必要がある。戦略と周りの状況の関係を理解し、マクロ経済環境の変化を常に把握しておく方法を見つけておかなければならない。

第２ステップとしては、マクロ経済環境が変わらなくても、自分のトレードしているマーケットが変わることもあり得るということを理解する必要がある。法律や規制が変更されたり、大手資本のマネーゲームに巻き込まれることもある。これらすべてが投資戦略に影響してくる。例えば、本書の原稿を出版社に渡した途端にファンドファミリーが週単位でファンドを乗り換えるサービスをやめてしまった（ケン・ロングが推奨した戦略で使っていたサービス）。そのため、この部分は本書のなかで紹介しないで特別レポートとして更新することにした。このことは、投資戦略にいつ何が起こるか分からないということの好例になった。本章ではトレンドの変化に対応する方法を具体的に学んでいく。

３つめのステップとしては、６つのタイプのマーケットとそれぞれにおけるシステムのパフォーマンスを見ていく。期待値を理解するためには、R倍数分布をマーケットのタイプごとに50～100トレードを集めてシミュレーションを行うのがもっとも良い方法だと思う。本章では、ノウ・ユア・システムシミュレーターをさらに詳しく見ていくことで、ここから得られるさまざまな情報を紹介する。

自分のシステムにどのような結果が期待できるかが分かったら、それが自分に合うかどうかを判断する。例えば、第10章で紹介した最大利回り戦略は、34年間で資産を１万ドルから32万2817ドルに増やした。これを聞いて、すぐにでも始めたいと思ったかもしれないが、実は1997～2001年に限れば５年のうち４年は損失が出ていた。直近の７年間で３年間しか利益を出さなかったシステムを使ってみたいと思うだろうか。これ以上悪い結果だってもちろんあり得る。最大利回り戦略は、ドルが下がっているときに適した戦略で、もし2002年に始めたのであれば素晴らしい成果を上げている。

なぜ自分のシステムは機能するのか

1980年の初めにトレーダーのコーチングを始めたとき、顧客のほとんどはオプションと先物のトレーダーだった。[1]1982年に巨大なブル相場が始まったにもかかわらず、株のトレーダーはほとんどコーチングには来なかった。

1990年代初めころになると、トレンドがないことと大手の商品投資顧問業者の台頭で、先物トレーダーは神経質になっていた。当時、通貨には大きなトレンドができていたために、顧客の多くはそれをトレードしていた。

しかし、1990年代末になると先物トレーダーや通貨トレーダーがわれわれのセミナーに来ることはほとんどなくなって、参加者は全員株式トレーダーになっていた。なかでも、株のデイトレーダーがアドバイスを求めてたくさんやってきた。

2004年の現在、再び潮の流れが変わり始めている。多くは、先物、通貨、オプションに注目しているが、短期の株トレードを続けていたり、マーケットが新たなブル相場に入りつつあると考えているトレーダーもいる。しかし、これも恐らく何度も変わっていくだろう。

コーチングやトレーニングを必要とするトレーダーのタイプに大きな変化があるのはなぜだろう。主な理由のひとつは、マーケットがマクロ経済の変化に左右されるということで、マーケットが変わればそこでうまくいく戦略も変わる。ある年にうまくいった戦略も、別の年には失敗するかもしれない。ある年は先物相場に大きなトレンドができて数多くのシステムが大成功したとしても、別の年は横ばい（つまり先物システムが使えない）で株式システムのほうが良くなるかもしれない。ある月はうまく波に乗った株のデイトレーダーが、翌月にはまったく優位性を失うということだってあり得る。

自分のシステムが今うまくいっているからといって、５年後もそうであるとは限らない。トレーダーや投資家としてもっとも避けたいのは機能していない戦略を続けることだが、実際には世界中の数多くのポートフォリオマネジャーがたった今それを実行している。彼らの多くが、株を買うだけのシステム（ブル相場向けのデザイン）を使っているが、われわれは今日、長期のベア相場に向かっている可能性が高

図15.1　今日のマーケットに影響を及ぼす6つの要因

- 株式市場はメジャーなベア相場に入っている。これは2000年に始まり、15～20年続く可能性がある（第5章参照）。
- 巨大なデフレ圧力が働いているが、FRBはこれを何としても食い止めようとする（第9章参照）。
- 政府は恐ろしいペースでお金を発行して、巨大インフレ圧力と金のブル相場の可能性を生んでいる（第10章参照）。
- アメリカは改善すべき巨額債務を抱えている（第10章参照）。
- ドルは価値が下がりつつある（第10章参照）。
- 超低金利（不動産には有利）ではあるが、急変する可能性もある（第10章と第11章参照）。

い。もしマイナスの平均リターンが長引けば、ファンドマネジャーたちはどうするのだろう。

前述のとおり、今日のマーケットは**図15.1**に示した6つのマクロ経済要因に影響される。この項の最後に、トレンドの最新システムを入手できる情報源（ほとんどが無料）をリストアップしてある。

結局、これらの要因がどう働くかによってマーケットの選び方が分かる。特定の要因が強いときは特定のマーケットが良くなるし、ほかの要因が強いときは別のマーケットが良くなる。そして、この情報は常に変化しているため、最新の状況を常に把握しておく必要がある。マーケットの変化に合わせて自分も変わらなければならないのである。

いくつかの例を見てみよう。インフレが強いときは、株式やドルは弱いことが多い。インフレだった1970年代から1980年代初めにかけては、商品相場、なかでも金は大きなトレンドを形成していた。このような環境下で機能する戦略は、商品先物トレード（特にモメンタムトレーディング）や金の関連株、強い通貨建ての資産などになる。インフレ用の戦略については、第9章で述べている。

しかし、インフレ率が下がり始める（ディスインフレ）と、アメリカのドルは強くなり始めた。そして、このような状態のときは株が高騰する。1980年代半ばから1990年代にかけた史上最大の株価上昇にもこのような背景があった。もちろんこの時期の株式トレードはうまくいったが、第５章〜第８章にかけて紹介した戦略も素晴らしい成果を上げた。

1980年代の初めにインフレのピークと合わせて金利も天井を打った。そしてその結果、債券市場が高騰した。債券価格は金利低下とともに上昇するため、当時は債券を保有するだけで２桁のリターンが確保できた。もし利率が10％の債券を1000ドル買ってから金利が８％に下がれば、債券の価格は受取利息が８％に相当する1200ドルまで上がる。金利に関する戦略は、第10章で詳しく述べてある。

1995年から2001年にかけて、米ドルが非常に強くなり、米ドル建ての商品（不動産、債券、株）の魅力が増した。そうなると、外国人がドル建ての商品を買って、それが株と債券のブル相場をさらに後押しすることになった。ドルが上昇しているとき、ドル建ての商品への投資は儲かる。しかし、ドルが現在のように下がっているときには、ほかの強い通貨建ての資産を買うべきだろう。これについては、第10章で述べている。

最新情報を把握しておく

自分の戦略が安全かどうかを確認するために、**図15.1**に示した６つの要因について常に最新状況を把握しておく必要がある。そのためには、第５章、第９章、第10章、第11章を読んだうえで新しい法律や政策や規制が経済にどのような影響を与えるか（詳しくは後述する）について考えなければならない。最新情報を定期的に入手するために役立つ出版物（ほとんどが無料）を次に挙げておく。それぞれの著者のバイアス（心理および信念）に惑わされないようにする必要はあるが、世界経済の状況について膨大な情報を得ることができる。

●ジョン・モールディンの無料週刊 e メール。モールディンは毎週約200の記事、ニュースレター、新聞などを読んだあと、金曜日に4時間かけてマーケットの状況に関する5000語のエッセイを執筆している。週刊 e メールは、http://www.frontlinethoughts.com/ から入手できる。このサイトからは、彼が現在読んでいる記事の一部をダウンロードしたり、バックナンバーを読んだりすることもできる。

●本書の著者のひとりであるスティーブ・ジュガードは、インベストメントUという無料の教育 e レターを執筆している。ここにはマーケットの仕組みや世界状況を知るためのヒントが満載されている。購読は、http://www.investmentuonline.com/ から。バックナンバーもある。

●マーケットの動きを伝える無料日刊 e レターには、『金融と審判の日』（パンローリング）の著者、ビル・ボナーの『デイリー・レコニング』がある。購読は、http://www.dailyreckoning.com/ から。

●バン・タープが主催するインターナショナル・インスティチュート・オブ・トレーディング・マスタリーでは、無料週刊 e メールの『タープスソート』を発行している。これは、リスク管理、経済的自立に関するコメント、マーケットの最新情報や、ピークパフォーマンスを上げるためのヒントなどが載っている。購読は、電話919-852-3994、800-385-4486、または http://www.iitm.com/ から。

●3週間に一度発行されるリチャード・ラッセルの『ダウセオリー・レタース』は、無料ではないがお金を払う価値がある。2004年に80歳になるラッセルは、1958年からニュースレターを発行しており、すべてを見てきたうえで見解を述べている。購読すると1週間に6回、日々のコメントをダウンロードできるが、マーケットの最新の動きを知るのに、これを読む以上の方法はない。彼の意見がすべて当たるわけではないが、常にたくさんの情報が含まれている。購読は、http://www.dowtheoryletters.com/ から。ちなみに、ラッセルは本書には何の利害関係もない。

最新情報を入手するためのいくつかのステップを踏み出してほしい。

ベア相場の状況を把握しておく

S&P500もナスダックもダウも外国株も、投資家が興味を持つようなマーケットは最低でも週単位で変わっていく。毎週バロンズ誌を読んで主要平均指数のPER（株価収益率）や配当利回りを知っておくのもよいだろう。また、1－2－3モデルの変化は、先のニュースレターのいくつかにも掲載されている。

インフレやデフレの状況を把握しておく

CRB指数（商品の総合指数）や、金利、金の価格などを毎週チェックする。IITMの無料ニュースレターでは、この情報を四半期ごとに更新して掲載している。

債務の状況を把握しておく

四半期に一度、FRBのサイトにアクセスして最新の債務残高を調べたあとで、先に紹介したニュースレターを読む。

ドルの価値を把握しておく

毎月、ドルの指数をチェックする。この情報は、FRBのサイトに掲載されている。また、ビッグマック指数はエコノミスト誌と同誌のオンラインサービスに毎年数回掲載されている。

不動産の状況を把握する

金利の週ごとと月ごとの動きをチェックする。上昇し始めたら、予想し得るトラブルに十分備えておく。特に、FRBが利上げをしたり、住宅ローン金利が上がり始めたら注意が必要である。もし不動産ブローカーの知り合いがいたら、月に一度程度、地域の販売状況を聞くのもよい。

チェックすべき情報のほとんどは、http://www.bullandbearwise.com/ からも入手できる。前週と過去5週間の価格をチェックしておいて1カ月に一度程度、メジャートレンドに変化がないかどうかを検討する。もし変化があると思えば、それが経済的自立のために選んだ戦略にどのような影響を及ぼすかを考える。

《アクションステップ》

▶全体像を把握するため、推奨した出版物を購読する。

▶本書で紹介した戦略が機能するかどうかを判断するため、IITMのニュースレター（無料eメール）の『タープスソート』を購読する

マネーゲームを理解する

マーケットには、大きな非効率性が存在しており、効率的でもラン

ダムでもないときがある。このような非効率性は、人間の心理、法律や規制の改正、政策、そして「ビッグマネー」が仕掛けたゲームなどによってもたらされる。すべての要素は、マクロ経済に影響することで個人の戦略にもかかわってくる。もしマネーゲームが行われていることが理解できれば、それに対応する戦略も選びやすくなる。[2]

人間の心理

主な非効率性の第一の要因は、人間の心理と言えるだろう。現在では、心理学のなかに人がいかに非効率的な判断を下すかを研究する分野まであり、ここから行動経済学という新しい学問も生まれている。非効率的な判断に至った例をいくつか紹介しよう。

人は儲けることよりも正しいことを優先しようとする。いずれ自分が正しいことが分かると思うあまり、結局損を引きずってしまったり、今の正しさを確認したいがために早々と利食ってしまったりする。負けているときは危険な賭けに出て、優位に立っているときに有利な賭けに出られないのも同じ現象と言える。

人はほんのわずかな情報をもとにして、簡単に結論に飛びついてしまう。そして、一度決めるとそれに反する情報を無視して自分の結論にしがみつく。こうなると、ポートフォリオが損失を出していてもいずれ取り返せるという意見ならば、何でも信じてしまう反面、株式市場が割高になっているという証拠は無視しようとする。

人は、株価が繰り返し高値を更新していると、それが永遠に続くと考え、株を買う。[3]さらに、マーケットが割高になっていて買うという判断がまったく理論的とは言えない状態でもこぞって株を買い、保有し続ける。これは、ピーク時における人々の欲望をよく表している。

同様に、マーケットが非常に割安でただ同然の株があちらこちらにあるとき、多くの人がもう二度と株は買わないなどと宣言し、むしろ売り始めたりする。これはマーケットにおける恐怖を表している。

本書は、効率的な判断が下せるようになるためのアドバイスに多くの部分を割いているが、人はなかなか変われない。そして、このような心理的な要因が常にマーケットを動かしている。

法律、規制、変化、そして政府

変化による非効率性は、主要な法律が成立したときにも起こる。例えば、1986年連邦法人税が1980年代末の貯蓄貸付組合の破綻を早めたと考える人は多い。少なくとも、富裕層にとって、低リスクだった手法の一部が、突然非合法かつ利益の出ない投資に変わってしまったことで、不動産市場に波風が立ったことは間違いない。2003年、ブッシュ政権は、大型税制法案を可決した。マーケットでこの法案の影響を理解できた人、特にこの法案によって生まれたり消えたりした規制の抜け穴に気づくことができれば、大儲けにつながった。

監督官庁が規制を変更すると、さまざまなトレーディング戦略にも大きな影響が出ることがある。例えば、われわれが『ファイナンシャル・フリーダム・スルー・エレクトロニック・デイ・トレーディング（Financial Freedom Through Electronic Day Trading）』の執筆を始めたとき、デイトレーディングは大人気だった。しかし、原稿を出版社に渡すころに株価の表示方法に大きな変更があり、株のトレードも分数ではなく小数の単位で行われることになった。これは、最小の変化が16分の１ドルではなくて１セントになったということを意味している。この変更は、ビッドとアスクのスプレッドが16分の１ドルから１セントに縮まる銘柄ができるということで、先の本のなかで紹介した戦略に大きな影響を与えた。

また、この本が出版されて１年もたたずにSEC（証券取引委員会）が規制を変更したため、デイトレーダーは４倍のレバレッジをとれる代わりに、口座の残高が最低２万5000ドル必要になった。特定の期間に４回以上デイトレードを行うとデイトレーダーとみなされるが、このなかには、うまくいけば何日間かポジションを維持しようと思っていたのに仕掛けたその日のうちにストップポイントに達して手仕舞うことになった短期トレーダーも含まれてしまう。小口トレーダーの多くは口座に２万5000ドルも持っていないために、このルールは短期トレード全体に大きな影響を与え、彼らの多くが永遠にマーケットから締め出された。

この政策変更を政府行政機関の側から見てみよう。クリントン政権は、ドルが強くなった代わりに巨大な国際収支の赤字も生んだ。ブッシュ政権は強いドルを放棄した代わりにテロとの戦いに力を注いだために、支出は増大して巨大な財政赤字を生み、ドルはさらに弱くなった。

結局、規制の変更は個人の戦略に大きな影響を与えることになる。このような変更によって、自分の戦略がいつ機能しなくなるかを事前に知っておくことで大金を無駄にせずに済むし、将来どの戦略が儲かることになるかを知っておくことで大きな利益を手に入れることができる。次項で紹介するガイドラインに従って、マーケットのタイプ別のパフォーマンスに合わせた戦略を選んでおけば、変更があっても大きなダメージを避けることができる。

ビッグマネーの動き

最後にもうひとつ、マーケット戦略に大きな影響を与える要因として、ビッグマネーの動きがある。突然の変化が、投資戦略に大きな影響を与える例を２つ紹介しよう。

ビッグマネーがマクロ経済を変える例のひとつが米国内の仕事を外国に移すことで、メーカーの工場は中国へ、サービス業はインドへと移動している。このトレンドは、アメリカ人の仕事を奪い、今日のマーケットにおけるデフレ圧力になっている。そして、投資戦略にも影響を及ぼす。

2つめの例は、ミューチュアルファンド業界が株を買って長期保有すべきだと人々を説得している風潮を挙げたい。第6章で述べたとおり、ミューチュアルファンドは顧客が資金を預けてくれさえすれば儲かる。彼らは、毎年どんなに良いパフォーマンスが出ても、費用は預かり資産の2%だけでよく、株式市場のプロに長期で任せておけば素晴らしいリターンが得られると説明する。また、パフォーマンスの評価方法も、顧客にどれだけの利益をもたらしたかではなく、特定の指数と比較するものだと顧客を説得してしまった。しかし、これが怪しい展開になっている。

現在あるファンドの多くは前回の大型ブル相場の最中に設立されており、ファンドマネジャーの大半がメジャーなベア相場を経験していない。下降相場に恐怖感が広がってだれもがもう二度と株は買わないと思い始めれば、ミューチュアルファンド業界は破綻する可能性もある。主要な株価指数を構成する銘柄が大幅に下落すると、顧客の払い戻しに応じてファンドもその銘柄を売ることになる。しかし、このようにビッグマネーの動きが変わったとしても、本書のガイドラインに従って行動していれば投資戦略への影響を避けることができる。

最後に、大手ファンドや企業の多くで使われているキャリートレードという戦略についても見ておこう。短期金利が非常に低くて（2004年のように）長期金利が高い（2004年のように）とき、ビッグマネーは短期で安く借りた資金で利率の高い長期資産を買うことがある。多くの企業は、このキャリートレードを使ってスプレッドを稼いでおり、現在なら安定して約3%のリターンになる。

日本がアメリカの長期債務を大量に買う理由を考えたことがあるだろうか。日本の中央銀行は、ほとんどただ（実質的に0%金利）で短期資金を貸し出しているため、日本の企業はただで借りたお金でアメリカの長期債を買って４％の利息を稼いでいる。素晴らしい案件ではないか。

しかし長期金利が上がったらどうなるのだろう。長期債を保有している企業は、大きな価値を失う。例えば、もし5000万ドルの長期債務の利率が５％から６％に変わったら、債務の価値は20％下がることになる。もし５％しか受け取っていなかったのに、金利が６％になれば、６％支払わなければならないほど債務の質が下がったということになる。同じ債券で５％と６％があれば、５％のほうを買う人はいないと考えると分かりやすいだろう。こうして、現在持っている債券も、利率が６％に相当する額まで値下がりすることになり、結局はキャピタルロスになる。5000万ドル分の債券の価値は4000万ドルに下がり、一晩で1000万ドルを失ったことになる。

これは2003年夏に多くの機関投資家が経験したことで、短期間に10年物の米国債金利が3.5％から4.5％に上がり、わずか２～３カ月で数十億ドルもの価値が失われた。

もし、インフレが始まってそれに対応するため金利も10％に上がったら、アメリカでは数兆ドルの債務が帳簿上消滅することになる。しかし、これが投資戦略に影響するのだろうか。もし本書のアドバイスに従っていれば、恐らくないだろう。しかし、もし安全だという理由で長期債のファンドに大金をつぎ込んでいれば、深刻な事態になりかねない。

結局、投資戦略は周りのさまざまな影響を受ける。これらの要因を理解すればするほど、マーケットでもうまくいく。たとえ戦略のもととなる経済の基本が分かっていなくても、マーケットのタイプによって戦略の機能の仕方が変わるということは知っておいてほしい。そして、これを知ることが戦略を安全なものにする。次項を読めば、投資する前に自分に必要な情報が分かるようになる。

《キーアイデア》

- ▶人は非常に非効率的な判断を下すものであり、それが常にマーケットに影響を及ぼす。
- ▶法律や行政の方針や、監督官庁の規制が変わると戦略にも大きな影響を与える。
- ▶ビッグマネーが儲けようとすると、経済に大きな影響が及び、それが投資戦略にも響いてくる。ビッグマネーが戦略を変えたときには自分のお金をどう動かせばよいかについて注意を払う必要がある。

マーケットのタイプ別で見た投資戦略のパフォーマンス

マクロ経済が安定していても、トレードあるいは投資しているマーケットの状況が変わることはある。規制が変わったり、ビッグマネーが新しい動きを見せたりすると、それがマーケットにさざ波のように伝わっていく。そのため、このような変化が起こったときに、自分のシステムがどう変化するのかを知っておく必要がある。

トレードしているマーケットにおけるパフォーマンスは、6種類に分けることができる。①変動しながら上がっていく、②一貫して上がっていく、③大きく変動するが方向性がない、④ほとんど動きがない横ばい状態、⑤変動しながら下がっていく、⑥一貫して下がっていく。この6つのシナリオ（**図15.2**参照）の下で、自分の戦略がどのようなパフォーマンスを上げるのかをぜひ知っておこう。

自分のシステムがどのようなパフォーマンスを出すのかを知るのは、システムの動き方を論理的に理解していればそう難しくない。例えば、

図15.2　マーケットの6つの状況

すべてのマーケットは6種類の状況に分けることができる。それぞれの状況下で自分の戦略がどのようなパフォーマンスを上げるのかを知っておかなければならない。

1. 変動を伴った上昇トレンド（高変動率）
2. 静かな上昇トレンド
3. 変動を伴った横ばい（高変動率）
4. 静かな横ばい
5. 変動を伴った下降トレンド（高変動率）
6. 静かな下降トレンド

何か（金や商品など）が上がらなければ利益も上がらないシステムであれば、マーケットが横ばいや下降時には儲からない。また、上昇するにしても、変動しながらよりまっすぐ上げるときのほうが利益が大きくなる場合が多い。

もしトレンドに左右される手法であれば、ブル相場でもベア相場でも利益が上がるため、6つの状況のうち4つで儲けることができる。しかし、横ばいでは儲からず、変動していても難しいだろう。

さまざまなチャネルを（価格帯）を使ってトレードするシステムもあり、この場合は必ずしも大きな動きが必要なわけではない。この場合は、上昇でも下降でも横ばいでも変動したときに利益の大半が生まれる。しかし、動きのない静かなマーケットではなかなか儲けられない。

どのような戦略を選んだとしても、その仕組みを理解すればさまざまなマーケットでどのようなパフォーマンスを上げるかは予想できる。そして、その情報があれば何らかのフィルターを作って利益の上がらないマーケットを外すこともできる。このやり方は『魔術師たちの心理学』（パンローリング）のなかで紹介している。[4]

また、利益が上がると考えられるマーケットについて、タイプごとにＲ倍数分布を調べておけば、想定した状況下でトレードしたときに期待できる結果を予想することができる。

それぞれのマーケットに対しては、最低でもトレード50回分のＲ倍数を集めてほしい（詳しい方法は第13章参照）。もしブル相場でしかトレードしないつもりであれば、変動の少ないブル相場で行った50回と変動の多いブル相場で行った50回の両方を集める。こうしておけば、どちらの状況においても自分の戦略から何を期待できるかが分かる。そして、この情報から戦略の期待値、ドローダウンの大きさ、勝率など、さまざまな要素を判断できる。これは次項で詳しく見ていくことにする。

《キーアイデア》

▶マーケットには６つのタイプがある。①変動を伴った上昇トレンド（高変動率）、②静かな上昇トレンド、③変動を伴った横ばい（高変動率）、④静かな横ばい、⑤変動を伴った下降トレンド（高変動率）、⑥静かな下降トレンド。

▶それぞれのマーケットにおいて自分の戦略がどのようなパフォーマンスを上げるか知っておく。これは、戦略を論理的に理解していればそう難しくはない。

▶もし使おうとしている戦略にマーケットの状況が合わなければ、別の戦略に変える。

自分のシステムから期待できること

マーケットのタイプごとにトレード結果（R倍数）が集まったら、シミュレーションを行って将来このシステムからどの程度のパフォーマンスが期待できるのかを知ることができる。例えば、もし100のR倍数（100回のトレード結果）があれば、おはじき100個でR倍数を表すことができる。100個を袋に入れてトレードのシミュレーションを行ってみよう。

もし１年間に50回トレードするのであれば、袋のなかから１年分引いてそのあと袋に戻す。これを数百回行うと、将来の期待値はかなりはっきりとしてくる。そしてこれを数千回行えば、それぞれの結果を確率で表すことができるようになる。このシミュレーションでは、さまざまなマーケットでどのような結果が期待できるかを、連敗やドローダウンという観点からも知ることができる。

50個のおはじきを１万回引くのはかなり時間がかかるし、延々とデータを付け続けるのも退屈な作業ではある。そこで、時間を節約したい人のためにIITMではノウ・ユア・システムというシミュレーターを開発した（第14章参照）。このシステムのレポートを請求すれば、自分のポジションサイジング戦略の評価とどの程度の成果が期待できるかを知ることができる。シミュレーションは自分で試しても、時間を節約してノウ・ユア・システムを使ってもよい。

ノウ・ユア・システムのインプット画面を**図15.3**に示してある。繰り返しになるが、第14章で紹介したおはじきゲームのデータをもう一度見ていこう。対象としているシステムはトレンドフォロー型で、これを変動しているマーケットで使っていると考えてほしい（つまりR倍数分布は変動を伴った上昇トレンドか下降トレンドのものと想定する）。今回は、１カ月に10回トレードすることにしよう。ノウ・ユア・システムに120回のトレードをシミュレーションさせて期待できる１

図15.3　シミュレーションのデータ入力画面

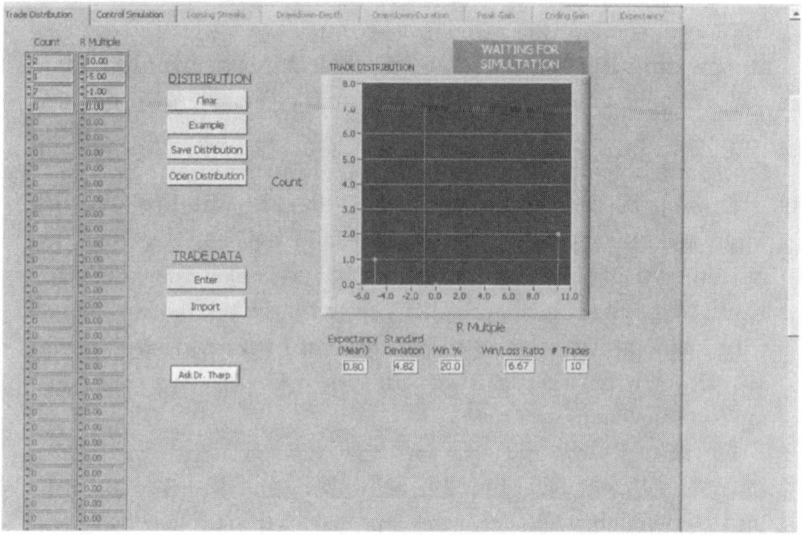

年の成果を調べてみると、結果は偶然にも10個のおはじきでシミュレーションを行ったときのR倍数と同じになった。しかし、もし毎年120回トレードしていれば、最低でも50～60種類のR倍数が出るだろう。そこで、もっとも正確にパフォーマンスを予想するために、1万回のシミュレーションを行ってみることにする。

図15.3では、一度R倍数を入力すると、自動的に最初の統計とR倍数のグラフが記されたレポートが表示される。期待値（R倍数の中心値）と標準偏差も示されている。[5] これを見ると1トレード当たりの平均利益は0.8R（R倍数の平均）だが、サンプル倍率が10Rから－5Rと幅広いため、ばらつきがあることが分かる。また、勝率は20%で平均利益が平均損失の6.67倍になっていることも分かる。[6]

次の画面は表示していないが、シミュレーションを何回行うか決め

図15.4　システムの連敗の可能性

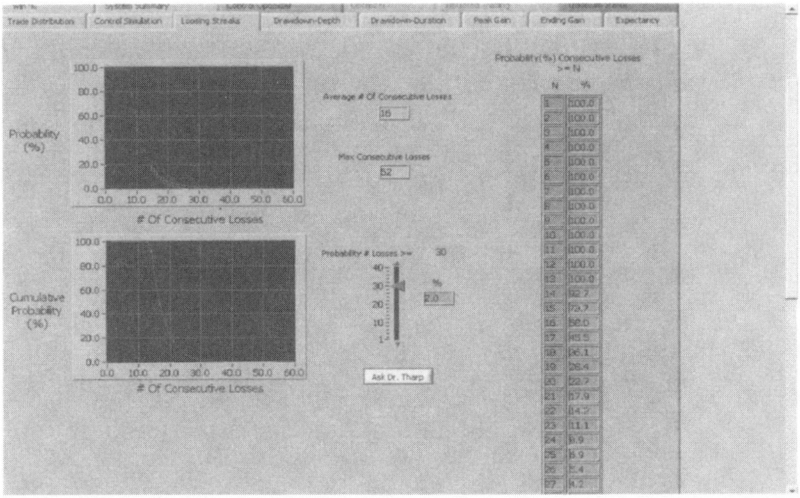

るためのもので、今回は１年間に120トレードとした。ここでは毎月何回トレードを行うか（今回は10回）とシミュレーションを何回行うかも入力する。シミュレーションは2500回（最速）から１万回（もっとも正確）までの好きな回数を選ぶことができるようになっており、今回は１万回にした。

自分のシステムについては、連敗に関する期待値をまず知ってほしい。多くの人は３～４回負けが続くと取り乱し、10回続けばシステムが壊れたと考える。しかし、今回シミュレーションを行っているシステム（例えば、おはじきゲーム）の勝率は20％しかないということを思い出してほしい。これは10回トレードすれば８回負けるということで、負けがかなり続くことは十分あり得る。

図15.4は、ノウ・ユア・システムのレポート画面で、ここでは毎年

図15.5　倍数で示したドローダウン

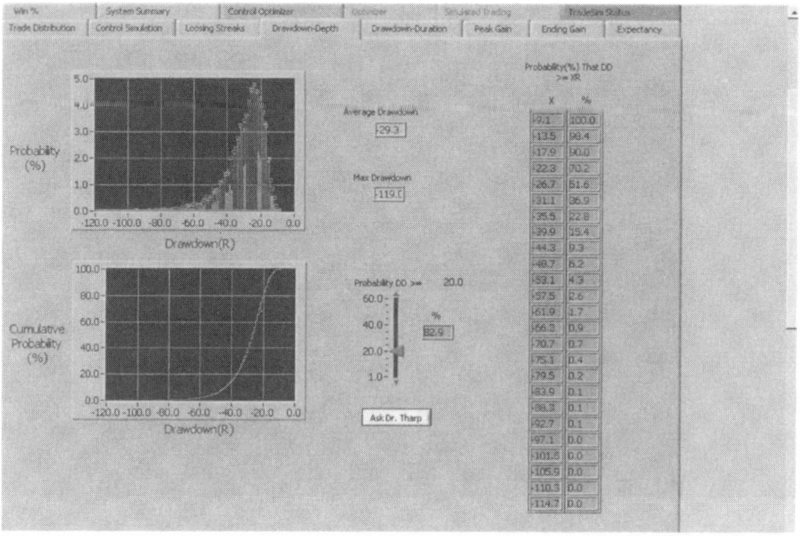

の連敗の可能性を示している。平均連敗数が16回、最高は52回にもなっていることに注目してほしい。もちろん長い連敗に堪えられなければ、このシステムではトレードできない。このシミュレーションはそのことを事前に教えてくれるのである。

しかし、同時に**図15.4**の上のグラフと表も見てほしい。両方とも120回のトレードについて13連敗する可能性が100％あるとしている。表は可能性の累積値を示しており、25連敗の可能性でさえ6.9％もある。画面では28連敗までしか見えないがが、画面下にスクロールすれば、30連敗まで表示してあってその可能性は２％になっている。

次に知りたいのは、リスク（R）に対するドローダウンの大きさで、この種の分析は第14章のポジションサイジングの項ですでに学んでいる。シミュレーションも、可能なドローダウンの大きさをRで示す方

図15.6　ドローダウンの期間

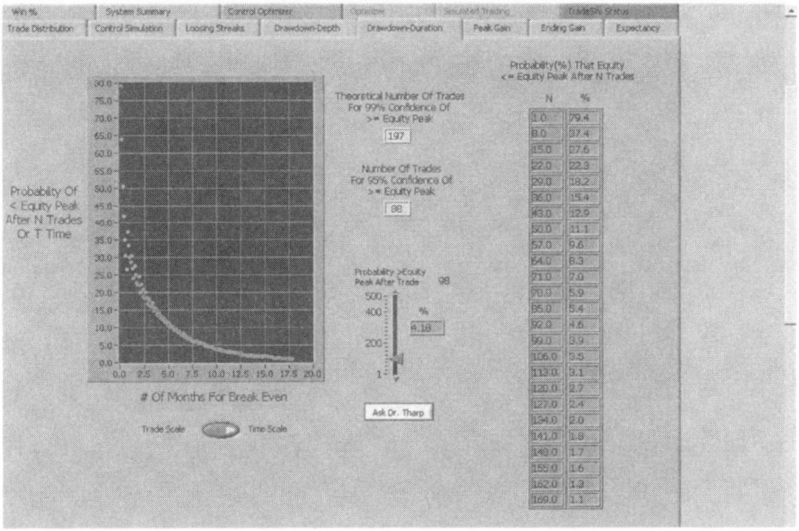

法のひとつになる。

図15.5は、システムのドローダウン分析を示している。恐らく最初に目を引くのは、120トレード中、ドローダウンの平均が29.3Rになることだろう。これは巨大な数字で、このシステムを使わないことにするという判断も十分あり得る。もし、現在0.5%のリスクをとっているのであれば、ドローダウンは15%程度だが、リスク額が２%なら60%のドローダウンも考慮しておかなければならず、これに耐えられる人はあまりいない。繰り返しになるが、ノウ・ユア・システムは対象システムを採用するかどうか判断するときに、参考になる多くの情報を提供してくれる。

図15.5の上のグラフは、さまざまなドローダウンをＲ倍数で示したヒストグラムで、ここでは25Ｒ周辺がピークになっていることに注目

してほしい。また、下のグラフは確率の累積値で、９Ｒという大きな損失でも100％の可能性があるばかりか、40Ｒでさえ10％あることが分かる。しかし、なかでももっともショッキングなのは、120回トレードを１万回シミュレーションしたなかで、119Ｒという途方もないドローダウンがあったことだろう。これは、たとえ１％のリスクしかとらなくても、資産がほとんどなくなることがある（可能性は低いが）ということを表している。[7]

次に、損失になっている時期がどのくらい続くかということも知りたいと思う。ノウ・ユア・システムは、１カ月に10回トレードを行うことが分かっているため、ドローダウンの期間を**図15.6**のようにトレード回数と時間枠（例えば、月数）で表示する。

図15.6の分析のなかでは、資産額が次のピークに達する可能性が95％になるために必要なトレード数が目を引く。画面中央に表示されたこの値は、88トレードになっている。つまり、システムがドローダウンの状態に入ってから95％の確率で高値を更新するまでには、88回トレードしなければならないということになる。ちなみに、この確率を99％にしたければ、197回トレードする必要がある（画面中央上部）。

この確率を見て、対象のシステムをあきらめるのに十分な情報を得られたと考える人も多いだろう。ただ、実際にこのような分析に耐え得るシステムはあまりない。グラフは、高値を更新するまでに要する月数を表示するように設定されており、グラフはそれが95％の確率になるのに８～９カ月かかるとしている（実際には、この期間が過ぎてもマイナスである可能性は５％以下と表示してある）。

ここまで見て、このシステムでは二度とトレードしないと思っているかもしれないが、今度はプラス面で何が期待できるかを見ていこう。まず、期待値を分析してこのシステムが１年間で利益を上げる可能性を見てみよう。システムの期待値（Ｒ倍数の平均）は0.8だが、数値のばらつきはどの程度で120回トレードしたあとマイナス期待値にな

図15.7　1年間に120回トレードした場合の期待値

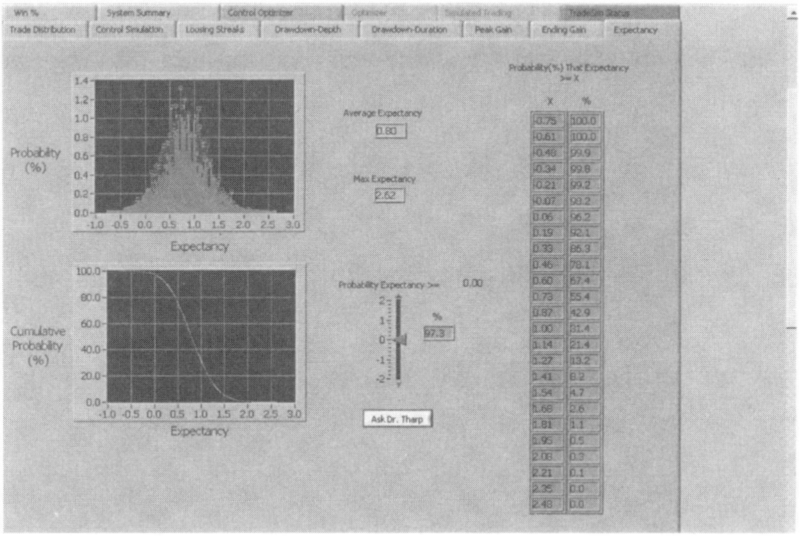

る可能性はどれほどだろう。**図15.7**を見てほしい。

最初の良いニュースは、画面中央下の矢印で示されている。期待値がプラスになる可能性は何かという質問に対して97.3%という答えが表示されている。つまり、リスクを最小にとどめてトレードを続けられるためのポジションサイジングをきちんと行っておけば、１年間に120回トレードすることでほぼ毎年利益が期待できることになる。思ったほど悪くないかもしれない。

次に、120回トレードしたあとどれだけの利益が期待できるかをＲ倍数で見てみる。期待値とトレード回数が分かっているので、平均利益は簡単に分かる。期待値が0.8Ｒで120回トレードするので平均利益は２つを掛け合わせた96Ｒになる。ノウ・ユア・システムのレポートで確認してみよう。

図15.8　120回トレードしたあとの平均利益

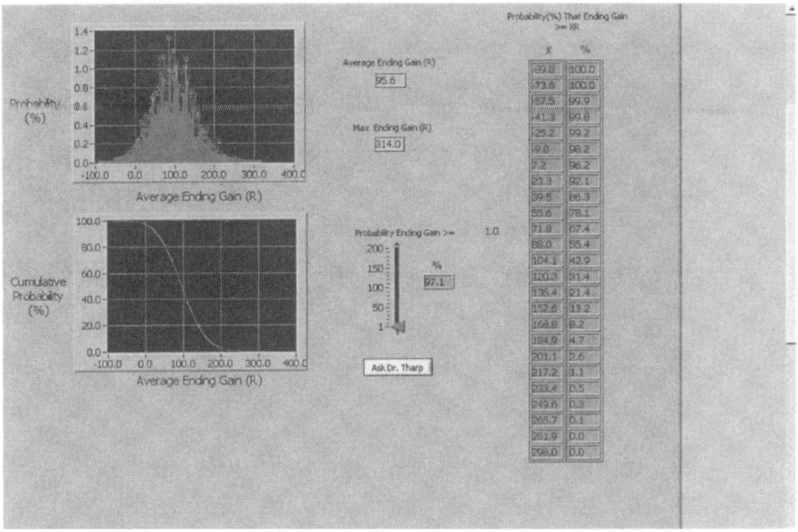

図15.8は120回トレードを１万回シミュレーションしたあとの平均資産額をＲの倍数で示している。予想どおり終了時の平均利益は95.6Ｒで予想値に非常に近い値が出ている。これは、もしこのシステムを0.5％のリスクで運用したら、毎年50％近いリターンが得られる可能性が高いということを意味している。このシステムの印象が少し良くなったのではないだろうか。

しかし、興奮しすぎる前に結果の幅を見てみよう。画面中央の箱には、最終利益の最大値は314Ｒと表示されている。素晴らしい。しかし、同じ表には－89.8Ｒというショッキングな値もあるうえ、画面内の矢印は120トレード後にプラス１Ｒ以上になる可能性は97.1％、つまりマイナスになる可能性が2.9％あるということを示している。このようなマイナス面を考慮して、もう一度このシステムを使いたいかどう

図15.9　システムの要約レポート

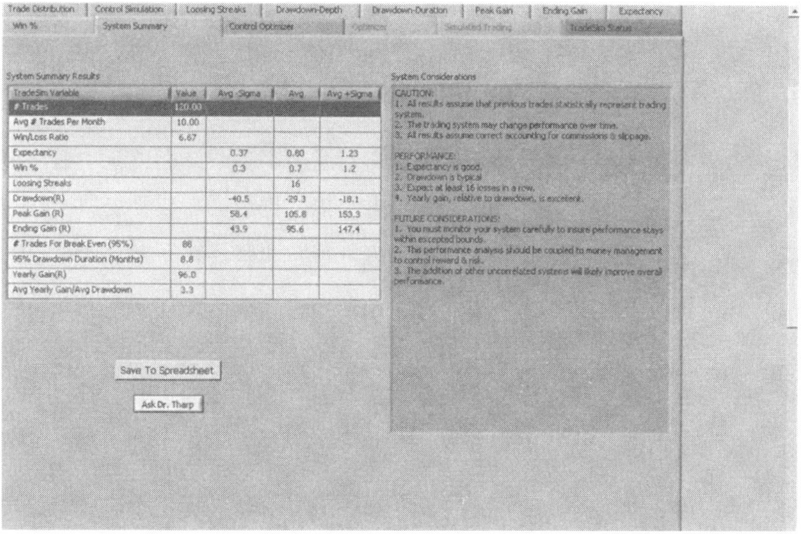

かを考えてみてほしい。120回トレードしたあとの平均利益は96Rだが、89Rのドローダウンが出る可能性もわずかながらあることに耐えられるのかどうか、もしそれが無理ならば耐えられないシステムはほかにもたくさんあるだろう。まず、このことを自問しておかなければ、トレードを始めても早々とやめることになって、せっかくの安全な戦略が危険なものに変わってしまう。

ノウ・ユア・システムは、120回のトレードを1万回シミュレーションしたときの資産額のピーク（R）と勝率のレンジも示してくれる。ただ、この情報によって手法を変えるということはないと思われるので、ここでは省略する。

その代わり、このシステムの要約レポート（**図15.9**）を見ていこう。この画面は、システムの全体像を表すもので、これまで見てきた結果を平均値と±１標準偏差で示している。[8]

つまり、期待値0.8Rに対して±１標準偏差は0.43Rになる。

平均ドローダウンは、－29.3R±１標準偏差の11.2R、最終的な平均利益が95.6R±１標準偏差の51.8Ｒということも分かっている。また、95%の確率でドローダウンの状態から資産額がピークを更新するためには、88トレード必要だということもすでに見た。ここまで調べれば、このシステムを使うかどうかは自分の気持ち次第ということになる。

この分析をトレードする可能性のあるタイプのマーケットすべてに対して行うことで、実際にトレードするマーケットのタイプは最初に考えていたよりも少なくなるかもしれない。

先に進む前にもう一度繰り返しておくが、シミュレーションで何が期待できるかを正確に知るためには、対象システムのある程度正確なＲ倍数分布を入力しておく必要がある。もしサンプルが正確でないと、シミュレーション結果も正確にはならない。

次は、システムが機能しているかどうかを判断する方法を見ていこう。

《キーアイデア》

- ▶ノウ・ユア・システムは、自分の戦略から何が期待できるかについて、多大な洞察を与えてくれる。
- ▶戦略を完全に理解したければ、期待できるプラス面とマイナス面両方の極端なケースを見る。
- ▶サンプルＲ倍率が、想定したマーケットを正しく反映したものでなければ、正確なシミュレーション結果は得られない。

《アクションステップ》

IITMのサイト（http://www.iitm.com/）からノウ・ユア・システムの無料サンプルレポートをダウンロードする。

戦略が機能しているかどうかの判別方法と定期点検

次のアクションステップが、すでに終わっているものとしよう。

1．マクロ経済の状況を確認し、戦略を変更するほどの変化はないと考えている。

2．自分の戦略に影響するような法律、規制、経済政策などの変更は最近行われていない。

3．戦略の仕組みも、どのタイプのマーケットで使うべきかも理解している。また、トレードすべきではないマーケットを除外するフィルターも持っている、または単にマーケットを見て判断できる力がある。

4．トレードの可能性があるマーケットについて、それぞれ最低でも50トレード分のＲ倍数を集めてある。

5．Ｒ倍数をIITMのシミュレーターなどにかけて徹底的に分析した結果、可能とされるマイナス面も許容範囲であると考えている。

上の条件がすべてそろっても、戦略の評価作業は続く。また、もしすべての条件がそろわなければ、別の戦略を探したほうがよいだろう。

ここでは、すべてがそろったものとすると、次はシステムが機能しているかどうかを判断する方法が必要になる。システムはいくつかの部分に分けることができ、そのなかにはサンプルＲ倍数が正確ではなかったという可能性も含まれる。もしかしたら、知らないところで非常に大きいR倍数の負けが出ていたかもしれないし、単に思ったほど正確ではなかったのかもしれない。あるいは、巨大利益が思ったほど出ていなかったということもあり得る。これは判断力と常識を必要とする作業であり、それゆえトレーディングや投資はアートの　種と言える。

先のような質問に答えるには、戦略を定期的に点検するのがもっともよいと思う。通常は、100トレードごとと、シミュレーターが20%未満の可能性としている事態が起こったときに点検するとよいだろう。後者は、長い連敗やドローダウンが思いのほか大きくなったときなどが含まれる。また、トレードが終わるたびに期待値を更新して記録しておくのもよいだろう（それまでのR倍数の合計と合わせてトレード回数で割る）。もしこの数値が低すぎるとき（20%未満の可能性）にも、定期点検を行ってみるとよい。

次の２つの状況も、定期点検のきっかけになる。ひとつは、システムのパフォーマンスが通常値から外れたときで、これに関してあるトレーダーの話を紹介しよう。彼のシステムは年間20～40%のリターンを上げ、天井から底までのドローダウンはその半分になるようデザインされていた[9]。通常なら15～20%のドローダウンが点検の条件になると考えられる。あるとき、このシステムが50%のリターンを上げた。これは想定していた利益よりも大きいため、このトレーダーはドローダウンも想定以上に大きくなるかもしれないと考え、パフォーマンスの変動が小さくなるようにポジションサイジングを行った。

定期点検を行うべき２つめのきっかけは、一定期間、または一定回数のトレードが経過したときになる。先に、100トレードごとと書いたが、それに加えて毎年、あるいは毎四半期など必要に応じて頻度を決めておく。

定期点検は、次のことを考えながら行ってほしい。

パフォーマンスは期待よりも悪い（あるいは良い）かと、どこか調整すべきところはないか。例えば、12連敗してそれが期待値の範囲を超えていれば、定期点検を行ってみるとよいだろう。

自分の戦略が、すでに消滅している何らかのマーケットの不均衡にかかわっていないか。最高の戦略と言われているもののいくつかは、不均衡から生まれるアービトラージのチャンスを利用している。例えば、顧客のひとりは米ドルと英ポンドの関係を利用して儲ける方法を開発した。これは、２つの通貨を簡単にトレードできるようになる前の話で、彼は砂糖をニューヨークではドル、ロンドンではポンドで取引していた。彼がトレードしていたのは砂糖だが、本当の関心は通貨の価値の違いだった。そして、この取引で１カ月に100万ドルの利益を上げ、だれかが砂糖を買おうとすれば、必ず儲かるほどの非常においしい取引だった。しかし当局がこの取引に気づき、ロンドンの砂糖の価格はドルでも表示されるようになった。経済のファンダメンタルは変わらなくても、彼の戦略の根本としていた部分が変わってしまったのである。このようなケースに備えて、自分の戦略が何か重要な関係を利用していないかを十分見極めておく必要がある。そして、その関係が突然変化したら、その戦略はやめて別の方法を探さなければならない。

前回の点検以来、マーケットの状況はどうなっているかを知るためには、マーケットが横ばいかそれとも変動していたのか、あるいは静かに上昇したのかなど、先に上げたタイプのどれに当てはまるのかを見る。次に、現在のマーケットの状況からどのようなパフォーマンスが期待できるのかを考える。もし使っている戦略のパフォーマンスが通常範囲内であればよいが、それを外れていれば、調整するか別の戦略に切り替えるべきだろう。

これらの質問について考え、満足のいく答えを出すことができれば定期点検は終了する。たいていのケースでは何もしなくて済むと思うが、何かおかしいと思ったら、そのときの状況にもっと合う別の戦略に切り替えることも考える必要がある。

《キーアイデア》

▶自分の戦略をよく知っておけば、自信をもって計画を遂行できる。自分の戦略がうまく機能するマクロ経済の状態を理解し、推奨した資料を読んで最新の状況を把握しておく。

▶深い理解が苦しい時期の精神的な支えになってパフォーマンスを客観的に評価することができるようになる。そのためにも、６つのマーケットタイプにおいて自分の戦略がどのようなパフォーマンスを上げるのかを知っておく必要がある。

▶それぞれのマーケットのタイプごとに最低50トレードのＲ倍数を集め、ノウ・ユア・システムにかける。そうすれば、どのようなパフォーマンスが期待でき、マイナスに陥ったとき耐えられるかどうかが分かる。

▶100トレードごと、（あるいはパフォーマンスを見ながら）定期点検を行い、別の戦略に変える必要があるかを考える。

▶定期点検では、もともとどのようなマーケットで運用を始め、そこではどのような結果が期待できたのかを思い返す。そして、現在の結果がそれに合っていれば、システムは壊れていないし、戦略を変える必要もない。

《アクションステップ》

▶経済状況が変わったとき、自分のシステムがどのようなパフォーマンスになるかを必ず理解しておく。
▶自分のシステムが、６つのマーケットタイプそれぞれで、どのようなパフォーマンスを上げるのかを知っておく。
▶１回目の定期点検のスケジュールを、今すぐ決める。

注

1．本章は、バン・タープがシステムトレーダーのコーチングを行ったときの経験をもとにして書かれている。
2．IITMの「アドバンスト・ピークパフォーマンス、202ワークショップ」というセミナーでは、マネーゲームなどのマーケットで起こり得る出来事についても学んでいく。また、バン・タープが発行してるニュースレターの『マーケットマスタリー』でも、何度かこのトピックについて取り上げている。詳しくは、電話919-852-3994、800-385-4486、または http://www.iitm.com/ から。
3．効率性の高い株の戦略は、このバイアスに頼ったものだという意見もあるが、実際にはこのバイアスを利用したもの。熱狂があれば利益は上がるが、株価が下がり始めればストップロスによって手仕舞えるようにしてある。ポートフォリオの１％以内にリスクを抑えていることと合わせて、この戦略は平均的な株の投資家の行動とはまったく別だと言える。
4．バン・K・タープ著『魔術師たちの心理学』(パンローリング)。
5．標準偏差は、平均値の周りのばらつきを測る手法で、データ全体の３分の２が±１標準偏差に含まれる。
6．普通のポートフォリオ(例えば、1回に行うのは10～20トレード)であれば、そのトレード同士の相関性も知っておく必要がある。ただ、これについては本書の範疇を超えているので省略する。

7．実際のリスクは、残りの資産額の１％（スタート時の資産額ではない）なので、破綻することはない。つまり、トレードごとに１％のリスク額は減っていくことになる。

8．正規分布では、データの３分の２が平均から±１標準偏差、95％が±２標準偏差に含まれるようになっている。平均と標準偏差を見ると、統計上の外れ値があればそれも判断できる（システムが壊れていることも多い）。

9．天井から底までのドローダウンは、資産額の天井（ピーク）から次の底までのことで、普通は割合（％）で表す。もし、月末の資産額が10万ドル、11万ドル、11万2000ドル、12万3000ドル、11万8000ドル、11万9000ドル、11万5000ドル、11万4000ドル、11万7000ドル、11万3000ドル、11万5000ドル、11万7000ドルと推移したら、リターンは１万7000ドル（17％）で天井から底までのドローダウンは12万3000ドルから11万3000ドル、あるいは8.1％だったことになる。資産額の天井は12万3000ドルで、そこから11万3000ドルまで下降したあと上昇に転じた。しかし、もし現在の水準である11万7000ドルから11万3000ドルよりもさらに下げれば、天井から底までのドローダウンを更新することになる。

PART V

将来に向けて

The Future

ここまでで、経済的自立に関するすべてのステップを見てきた。もし、まだ始めていないのであれば、その理由はただひとつ、あなた自身にある。自分自身を向上させていくことを怖がる人も多いが、われわれには間違いを繰り返さないための簡単で論理的な手法がある。すでにこの道を迷わず前進しているのであれば、このパートVはとばしてもかまわない。しかし、実際にはここをとばす人こそ、もっともこの内容を必要としている可能性が高い。

まず、第16章では成功のための最重要項目である責任感について述べる。ここでは自分の行動がいかにして結果につながっていくかを学ぶ。これをマスターしなければ、永遠に同じ間違いを繰り返すことになるということも理解してほしい。しかし、もし自分を変えることができれば、経験が前進し続けるための学習体験になっていく。

次に、将来を守る方法として、経済的自立を自分の子供や孫に教える方法を学んでいく。第17章では、ジャスティン・フォードが子供が喜んでできる貯蓄と投資のテクニックを紹介する。これをマスターすれば、大学を卒業してほどなく経済的自立を達成することも可能になる。

第18章は、今すぐ始めるための４つのステップを紹介する。今、前進を阻んでいる唯一の理由が自分自身だということは、先に述べた。ここでは、自己破壊の症状と経済的自立の達成を助けてくれる情報も紹介する。

第16章

間違いを修正する――すべてのカギ

Fixing Your Mistakes : The Key To It All

> **「お金を失くしたのはリンダのせいなのか？　それはまったく違う。彼女は株の先行きについて意図的に間違った情報を教えられただけで、簡単に言えばブローカーがウソをついたのだ」**
>
> ――マーティン・ワイズ

勝つ投資家にもっとも必要な資質は責任感で、これはすべての基本とも言える[1]。2000～2003年の期間に株式市場で相当額を失った人は、その理由を考えてみてほしい。２～３分考えてから、７つまでその理由を書き出してみよう。

書き出した理由を見ていく前に、この時期の典型的な投資家の行動を振り返ってみることにする。ノースカロライナ州ダーハムにあるハイテク企業のクレイ・リサーチで働くジョー・スミスは、幸運にも１株３ドルで会社の株式を取得できるストックオプションの権利を持っていた。彼はクレイ株が35ドルになったとき、オプションを行使して500株を買ったが、年末になってみると売却もしていないのに１万6000ドルの納税義務を負っていることが分かって驚いた。ただ、クレイ株が上昇し続けていることについては満足だった。

1997年に入ると、スミスは約10万ドルのIRA（個人退職年金口座）でも株を買い始めた。２年間で買ったのは、コンパック・コンピュータ、JDSユニフェーズ、エンロン、ワールドコム、eトーイ、シスコ・システムズといった銘柄で、今聞けば破綻するための処方箋のようだが、当時は素晴らしい選択だと思われていた。

1998年、スミスはマーケットの仕組みが完全に理解できたと感じていた。そこで、家を担保に15万ドルを借り、それをすべて株につぎ込んだ。スミスが買ったのはクアルコムで、ポートフォリオの価値は135万ドルになっていた。

1999年末になるころには、スミスは自分が天才だと思い始めていた。すでに一生に一度しかないような桁外れの利益を上げたが、それでも足りなかった。もし本書の趣旨が理解できていればこれだけのお金で簡単に経済的自立が手に入ったのに、そうはせずにさらなる儲けを望んだ。

スミスはベア相場に入っても資産をそのまま保有し続けた。ベア相場が始まったとき、資産を株で200万ドルにするというゴールが目前だったため、反転を期待して手放すことができなかったのである。そのうえ、税金のことを考えても、売る気にはとうていなれなかった。2000年5月末になるとさすがに間違ったかもしれないと思い始めたものの、3カ月もひどい目に遭ったのだからこれ以上下げるなどとは想像もできず、そのまま保有し続けた。底で売るのは嫌だったし、周りからは株で儲けるならバイ・アンド・ホールドしかないと言われ、彼自身もそう思っていた。それでもさすがにここまでくると、年初の水準まで戻したら一部は売ろうと考えるようになっていた。

筆者は、親しい友人だったスミスにトレーディングのコーチングをすることにした。まず言ったのは、売る気がなくても少なくとも手持ちの株の価値は知っておくべきだということで、次に質問もいくつかした。もし現在保有していなければ、同じ銘柄を今買うか。今買ったものとして、少なくとも25％のトレイリングストップを設定できるだろうか。25％下落してもリスク額が1銘柄当たりポートフォリオの2

%に抑えられるようポジションを調整できるか[2]。

2000年４月、スミスの保有していたクレイ株は、かつての194ドルから89ドルまで下がっていた。しかし、彼が心配していたのはオプションで生じた税金のことだけだった。

そして、2002年夏、スミスはｅトーイを１株当たり６セント（４日後だったら40セントで売れたが、その後破綻したことには変わらない）で売り、クアルコムの半分も手放した。エンロンは、同社が破綻したときに売って１株当たり約35セントを得た。しかし、残りのポートフォリオは手付かずのままで、価値だけが22万ドルに下がっていた。もちろん、家を担保に借りた15万ドルの負債は、そのまま残っている。

ここに至って、スミスは激怒していた。巨大損失の怒りをいくつかのスケープゴートにぶつけ、なかでも株を勧めた人たちのことは忘れなかった。さらに、エンロンの経営幹部に対する集団訴訟に加わり、彼らこそが自分の株の巨大損失の原因だと考えた。ところが、ワールドコムまで破綻リストに加わって、スミスは打ちのめされた。「なぜ、自分なのか」「なぜかだ分からないけれど、自分はマークされている。自分が買った株はただ破綻するだけでなくて、大ニュースになっている。どなっているんだろう」と驚くばかり。この時点では、ポートフォリオの価値が家を担保にした借金の額を下回っていた。

この損失はだれのせいかという問いに、スミスは犯人として次のリストを挙げた。

１．失敗銘柄を勧めた堕落したアナリスト
２．利益に高い税金をかけてくるIRS（内国歳入局）
３．投資に充てるために作った借金
４．バイ・アンド・ホールドを続けるようアドバイスした人たち
５．買った銘柄のいくつかを推奨したニュースレター
６．彼の売買に対して警告しなかったブローカー
７．株主をだます腐敗したCEOたち

のちに、スミスは８人目の犯人を思いついた。筆者だ。アドバイスに無理にでも従わせなかったかららしい。

読者のリストはどうだろう。スミスのと似ているだろうか。実は、理由そのものよりもこれを分類することのほうがはるかに価値がある。答えは３つに分類できるが、ほとんどの人はだれかや、何かほかの出来事のせいにする。スミスの理由も、３（借金をしたこと）を除いてすべてこれに当たる。もしすべての理由が他人のせいになったとしても、そういう人はたくさんいる。われわれは、スケープゴートに責任を押し付けるような癖がついてしまっている。しかし、実はもっと建設的な方法がある。

理由の分類の２つめは不確定項目で、スミスの３つめの理由がこれに当たる。３は間違い（投機のためにお金を借りたこと）を認めているのかもしれないが、お金自体が悪いと言っているようでもあり、はっきりしない。

スミスの理由のなかには３つめの分類、つまり個人的な責任（自分の間違いを認めること）は含まれていない。投資だけでなく、人生におけるあらゆることで成功するためには、このような自己分析が欠かせない。われわれはみんな人のせいにして裁判を起こし、自分に被害を与えた相手を罰するように教え込まれている。しかし、そんなことをしても学ぶことは何もない。人は、自分の間違いを認めたとき初めてそこから学び始めるのである。ただし、本書を読み終えれば、恐らくスミスの犯した間違いがすべて理解できようになっているだろう。

結局、スミスは株の経験から何も学ばず、自分が犯した間違いも理解しなかった。もしまた資金を手に入れれば、彼は同じ間違いを繰り返すだろう。しかし、もし本書を読めば、読者は自分の犯した間違いを理解し、本章が終わるころにはそれを直す方法まで分かっていると思う。

厳しい現実――人は望んだものを手に入れる

『マーケットの魔術師』（パンローリング）のなかで、エド・スィコータは、「人は望んだとおりのものをマーケットから得る」[3]と言っているが、この観測はスミスにもぴったりと当てはまる。彼が望んだものを見てみよう。

- ●自分がマーケットのエキスパートだと思いたかった。そして、しばらくの間はそれがかなった。
- ●税金の支払いを避けたかった。実際、最後の3年間は毎年キャピタルロスと相殺して、3000ドルの税控除を受けている。
- ●以前の水準まで戻ると信じている間、株を売りたくなかった。売らなければならない理由はなかったので、これもかなった。
- ●自分が正しいと思いたかったし、実際にそう思っていたので、これもかなった。スミスはずっと株価が戻ると考えていたし、まだ保有している分に関しては、今でもそう思っている。
- ●ほかの人の犠牲になったと思いたがっている。犠牲者であることは間違いない。

こうしてみると、スミスは巨額損失を被ったにもかかわらず、望みをすべて手に入れている。

自分で責任をとる――ゴールにもっとも近い方法

スミスに欠けていたのは責任感だった。成功するためには、自分の人生は自分で作り上げていくという信念が核となる。もし優れたトレーダーや投資家になりたいのであれば、起こったことはすべて自分で責任を持つつもりでいなければならない。もっとも、どの分野においても、極めようと思えば同じことがいえる。

筆者はこのことを、約20年前に『ア・コース・イン・ミラクルズ（A Course in Miracles）』（軌跡の学習）を学んでいたとき以来、ずっと意識している（『ア・コース・イン・ミラクルズ』は、現代人の生き方について書いた本で、精神世界、心理学、自己啓発に関心のある人に広く読まれている）。この本の一説を紹介しよう。

> **予想は知力を育てる。今、見ている世界は自分が自分に与えたものであり、それ以上でもそれ以下でもない。そして、それゆえに自分にとって大事なのである。世界は、今の精神状態の目撃者であり、内面の状況を映し出したものである。人は考えると同時に知覚する。だから、世界を変えようとせず、自分の世界に対する考えを変えるほうを選んでほしい。知覚は結果であって、原因ではない。**[4]

これを最初に読んだとき、この一説を理解する能力が筆者にはなかった。この文は、今見ている世界は自分が作ったもので、何が見えるにしてもそれは自分の内面から来たものだということを言っている。つまり、今ある現実は、すべて自分の責任なのである。

当時、筆者は自分の人生は自分が作ったものだとは思えなかったが、役に立つアイデアとしてとりあえず覚えておくことにした。そして、1982年のある日、この考えを試すときがきた。息子を車で幼稚園に送る途中、筆者のすぐ前の車が左折して、筆者の車と正面衝突したのである。こちらの車は完全に破壊され、息子は頭でフロントガラスを割ったが、幸いケガはなかった。筆者はハンドルに強打して顔にひどいケガを負った。筆者の車はそれから６日間、路肩に置き去りにされていたため駐車違反になり、そのあとレッカー移動された。常識的に見て、どう考えても相手に責任があり、筆者は犠牲者だった。

しかし、ア・コース・イン・ミラクルズの教えに従って、この事故が自分のせいで起こったと考えてみることにした。発想を転換してみると、さまざまな可能性が見えてきた。そのひとつは、実は自分の車を嫌っていたということだった。当時乗っていたのは、1975年型のビュイック・スカイホークで、走行距離は約10万マイルだった。この車はもともと軽量のロータリーエンジンを搭載するようデザインされたのだが、ビュイックが途中で大型のV6エンジンに変更したものだった。そのため、前部が大きなエンジン用には作られておらず、配置が常にずれていた。また、タイヤとブレーキは3000マイルごとに交換しなければならなかった。当時、わが家は南カルフォルニアに買った家のローンに追われていた。1セントだって余裕はなく、新しく車を買うなどとうてい無理な話であり、この車に乗り続けるしかなかった。しかし、1日もたたないうちに、どれほどこの車が嫌いだからかは考えないようになった。筆者は、車が壊れたほうがよかったという雰囲気を作っていたのだろうか。そのとおりだった。これに気づいたときは、かなりショックだった。

このような分析を行うことが、今では筆者の習性になっている。そして、自分が自分の世界を作っていることもはっきりと分かる。ときには自分の作った世界に不満を持つこともある。しかし、たいていは自分のなかの自分では気づいていない部分が作ったものを、好きになれなかったり、予想できなかったりしているのだろう。

ア・コース・イン・ミラクルズの教えが信じられるようになってきたころ、筆者の人生は変わり始めた。もっとも大きな変化は、自分で自分の人生を積極的かつ生産的に作ることができるようになったことだった。

責任感は自分を変えたい人にとってもっとも重要な特性で、そのことが信じられれば変わることができる。もし信じられなければ、これからもさまざまな出来事に襲われるだけで、変わることはできない。

「アバターコース」を設立したハリー・パーマーの有名な言葉を紹介しよう。「人は、自分が信じることを経験し、そのことを信じなければ経験しない。しかし、それも結局は経験したことになる[5]」（アバターコースは教育心理学者のパーマーが考案した自己探求セミナー）。

1992年に、筆者は２週間のプロのトレーダー向けセミナーを初めて開催した。当時、銀行はこのセミナーのスポンサーになって、卒業生にはトレーディング資金も提供してくれることになっていた[6]。筆者のスタッフが約250人のトレーダーを面接して、そのうちの25人を適正審査のワークショップに招いた。ここでの目的は、優れたトレーダーになるための資質があるかどうかを見極めることだったが、このなかには責任感があるかどうかも含まれていた。

適正審査の参加者のひとりは、四肢麻痺のトレーダーだった。彼はアメフトの事故で車椅子の生活を余儀なくされていた。筆者が、事故を自分の責任として考えたことがあるか言うと彼は激怒して、自分は犠牲者だ、自分が引き起こしたのではない、と反論した。

結局、彼は筆者のセミナーには入れなかったが、自分を変える旅を始めることはできた。ア・コース・イン・ミラクルズの365レッスンを始めると同時に、通信教育でピークパフォーマンス・コースを学び、筆者のワークショップで個人的なコンサルティングも受けた。そして、この過程であの事故が自分にも責任があったと考えるようになった。彼は、これによって自分の人生を完全に変えることになったし、彼自身もこれまででもっとも開放的な判断ができたと言っている。彼はもう犠牲者ではなく、自分で自分の人生を作っていけるようになった。このあと彼は自分で介助犬を手に入れ、日々の生活の手助けになるさまざまなトレーニングを行った。この犬は、今では冷蔵庫を開けてビールを取ってくることだってできる。

自分の間違いを率直に認める

筆者は、トレーダー心理について話をするとき、第14章で紹介したようなおはじきゲームをよく使う。10万ドルでスタートして30回おはじきを引き、その結果に応じて賭け分を失ったり、利益を得たりしながら最終的な勝敗を決める。先述のとおり、このゲームには１Ｒの敗者が７人、５Ｒの敗者がひとり、10Ｒの勝者が２人出ることになっている。つまり、勝てる確率はわずか20％しかなく、30回中かなり連敗が続くこともあり得る。

このゲームをトレーディングや期待値やポジションサイジングを理解していない人とプレーすると、面白い結果になることが多い。筆者はたいてい１回引いたら戻すというやり方で30回引いて勝負を決める。例えば、最終結果がプラス20Ｒであれば、毎回500ドルを賭けた人は１万ドル儲かるのである。ところがプラスの期待値にもかかわらず、クラスの３分の１は破産、次の３分の１も損失を抱え、残った３分の１が大金を得るという結果になることが多い。全員同じおはじきの結果を使っているのに、このような違いが出るのは非常に面白い。

次に、筆者はルールを少し変更して、参加者におはじきを引いてもらうことにする。そして、負けのおはじきを引いた参加者は勝ちが出るまで引き続けることにする。すると、必ず30回のうち負けが７～13回続き、そのなかに５Ｒが含まれているときもある。この方法だと、連敗は必ず参加者のだれかひとりと関連づけられる。ゲームが終わると、筆者は連敗を引いた参加者を指さして、「負けたのはこの人せいだと思う人は？」と聞くのだが、このときたくさんの手が上がる。この人たちは、自分が損をしたのはだれかが負けを引いたからだと思っていることになる（ゲーム中に観察していると、イライラしている人や短気になっている人、揚げ句は自分ならもっと良いおはじきを引けると思っている人などがいることがよく分かる）。

自分の損を他人のせいにした人に、間違いから学ぶチャンスはない。このゲームで、損が出たのは１回に（あるいは何回も）リスクをとりすぎたのが原因で、リスクの５倍負けるおはじきが入っている以上、一度でも持ち金の20％以上賭ければ破産のリスクをとったことになる。それを理解しないで、他人のせいにしている人は、この間違いをまた繰り返す。ただ、このような人は、人のせいにするのに忙しくて、自分の間違いに気づこうともしないことが多い。

同じことが、現在のマーケットシナリオにも言える。人のせいにしたり、自分が犠牲者だと思っている人には、必ず責める相手がいる。それは、エンロンやワールドコムだったり、株主よりも自分の利益を優先する企業幹部だったり、会社が売りたい銘柄を推奨するアナリストだったり、株の長期保有を勧める「エキスパート」だったり、自分のことばかり考えているブローカーだったりする。しかし、このようなことは常に起こっていることであって、かかわらないようにするという選択はだれにでもある。

2000～2003年にかけて損をした人たちは、恐らく次の８つの間違いのうち１つ以上を犯したのだと思う。本章の初めに書き出した間違いのなかで、このなかに該当するものが読者にはいくつあるだろうか。

1．自分の行動の指針となる計画や規則がなかった
2．自分の経済的自立の目標額が分からず、いくらためられるかばかりを考えていた
3．ポジションを作る前に手仕舞うポイントを決めていなかった（あるいはそれに従わなかった）
4．賢明なポジションサイジングをしていなかった（リスクをとりすぎた）
5．規則に従うという規律を守れなかった
6．トレーディングに関して感情的になった
7．外部の影響を受けて自分の計画から外れた、あるいは自分の計画

を十分信頼していなかった

8．もっとも大事なことだが、自分の行動に対する責任感を認識していなかった

このうち最低でも３つを自分の間違いリストに当てはめることができれば、将来マーケットで成功するための道をすでに歩き始めていると思ってよいだろう。もしひとつも該当しないと思ったのであれば、腰を据えて自己分析をする必要がある。ここで興味深い質問をひとつしよう。「このなかで、スミスに当てはまるけれど自分には当てはまらないものはあるか？　あるならば、なぜだろう？」

これについては、すべて本書のなかで説明してある。時間を割いてこのことを学べば、これまでの損失を学習体験に変えることができる。そして、学ぶことは成功を生み、経済的自立を約束する。

さあ、間違いを見直す方法を考えてみよう。そう難しくはないと思う。

間違いを正し、軌道に戻す

マーケットにエクスポージャーを抱えている人は、みんな１日の終わりに５分間、その日の結果について振り返ってほしい。まず、今日何か間違いを犯さなかったかを考えてみる。ここで間違いというのは、自分のルールに従わなかったことがないかということを意味している（もちろん、ルールがあることが大前提になる）。

もし何も間違いを犯していなければ、それで終了、よくできたと自分を褒めよう。しかし、もし間違いがあれば、修正の手順に入る必要がある。まず、自分が間違ったことを認める。これは自己責任と同じ意味を持つ。もし外部要因のせいにしているのであれば、間違いは直せない。それどころか、また繰り返す可能性が高い。

間違いを認めたら、次はどのような状況でそれを犯したのかを考え

る。例えば、株価がストップポイントを超えたのに手仕舞わなかったのであれば、それは自分のルールに従わなかったという間違いになる。自分のポジションを手放せなくするような行動を、改めなくてはならない。もしかしたら株価が戻るかもしれない、という考えが浮かんだのかもしれないし、ストップポイントをまたいでギャップができ、下がりすぎて手仕舞えないと思ったのかもしれない。そこで、どんな状況でも株価が下がったら電話を掛けて手仕舞うという一連の行動を、頭の中で繰り返して練習しなければならない。頭の中でこのようなリハーサルを行っておくと、無意識のうちにその行動がとれるようになるため、これは非常に有効な方法といえる。

間違いの多くは、ストレスにさらされたときに起こる。ストレスは、原始時代の人々が危険に対処するとき起こった画期的な反応で、この時代は危険に直面すると体力を高める必要からストレスにさらされている間はアドレナリンが体中に分泌された。このとき、血液は脳から主な筋肉に流れるため、エネルギーと体力は増す反面、情報処理能力はほとんどなくなる。結果として、ストレスにさらされているときは、未発達で考えのない行動に走ることになる。

しかし、頭の中で行うリハーサルをしておけば、この原始的なメカニズムを回避できる。十分練習を積めば自動的に反応できるようになり、考えなくても必要な行動がとれてしまうのである。

次の例を見ると、やり方が分かると思う。１日を振り返るのは、マーケットが閉まったあとがよいだろう。その日のトレードを見直して、間違いを犯していないかを考えるだけでよい。もし規則や計画が書面になっていれば、間違いはすぐ分かると思う。

仮に、今日は忙しくてトレードどころか株価もチェックしていなかったとする。しかし、それでも１日を見直して、間違いがなかったかを考えてほしい。その日の取引時間が終わったあとマーケットを見てみると、保有している銘柄のひとつが約40％下落していたとする。ストップロスは寄り付きからわずか10%下だったために、想定していた4倍の損失が出てしまった。つまり、何もしなくてもこのポジションを手仕舞わなかったことで間違いを犯していたことになる。これは、不作為の誤りではあるが、今日は自分を褒めることはできない。

ここで、この状態をもたらした外部の状況を考えてみる。これは簡単で、仕事が忙しくてマーケットを見る暇がなかったということだろう。

次のステップは、解決方法をひねり出すためのブレインストーミングをする。次のような可能性を挙げてみた。

1．ブローカーに毎日ストップオーダーを入れることにする。[7]ブローカーに勝手なことをさせたくないし、彼らが意図的に株価を下げて手に入れてから元の水準に戻すのを恐れて、これまでストップオーダーを使わなかったのかもしれない。しかし、ブローカーにストップを入れておくのは妥当な解決策のひとつで、旅行に行くときなどは特に有効だろう。

2．マーケットを見られないときは、その責任をほかの人に割り当てることもできる。例えば、配偶者、息子、親友など、時間の融通のつく相手を考えてみよう。口座を動かすことができるのだから、信用のおける相手を選ばなくてはならないことは言うまでもない。

3．もし、しばらくマーケットを見られないことが分かっていれば、前日に手仕舞ってしまうこともできる。ただ、予定よりも短期のトレーダーに突然転換することになるこの方法は受け入れにくいうえ、取引が増える分、利益に占める手数料の割合も大きくなる。

4．最低1時間に一度は無理にでもマーケットをチェックするようにすれば、危険な状態に陥っていても対処できる。ただ、どうしても時間がとれなかったり、単に忘れたりすることも十分あり得るため、現実的には限度がある。

5．救済ポイントまで下がったら売るが、それまでマーケットに注文は出さないようにできるブローカーを探す。ブローカー会社のカスタマーサービス部門に電話をして、このような注文を受けてくれるか聞くとよい。恐らく、ブローカーのコンピューターのなかにストップロスの注文を入れておいて、実際にその価格になったとき初めてマーケットに注文を入れるという答えが返ってくるだろう。ただし、もし株価がその手放す水準に達すれば、注文は自動的にマーケットに流れ、成り行き注文として処理される。

最後の解決策の限界は、ストップに達して損失で終わる頻度が高いことにある。ブローカーがウソをついて実際には株価が下がる前に注文をマーケットに流す場合もあることを知っておくとよいだろう。また、株価が暴落しているときには、マーケットに注文が流れたあとどれだけ損失が広がるかも心配になる。しかし、それでもこの方法がもっとも適当だと思えば、しばらく試して結果を観察すればよい。

次のステップは、頭の中でリハーサルを行っておく。もし１日中仕事に気をとられていても、すぐにブローカーのサイトを開いてストップオーダーを入れられるようにすべてのステップを頭の中で練習しておく。

忙しくなることが分かったらすぐ、サインが出次第、ブローカーに損切りの注文を入れるリハーサルを頭の中で繰り返す。４～５回やってみれば、これが自然にできるようになるだろう。

これですべて終わった。手仕舞うべきポジションを抱え込まないための可能な方法は、出そろった。そして、その解決策の効果を見極めるため、ストップが５回執行されたときに損失が増えたかと、適切に執行されたか（例えば、20ドルで手仕舞いたかったのに18.5ドルで執行されている）を評価してほしい。

表16.1は、投資家がよく犯す間違いと可能な解決策を示してある。本書で参考になる章も合わせて記しておく。

表16.1　投資家のよくある間違いとその修正方法

間違い	解決策	参考資料
よくばりすぎる	経済的自立の計画を立て、トレーディングの期待値を知る	パートⅠと第13章
手仕舞うポイントがない	低リスク戦略を立てる	第13章
1トレード当たり2%超のリスクを出す	ポジションサイジング戦略を立てる	第14章
6カ月で15%以上の損失を出す	シミュレーションを行って、何が起こり得るかを知ったうえで、最悪ケースに合わせてポジションサイジングを行う	第14章、第15章
感情的になりすぎる	規律を守るテクニックを練習する	ピークパフォーマンス・セミナー
邪魔が入って計画に従えない	どのように邪魔が入ったのかを考える、避けるための行動を練習する	第16章
結果を、何か/だれかのせいにする	自分を制し、間違いを認識してから修正の手順に従う	第16章
恐くてトレードを執行できない	自信の持てる計画を立てる、規律のテクニックを練習する、自己破壊の可能性を考える	パートⅠ、Ⅳ、ピークパフォーマンス・セミナー
計画がうまくいかなくなる	計画を見直し、改善できないか考える。また、状況が変化していないかを調べる	第15章
人生何もかもうまくいかず、損失も膨らむ	損失の主な原因に注目し、トレードは中止する。自己分析を徹底的に行う	ピークパフォーマンス・セミナー
6カ月たっても経済的自立の目標額が減らない	自己分析を行って、どのくらい集中して取り組んだかを考える。経済的自立の計画を見直す、自己破壊の可能性がないか調べる	ピークパフォーマンス・セミナー

《キーアイデア》

▶人生で起こることは、自分が作り出したものであり、自分の人生は自分でコントロールできる。

▶嫌なことを生んだ責任が自分にあると考えると、自分が犯したかもしれない間違いが見えてくる。
▶間違いを他人や外部の出来事のせいにしていると、その間違いを繰り返す可能性が高い。
▶毎日その日の行動を振り返り、本章で紹介した手順に従って修正していけば、間違いを繰り返さないですむ。

《アクションステップ》

▶本章の最初にあるマーケットで損失を出した理由について、書き出す。
▶それらの理由の多くが、人の（または出来事）のせいなのか、それとも自分のせいなのかを考える。もし人のせいだと考えるのであれば、どうやってその状態に陥ったかを考えることで、人のせいではなかったことが分かる。
▶表16.1の投資家のよくある間違いのリストのなかで、いくつ自分に当てはまるものがあるかを考え、解決策に従って直す。
▶毎日見直しをすることを決意する。この方法は、投資だけでなく、どんな間違いでも修正することができる。

注

1．本章は、バン・タープがトレーダーや投資家に対してコーチングを行った経験から得た見解をもとに執筆した。
2．本当はエクスポージャーは１％にしてほしかったが、そのためには保有株の70％を売却しなければならなかったため、拒否された。それに支払い義務のある税金もまだ未納だった。

3．ジャック・シュワッガー著『マーケットの魔術師』（パンローリング）。

4．ファンデーション・フォー・インナー・ピース編『ア・コース・イン・ミラクルズ（A Course in Miracles）』415ページ。

5．ハリー・パーマー著『リサーフェシング：テクニックス・フォー・エクスプローリング・コンシャスネス（ReSurfacing : Techniques for Exploring Consciousness）』104ページ。

6．あとになって、銀行の支援は途絶えた。理由は、幹部のひとりの一言だった。「バン・タープとは何者か。彼がハーバードの卒業生を集められるかも分からないし、参加者がうちの銀行に受かる保障もない」

7．ストップオーダーは、指定した株価になったら成り行きで売るという注文で、ブローカーに対して出しておく。

第17章

将来を守る
――子供や孫を教育する

ジャスティン・フォード

Securing Your Future : Educating Your Kids And Grandkids

「しずくは岩を穿つ」
――中国の諺

人生における大切な部分なのに、なかなか子供に説明することがないことのひとつに、お金の話がある。これから紹介するのは、今日から毎日少しずつこれに時間を割くようにさせる方法で、これができれば大学を出てすぐ経済的自立を達成することも可能になる。

この実践プログラムは、今日から始めることで子供や孫が毎年財産を増やしていけるだけでなく、それぞれの夢をあきらめずに実行できる。資産があれば、彼らは将来、報酬ではなく自分の興味や価値観や才能に合った仕事を選ぶという贅沢を手にすることができるのである。

子供が社長になりたいかどうかは関係ない。もしビジネスにまったく興味がなくて、消防士、看護士、医者、先生、パイロット、福祉員にあこがれていたとしても、この習慣が身についていれば自分の家庭を持つころまでには相当額の資産が形成されていることになるだろう。

そのうえ、手助けはしたとしても、最終的には子供自身がこれをやり遂げるプログラムになっている。これは、子供のために信託基金を設けたり、裕福な生活を与えることではなく、小さいころからお金に関する良い習慣が自然に身につくためのトレーニングで、今のうちに、不断の努力を教えておけば人生の実質的な成功を手に入れるチャンスは劇的に増える。コントロール不能の消費者主義、押しつぶされそうな負債額などにかかわるストレスを避け、年をとるごとに資産が増えていくようにできるのである。

しっかりとした習慣をつける

たいていの大人に貸借対照表や損益計算書、キャッシュフロー、レバレッジ、自己資本利益率（ROE）などの話をすると目がうつろになっていく。ましてやこれが子供だと、すぐにあきられてしまう。実は、資産を作ることはこのような金融の概念を理解することではない。２～３の基本的な習慣を身につけ、長期間続けていくことなのである。MBA（経営学修士）を修得していても銀行の頭取になっても破産する人はいる。彼らは、さまざまなことを知っていても、それを実行していなかった。その日暮らしをしている会計士やブローカーもいるが、彼らの困難の原因は知識がないことではなく、一定の資産（負債ではない）を積み立てていく習慣が身についていないからだろう。

お金、それは人生でもっとも大切なものではないかもしれないが、必要な一部分ではある。そして、子供や孫にお金に関する良い習慣を身につけさせるため、小さいころから一貫して資産を増やすということを今から毎月、毎年続けさせていくことは、大いに彼らのためになる。これは単に知識としてではなく、実行することに重点をおいて教えてほしい。

そうすれば、彼らのお金に対する責任感、お金や投資に関する知識が、彼らの経験や複利で着実に増えていく資産とともに自然に増えていく。さらにこの過程では、ボーナスとして、規律、忍耐、洞察力など人生のさまざまな部分で役に立つ美徳も身についていく。

この過程から得られるのは、金銭的なことばかりではない。小さな努力を積み重ねていけばやり遂げられるという達成感を得ることで、自信を持って金融取引（最初の家や車を買うとき、報酬や手数料を交渉することや、一獲千金の誘いに乗らないなど）に臨めるようになる。

子供の将来の資産のために、今すぐ種まきを始めよう。まずは、次の簡単な質問から始めよう。

１カ月のおこづかいが4000ドルとか１万8000ドルに増えたらどう思う？

「もし１カ月のおこづかいが4000ドルとか１万8000ドルに増えたらどう思う？」と、子供たちに夕食のときにでも聞いてみてほしい。恐らく、驚き、興奮、冗談、疑いなどさまざまな反応が見られるだろう。

騒ぎが静まったら、これは真剣な話なのだと伝え、次のように言ってほしい。「毎月4000ドルを得られるようになる方法を、これから教えよう。でも、これはほんの手始めで、そこから何万ドルにでも増やしていくことができるんだ。今月からそのための手助けをしてあげるつもりだ。準備はいいかい？」

子供たちの興味を引くことができたら、仕組みを説明する。「これから君たちに２ドルずつあげる。これはプレゼントだ。このうちの１ドルは、キャンディでもおもちゃでも、好きなことに使っていいけれど、もう１ドルはずっと貯金し続けるんだ。どんなことがあっても最低30年はけっして使わないということだよ」

「おこづかいでも、誕生日プレゼントでも、道で拾ったお金でも、とにかく手に入れたお金はすべて半分貯金して、半分使うことにするんだ。お父さんも協力するけれど、もしこれを続ければ、２～３カ月で永遠の貯金が200～300ドルかそれ以上になっているはずだ。そこまでたまったら、一緒に金額を数えてからそのお金を君たちのために投資してあげよう。『投資する』というのは、そのお金で君のために会社の一部を買うということで、少ないけれど会社を持つことになるんだ」

もちろん、それぞれの子供に合わせて言葉は変えてよいが、この会話の趣旨は分かってもらえたと思う。そして次に、簡単だが効果的な貯蓄テクニックを教えると、資産を形成していく方法を理解させることができるだろう。このテクニックを筆者は2ボックスシステム（ツーボックスシステム）と呼んでいる。

良いお金の習慣を身につけるための脅威の2ボックスシステム

子供たちに、貯蓄と投資の概念を教えたら、それを現実と結び付けるために2つのことを行う。まず、2ドルを与えることで使う分と、貯蓄という初めての資産配分ができる。2つめは、そのお金を入れるための2つの箱を与える。これは紙の箱に絵を描かせたものでもよいし、小型金庫でも貯金箱でもよい。ひとつは使うためのお金（「一時貯金」）で、もうひとつは永久貯金になる。良いお金の習慣をつけるために必要なのは、この2つだけである。

子供たちが永久貯金の意味を本当に理解したかどうかを確認するため、次のような例を利用するとよいだろう。

「もし君たちが80ドルする新しいスケートボードを買いたくなったとしても、使えるのは一時的な貯金だけで、永久貯金のほうは絶対に手をつけてはいけないよ。一番簡単なのは、もうひとつ別にスケートボード用の箱を用意することだ。これは『スケートボード基金』と呼ぶことにしよう」

「例えば、おばあちゃんが20ドルくれたとしよう。10ドルを永久貯金に入れ、残りを使ったり一時貯金に入れる代わりに、スケートボード基金に入れるんだ」

「1カ月後にお休みがあって、100ドル手に入ったとする。50ドルは永久貯金に入れるとしてあとの50ドルは一時貯金に入れてもいいし、スケートボード基金に入れてもよい。10ドルでキャンディと漫画を買って、残りの40ドルをスケートボード基金に入れたってかまわないよ。おばあちゃんからもらった10ドルと合わせて、スケートボード基金は50ドルになったね」

「それから何週間かして、お誕生日に30ドルもらったとしよう。今度は15ドルを永久貯金に入れたあと、10ドルを映画とポップコーンに使い、5ドルをスケートボードに入れたとする。これでスケートボードの資金は55ドルになった」

「そのあと、レモネード売りと洗車と家事のアルバイトで、60ドルもらったとする。また、半分は永久貯金に入れ、5ドルでカードを買って、25ドルはスケートボード基金に入れる。これで80ドルになった。ただし、スケートボードのお金は貯まったけれど、あと5ドル消費税がかかる」

「それから、2～3カ月でおこづかいが20ドル貯まった。10ドルは永久貯金に入れ、5ドルでお菓子を買い、5ドルをスケートボード基金に入れる。これで基金は85ドルになって、スケートボードとその消費税分の金額になった」

「実は、スケートボードのお金をためている間に、永久貯金のほうも115ドル増えているよ。このお金は君たちが大きくなったときに、毎月たくさんのおこづかいをくれるようになるんだ。スケートボードを卒業してもずっとだよ」

スケートボード基金は、スペシャル貯金箱の一例で、ここに入れるのは自由に使うお金のなかからだけで、永久貯金には手をつけてはいけない。**表17.1**に、永久貯金と一時貯金とスケートボード基金に配分した金額をまとめてある。

表17.1　お金をためながら、スケートボードを買う方法

収入	収入源	永久貯金に入金	一時貯金から消費	スケートボード基金に入金	スケートボード基金残高	永久貯金残高
$20	おばあちゃん	$10	$0	$10	$10	$10
$100	休日	$50	$10	$40	$50	$60
$60	アルバイト	$30	$5	$25	$75	$90
$30	誕生日	$15	$10	$5	$80	$105
$20	こづかい	$10	$5	$5	$85	$115

なぜ半分がいいのか

もし、もらったお金の半分も貯金させるのは多すぎるという意見があれば、「前回、あなたがもらったお金の半分を好きなことに使ってよかったのはいつだったか？」と聞きたい。

ほとんどの人は、そんなことは一度もなかったと答えるだろう。住宅ローン、食費、衣服、医療費、所得税と固定資産税、光熱費、自動車ローン、病院と歯医者の請求書、教育費、健康保険に住宅所有者保険、ガソリン代、自動車修理代、住宅維持費、それに年金積み立てや教育資金の積み立てもある。もし使えるお金が収入の10％以上あれば、ラッキーと言ってよいだろう。

子供たちにこのような支払いはなく、彼らのお金は100％可処分所得になっている。家賃も生活費も支払わなくてよいうえ、おこづかいやアルバイトに税金がかかるわけでもない（贈与税は１万1000ドルまでは免税される）。また、仕事をしても年間4700ドルまでなら非課税（4700ドルの収入に対する税額は０ドル）になる。100％可処分所得がある今のうちに子供たちに貯蓄を教えないと、大人になってもすべてを使ってしまう、それどころか持っている以上使うという逆の教訓を与えかねない。

《口笛を吹きながら楽しく働く女性の話》

何年か前に、筆者が『シーズ・オブ・ウエルス（Seeds of Wealth）』の本を出版したとき、１日に大量の注文が来たことがあって郵便局に取りに来てもらった。

40歳代前半の女性の郵便配達員は、荷物をトラックの荷台に乗せながら、なかに何が入っているのかと聞いてきた。筆者は、目的と特徴を強調しつつ、いつもの口上を述べた。

「親が子供に貯蓄や投資や金融について教えるためのプログラムです。お金に関する良い習慣を教えるだけでなく、それを実践して成人したころにはどんな生活をしていたとしても50万ドル以上が彼らのためにお金を生み出しているようにさせるプログラムです」

その瞬間、配達の女性は「実は私も50万ドル持っています。私が小さいころに、父が似たようなことをしてくれたからです。お金をもらったら、それが５セントであっても、10セントであっても、25セントであっても、歯が抜けたときにもらうお金であっても、父は必ずその一部を貯金させ、それを投資したんです。父は、バフェットのようなタイプのバリュー投資家で、今では私の投資資産は25万ドル以上あるし、そのほかに25万ドル以上の価値がある自宅のローンも終わっています。今になって、父に非常に感謝しているんです！」と言った。

このエネルギーあふれる女性はデスクワークをするタイプではなく、外に出るのと人と触れ合うことが大好きなのだということだった。給与水準から考えれば最高の仕事ではなくても、父親が小さいころに貯蓄をスタートさせてくれたおかげで相当額がたまっており、仕事は自分が本当にやりたいことをやっていた。

実は、これは４年近く前のことだったが、最近またこの女性と話す機会があった。最初に彼女と話をしてからしばらくして女性の父親が亡くなったそうで、一度も高収入の仕事に就いたことはなかったのにかなりの金額を残してくれたということだった。彼女自身の投資もずっと順調で、レクリスの新車に乗って、純資産額も数百万ドルになっていた。それでも郵便局で働いているのは、仲の良い友人がたくさんいて仕事が好きだから、つまり彼女は口笛を吹きながら働いているのである。

「おねだり」の予防薬

これまでの経験から、2ボックスシステムは、子供たちにとって大きな犠牲にならないことが分かっている。反対に、この簡単なテクニックは、子供たちを甘やかしたり、心配な「おねだり病」にさせないうえに楽しみをむしろ大きくするのに役立っている。

例えば、わが家の末っ子は9歳になったばかりだが、5歳のときからお金をもらったらいくら永久たんす貯金に入れ、いくら一時貯金に入れるかがしっかりと分かっている。そして、1年に2回、永久貯金を一緒に数えてからそれを筆者が投資している。一時貯金のほうは、一部でも全部でも彼の好きなように使っているが、昨年だけでも彼の永久貯金には数百ドルが貯まっていた。つまり、彼は200～300ドルは使ったということにもなる。彼は、心から楽しそうに暮らしており、もしもらったお金を全部使っていいことにしても、これ以上幸せになるとは思えない。実際、もらったお金を全部使うなど想像だにできないほど、彼にはしっかりと貯蓄の習慣がついている。

同じことは、11歳の息子にも言える。作文コンテストで50ドルとペンをもらったときも、すぐにお金を2分して、2つの箱に入れた。おこづかいやアルバイト代も、同じようにしている。

一番上の息子は14歳でお小遣いはもうもらえないが、２週間ごとに庭仕事で得たお金の半分を永久貯金に入れ、残りを好きなことに使っている。クリスマスや誕生日にもらうお金も、初めてのアルバイトで得たお金も同じようにしている。

３人ともこのような行動は習慣になっている。お金に関しては、筆者の10年前よりも彼らのほうがずっと良い行動をとっていると思う。

6つのスーパー貯蓄率

50％の貯蓄率は、家族と一緒に住んで、自分で生活費を出す必要のない５歳以上の子供のためのものだということは言うまでもない。そこで、彼らが人生の節目を迎えるごとに、貯蓄率を変えていくことを勧めたい。筆者は、これを「シーズ・オブ・ウエルス」（財産の種）貯蓄率と呼んでいる。この名前には、貯蓄が子供たちに人生の金銭的成功を約束するという意味が込められている。

- **王様時代＝100％**　子供が幼稚園に入るまでは、自分でお金を使うには小さすぎるため、恐らくもらったお金は100％貯金することになるだろう。
- **好奇心あふれる時期＝50％**　５歳からは、半分を必ず貯金するようにする。
- **大学時代＝10％**　大学に入ったら、10％を貯金するように教える。この時期は、お金がかなりきついはずだが、かき集めたお金から少なくとも10％貯金することにしておけば、貯金できないという言い訳は絶対にあり得ないということを学ぶことができる。
- **仕事を始めて独身の間＝15％**　仕事についてひとり立ちしたら、そのときの収入の15％を貯金させる。この割合は、稼いだ分をすべて使ってしまうことの多い若者には高く思えるかもしれないが、小さいころからためる癖がついていれば、それほどの負担にはならない。

●新婚時代＝15％　結婚してすぐ15％ためるのはさほど大変ではない。むしろ１世帯に２つの収入源があるのだから、それまでよりも楽かもしれない。

●既婚で子供もいる＝10％　若いカップルが子育てをし始めると、お金は差し迫った問題になる。しかし、貯蓄に関するしっかりした姿勢が身についているので、以前の10％に簡単に戻ることができる。この時点で相当額の財産が築かれているはずで、それがこの時期の10％とともに毎年複利で増えていく。

種を育てる

子供たちが、将来の財産の種をまいたら、今度はそれが育つとどうなるのかを**表17.2**で見てみよう。

表のなかで、もしわずか10％のリターン（ブル相場、ベア相場を含めた20世紀全般の幅広いマーケットリターンとほぼ同じ水準）でしか運用できなくても、子供が36歳になるまでには貯蓄額が約50万ドルになっている。そして、そのときには、10％でも１年間に５万ドル、１カ月に換算すれば4167ドルが手に入る。これが、一番最初に約束した4000ドルのおこづかいになる！

もし、子供たちが本書で紹介した方法でさらに高いリターンの運用ができると気づけば、この金額にもっと早く達することができる。15％のリターンなら28歳で約35万ドルをためることができ、それ以降の15％のリターンは年間５万2500ドル、１カ月では4300ドル以上になる。そして、もし20％という高水準の運用を長期で実現できれば、子供の財産は23歳で27万4000ドルになり、そこから20％が得られれば１年間に５万4800ドル、１カ月に4500ドルになる。

なかなかすごいおこづかいではないか！

表17.2　子供から王様へ

				年複利累積額		
年齢	収入	貯蓄率	貯蓄額	10%	15%	20%
1	$730	100%	$730	$803	$840	$876
2	$730	100%	$730	$1,686	$1,805	$1,927
3	$730	100%	$730	$2,658	$2,915	$3,189
4	$730	100%	$730	$3,727	$4,192	$4,702
5	$730	50%	$365	$4,501	$5,240	$6,081
6	$730	50%	$365	$5,352	$6,446	$7,735
7	$730	50%	$365	$6,289	$7,833	$9,720
8	$730	50%	$365	$7,320	$9,428	$12,102
9	$730	50%	$365	$8,453	$11,262	$14,960
10	$730	50%	$365	$9,700	$13,371	$18,391
11	$730	50%	$365	$11,071	$15,796	$22,507
12	$730	50%	$365	$12,580	$18,585	$27,446
13	$1,300	50%	$650	$14,553	$22,120	$33,715
14	$1,300	50%	$650	$16,723	$26,186	$41,238
15	$5,200	50%	$2,600	$21,256	$33,104	$52,606
16	$5,200	50%	$2,600	$26,241	$41,059	$66,247
17	$5,200	50%	$2,600	$31,725	$50,208	$82,616
18	$7,800	10%	$780	$35,756	$58,636	$100,076
19	$7,800	10%	$780	$40,190	$68,329	$121,027
20	$7,800	10%	$780	$45,067	$79,475	$146,168
21	$7,800	10%	$780	$50,431	$92,294	$176,338
22	$50,838	15%	$7,626	$63,863	$114,907	$220,756
23	$50,838	15%	$7,626	$78,637	$140,913	$274,058
24	$50,838	15%	$7,626	$94,889	$170,819	$338,020
25	$59,510	15%	$8,926	$114,197	$206,707	$416,336
26	$59,510	15%	$8,926	$135,436	$247,979	$510,315
27	$59,510	15%	$8,926	$158,798	$295,441	$623,090
28	$59,510	15%	$8,926	$184,497	$350,023	$758,420
29	$59,510	15%	$8,926	$212,766	$412,792	$920,815
30	$71,620	15%	$10,743	$245,860	$487,065	$1,117,870
31	$71,620	10%	$7,162	$278,325	$568,361	$1,350,038
32	$71,620	10%	$7,162	$314,035	$661,852	$1,628,640
33	$71,620	10%	$7,162	$353,317	$769,366	$1,962,963
34	$71,620	10%	$7,162	$396,527	$893,007	$2,364,150
35	$87,480	10%	$8,748	$445,802	$1,037,018	$2,847,477
36	$87,480	10%	$8,748	$500,005	$1,202,631	$3,427,470
37	$87,480	10%	$8,748	$559,628	$1,393,085	$4,123,462
38	$87,480	10%	$8,748	$625,214	$1,612,108	$4,958,652
39	$87,480	10%	$8,748	$697,358	$1,863,985	$5,960,879
40	$89,900	10%	$8,990	$776,983	$2,153,921	$7,163,843

もちろん、この貯蓄から生まれるお金を使わないで、ためるだけの期間を少し長くすれば、「おこづかい」はさらに増える。例えば、本書の戦略を使って15％で運用し、30歳からお小遣いを受け取ることにすれば、48万7000ドル（30歳までにたまる額）の15％は１年間で７万3000ドル、１カ月で6000ドル以上になる。もし、これを20％で運用できれば、30歳までに110万ドルたまっておこづかいは１年間に22万3000ドル、１カ月に１万8000ドルにもなる。

いずれにしても、子供が20代か30代になって新しい家族を作る、もう一度勉強する、長編小説を書くなど、人生における新たなチャレンジをしたくなったとき、それを実行できる状況にあることになる。

表17.2の収入は、控えめに見積もってある。10代前半の収入は、プレゼント、おこづかい、家事のアルバイトの平均額である１日２ドルで計算してある。10代半ばは、芝刈りや近所の子守で１週間に25ドル、高校生になれば、放課後や週末にアルバイトをして１週間に100ドル稼ぐと想定している。そして、大学生になるとパートの仕事で週に150ドル程度稼ぐことができるとしてみた。

20年前、高校生や大学生のほとんどが稼いでいた金額を考えれば、これがかなり控えめな見積もりだということは分かると思う。将来の収入がもう少し増えると期待するのも、さほど無理なことではないだろう。

大人になってからの収入の見積もりは、直近の国税調査（アメリカ）による年齢層ごとの大卒の平均収入を使っている。2001年の数字は、次のようになっていた。

年齢	平均収入
18～24	$37,828
25～29	$44,281
30～34	$53,292

35～39	$65,093
40～44	$66,894

この表は、３％複利で10年間運用した数値に変えれば、これから、そして20年後に大学を卒業する人たちの収入の目安としても利用できる。

《キーアイデア》

- ▶子供に、小さいころからお金について教えておけば、彼らは大学を卒業するころ（あるいはそれより早く）経済的に自立できる。
- ▶カギとなる貯蓄率を参考にして、子供に２ボックスシステムで将来に向けたお金を分けて貯蓄するようにさせる。
- ▶６カ月ごとなど、期間を決めて永久貯金からお金を出し、本書で紹介した戦略のどれかで運用する。

結論

http://www.iitm.com/ をアクセスして、次のような内容の無料ｅブックを入手してほしい。

●子供に借金はしないよう教える
●子供のお金は、非課税口座に入れておく
●子供が大学を出たら、経済的に自立できるように子供のお金を投資する
●子供の大学の学費が簡単に支払えるようにしておく

筆者は、『シーズ・オブ・ウエルス』の著者として、親や祖父母たちに向けて、子供に一生財産を築いていく習慣をつけさせるための具体的なテクニックを教えている。ときどき、参加した親から「子供が法的に投資口座の支配権を持つ年齢になったとき、せっかくためたお金を浪費させないためにはどうしたらよいのか」という質問を受ける。

答えは、ここで紹介したプログラムを見てほしい。この目的は、子供たちに貯蓄をさせることだけでなく、お金に対して責任ある習慣をつけさせることにある。子供の資産は、子ども自身の規律によって作られている。彼らは、財産が簡単に作れるものではないことを知っているため、簡単に浪費しようとする可能性は低いと思う。

子供にお金の習慣をつけさせるプログラムについては、http://www.seedsofwealth.com/van にさらに詳しく載っている。これを読めば、子供のお金に対する責任感を育て、その過程で貯蓄していく方法を学ぶことができる。

《アクションステップ》

- ▶小さいときからお金や金融について、子供と話をする。
- ▶今日から２ボックスシステムを始める。
- ▶http://www.seedsofwealth.com/van からジャスティン・フォードの「シーズ・オブ・ウエルス」（300ページ）プログラムをアクセスする。
- ▶http://www.iitm.com/ から、将来を守るための情報が記された無料eブックを入手する。

第18章

今すぐ始めよう

Getting Started Now

「構想だけでは不十分で、それを思い切って行動に移さなければならない。階段は、見上げるだけではだめで、上らなくてはならない」

——バーツラフ・ハベル

経済的自立に関する、もっとも優れた考え方のひとつを学ぶ旅が終わった。もうすでに自立を達成したかもしれないし、あと6カ月という人もいるかもしれない。いずれにしても、そこに到達するための唯一の方法は、この旅を始めてみることしかない。自分が今何をすべきか考えてほしい。「なかなかよさそうだが、大変すぎる」「無理だ」「自分には無理だ」などと思うかもしれないが、これは可能なチャレンジで、多くの人がすでに達成している。もちろん、読者にもできる。ただし、今すぐ始めなければいけない。

「愚行という言葉の定義は、何度も同じことをしながら違う結果を求めること」だとベンジャミン・フランクリンは言っている。本書全体を通して強調してきたとおり、決めるのは自分自身なのである。もし経済的自立の水準を上げると決めたのなら、本章がこれからとるべきステップを案内してくれる。そして、もし自分のお金に関する経験を転換したければ、その意気込みをゴールの方向に向けるために、本章の最後で１時間以内にすべきことを紙に書いてほしい。

本書のために費やした時間に対して最大の効果を得るために、この最終章は本書の概念をまとめ、統合し、行動を促すと同時に、すぐ始めるための資料も紹介する。早速読んで、金融水準を高める旅の最初の一歩を踏み出そう。

ステップ1――経済的自立の計画を立てる

経済的自立に向けた旅は、最終的な目的をはっきりと思い描いてから始めほしい。本書のはじめにとパートⅠをもう一度読んで、経済的自立の概念をしっかりと理解したら目標額を算出し、それをゼロにするための計画を立てる。この旅は、パートⅠの課題をひとつひとつこなしていけば、スタートできるようになっている。そして、この過程を終えると、自分がスタートに立ったという実感と、これからの旅に必要な地図が手に入る。この道を一歩ずつ進んでいけば、経済的自立まで最速でたどり着ける。

《アクションステップ》

▶第１章で紹介した方法で、経済的自立の目標額を算出する。

▶第２章で学んだとおり、まず自分のために貯金をすることといつもの寄付をするという約束を書面にする。

▶第３章を読み返して、経費や負債を減らすための計画を書き出す。

▶保有している資産を、経費がかかるところから利益の出るところに移し変える計画を立てる（第４章参照）。

▶IITMの「インフィニット・ウエルス・ワークショップ」に参加

して、お金に対する考え方を改める。ここでは経済的自立を達成するための戦略だけでなく、税金に関する専門家のアドバイスやパッシブ収入を得るための方法など、ステップごとに説明していく。

▶IITMのインフィニット・ウェルス・セミナーを受講する。通信教育と、車でも聞けるオーディオ・プログラムがある。

ステップ2――今日のマーケットに影響を与える主な要因について学ぶ

今日のマーケットに影響を与える6つの主な要因を、もう一度おさらいしよう。

●われわれは現在、メジャーなベア相場に入っている（第5章参照）。

●インフレとデフレの攻防のなかで、現在どの位置にいるのかを知っておく必要がある（第9章参照）。世界は大きなデフレ圧力下にある。

●アメリカ政府はあらゆる犠牲を払ってでもデフレと戦うとしているため、インフレを招く可能性が高い（第9章参照）。

●ほかの通貨と比較した米ドルの状態を理解する（第10章参照）。本書執筆時点では、ドルは弱まっている。

●アメリカと世界の負債と金利状況を理解する（第10章参照）。

●不動産市場に不利に働く主な要因を知っておく。今日のマーケットの状況から今後どうなるかを考えてみよう（第11章参照）。

マーケットに影響を及ぼす要因が理解できたら、経済的自立を達成するための戦略のうち、今日のマーケットでもっともうまく機能するものがどれかを考える。まず、使えそうな戦略を少なくとも3つは選んで、それをさらに精査していく。少なくともメインの戦略2つと予備の１つは用意しておくとよいだろう。

パートⅡとパートⅢでは、たくさんの有効な戦略を見てきた。お勧めの戦略を再度挙げておく。

- ●年金基金には、ケン・ロングのミューチュアルファンドを１週間ごとに乗り換える戦略を使う。ファンドによって乗り換えのルールが異なるため、ここでは詳細は載せていない。最新レポートを http://www.iitm.com/ から入手してほしい。
- ●第７章のベア・ミューチュアルファンド戦略を採用する。
- ●赤信号モードのときは、割高になっている銘柄を空売りする。
- ●スティーブ・ジュガードの「トゥルーウエルス」や、D・R・バートン・ジュニアの「10ミニッツトレーダー」など、信頼のおけるニュースレターの推奨に従う。
- ●株式市場が黄信号、または青信号モードのときは、効率性の高い銘柄をトレードする。
- ●グレアム基準の0.6倍で取引されている極めて割安な株を探す。
- ●適格投資家の場合は、優秀なプロのヘッジファンドマネジャーを探す方法もある。
- ●インフレモードに入っていることをはっきりと確認したら、金、金関連株、不動産など、有価資産に投資する。
- ●デフレ圧力が優勢のときは、資産を現金（場合によっては金）にしておく。
- ●ドルが下降トレンドにあるときは、最大利回り戦略を使う。
- ●金利の上昇トレンドが続いているときは、ライデックス・ジュノー・ファンドに投資する。
- ●第12章でジョン・バーリーが推奨した不動産戦略（バイ・アンド・ホールド、クイックキャッシュ、キャッシュフロー）のなかのひとつ以上を使う。３つの戦略は、対象となる投資目的とマーケット環境によって使い分ける。

まず、マーケットの状況の分析結果に合わせて、このたくさんの戦略のなかから３～４つを選ぶ。そして、そのなかの２つがメインの戦略、１つが予備になる。もし選んだ戦略が他人との取引を含むのであれば、実行前に徹底的に調査する必要がある。

音階が分からなくては、ピアニストにはなれない。ドリブルやパスやシュートができなくて、プロのバスケットボール選手にはなれない。同様に、自分が使うかもしれない戦略に影響を及ぼす要因について知らなくては、経済的自立は実現できない。今日のマーケットに影響を及ぼすマクロ経済要因について常に最新情報を得ておくために、第15章で推奨した資料を購読しておくとよいだろう。

《アクションステップ》

▶マーケットに影響を及ぼす主なマクロ経済要因をすべて見直し、それがそれぞれの投資戦略にどのように作用するのかをしっかりと理解しておく。そして、そのためのワークシートを常に最新の状態にしておく。

▶本章で紹介した経済的自立の目標額を減らすための戦略のなかから、現在のマクロ経済環境下でうまく機能するものを、最低３つ選ぶ。

▶全体の動きと、それが自分の戦略にどのように作用するのかを常に把握しておく。

ステップ3――リスク管理を理解し導入する

自分が使いやすい戦略をいくつか選んだら、それについてのスペシャリストになってほしい。常に予備の戦略を念頭に置きつつも、現在もっとも機能している戦略に集中してほしい。

どの戦略においても、スペシャリストになるためにはパートⅣで紹介したリスク管理のテクニックを合わせて使えなければならない。第13章で紹介した6つの基本と、第14章で紹介したポジションサイジングを必ず理解しておいてほしい。

それが理解できると、次の値が算出できる。

●戦略ごとの最悪のケースで手仕舞うポイント（例えば、1Rの損失）。
●トレードごとの可能なリスク・リワード比率（例えば、R倍数）。
●戦略の期待値

もしすべてのR倍数が分かっていれば、第15章で紹介したIITMのノウ・ユア・システムでシミュレーションを行うことで、その戦略の期待値を知ることができる。自分にとって最高利益は十分か、あるいは最悪のケースに耐えられるのかを考えてみてほしい。

通常、利用したい戦略のR倍数分布を予想することが、リスク管理のカギとなる。これを知るためには、小さい規模で実行してみるか、過去のデータを使ったつもり売買でテストすればよい。いずれにしても、リスク・リワードの関係と期待値を完全に理解できるまでは、絶対に戦略を実行に移さないということが重要になる。

ひとつの戦略についてR倍数を最低50回分集めたら、ポジションサイジング戦略を立てることができる。目的を達成するために、ポジションサイジングがいかに重要かを理解してもらえただろうか。もし、ポジションサイズが大きすぎると、どんなに素晴らしい戦略があったとしても、大きな損失が出る可能性はある。それより、正しいポジションサイジングを行っておけば、短期間最悪シナリオに陥ったとしてもその戦略を継続することができるため、最終的には長期の期待値を得ることが可能になる。これは、特定の戦略を使って利益を上げるためのカギとなる。

リスク管理やポジションサイジングの効果的な導入方法についてアドバイスが欲しければ、http://www.iitm.com/ から次のバン・タープの資料を入手するとよい。

- 『魔術師たちの心理学』(パンローリング)
- 『ハウ・トゥ・デベロップ・ア・ウイニング・トレーディング・システム・トゥ・フィット・ユー（How to Develop a Winning Trading System to Fit You)』(カセットテープ)
- 『マネー・マネジメント・レポート（Money Management Report)』
- 『ポジション・サイジング――シークレット・オブ・ザ・マスタース・トレーディング・ゲーム（Position Sizing : Secrets of the Masters Trading Game)』

《アクションステップ》

- ▶パートⅡとパートⅢの投資戦略をしっかりと学び、どれが自分の目的と性格に合ったものかを考える。
- ▶２つ以上の戦略を使うときは、それぞれの導入計画を書面にする。また、戦略はひとつずつ十分な時間をかけて研究し、完全に理解するまで次には進まない。
- ▶選んだ戦略を熟知するための手助けになりそうな資料を探す。

▶自分の戦略を安全で利益の出るものにするために、もっとも適したリスク管理テクニックを導入する。

ステップ4――自分自身と次の世代のためにすべきこと

投資を行っていくなかで、投資のパフォーマンスを上げるために自分自身を向上させなければいけない時期がだれにでも必ず来る。そのときは自分を見つめ直し、投資生活のなかで犯してきた間違いを修正していく必要がある。

第16章には、この過程の軸となるステップのひとつで、自分の行動に責任を持つということを簡単に紹介している。これは、自分の責任を逃れるためにだれかのせいにしたり、自分が犠牲者だと思うのをやめたりすることで、見た目よりもはるかに難しい。しかし、自分自身と自分の投資に起こったことを、すべて自分の責任としてとらえるようにならなければ、それまでの間違いを直すことはできない。そして、それができた時点から、人生を自分自身で作り上げていくことができるようになる。

第17章では、ジャスティン・フォードが子供にお金について教えるための、具体的な計画を紹介している。これを使えば、子供たちが将来、高水準の金融知識と貯蓄を持った大人に育つ手助けができる。この章には、小さいころから貯蓄させるための素晴らしいアドバイスもたくさん載っている。

本書の範疇ではないが、自分自身を向上させることも勧めておきたい。多くの人が、経済的自立までの努力を途中で放棄してしまう。試しに、次のなかに該当する項目がないかを考えてみてほしい。

●本書を読み終わっても、経済的自立に近づくための計画がひとつも立てられない。自分には難しすぎると思う。

- ●経費を節約するどころか、買い物もやめられない。自分のライフスタイルを維持するために必要ないものまで、買ってしまう。
- ●計画を立て、うまくいきそうな計画をいくつか採用したが、うまく従えない。
- ●特定の感情がいつもコントロールできない。ほとんどの人は、そういう感情が起こるのは何かが起こったためだと考えるため、このことに気づかない。しかし、その何か（とそれに伴う感情）が何度も起こっているということは、マイナス感情を引き起こす永続的かつコントロール不能の問題を抱えたままにしているということで、これは自己破壊の一種とみなすことができる。
- ●同じ間違いを何度も繰り返す。
- ●さして興味のないことが、やめられない。
- ●感覚が鈍く、感情的になることはないと思っている。
- ●重要なことだと分かっていても、うまくトレードするための準備をしない。
- ●本書を読み終えたが、アクションステップを先延ばしにしている。
- ●経済的自立は達成したいが、そのための努力をしていない。
- ●人生があまり楽しくない。
- ●落ち込んでいる。
- ●テレビで見た悪いニュースが気になる。
- ●１日３時間以上、テレビを見る。
- ●不安感がある。自分の周りのすべてが崩壊するような気がするし、マーケットに影響を与える要因について読んだあとは、なおさらそう思うようになった。
- ●自分のなかで、葛藤がある。何をすべきかは分かっているのに、それを引き戻そうとする別の自分がいる。
- ●実行できそうな経済的自立の計画を立てたのに、６カ月たっても目標額が減っていない。
- 経済的自立を望んでいるのに、目標額を算出した翌日にその数字が思い出せない。
- 自分には価値がないと思う。
- 経済的自立が達成できさえすれば、自分がもっと好きになれると思う。
- 資産額の超えられない天井があって、どんなにがんばってもそれを突破できない。
- 完全主義なのに、ちゃんとできたことがない。
- いつも正しくないと気が済まない。
- 両親の一方、あるいは両方を嫌っている（自己破壊の主な症状）。

もしこのなかに当てはまる症状があれば、経済的自立を達成する前に克服すべき自己破壊という大きな問題がある。このようなケースで助けになる方法を、費用が安い順にいくつか紹介しておこう。

- 「ア・コース・イン・ミラクルズ」の365レッスンを実行してみる。この本は約20ドルで手に入るし、１日10分しかかからない。宗教的なニュアンスが強くてうんざりする人もいるかもしれないが、信仰する必要はまったくない。課題だけこなしていけば、90日で人生が大きく変わっていくことに驚くだろう。この本は、書店または http://www.iitem.com/ で入手できる。
- 「ピークパフォーマンス・コース・フォー・インベスターズ・アンド・トレーダーズ」（通信講座）を受講する。このセミナーは、自分をよりよく理解するためのもので、自己破壊に対処するための課題も含まれている。終了するまでには、１日２～３時間で数カ月間かかるが、真剣に取り組めば人生は劇的に変わる。詳細は http://www.iitm.com/ から。

●セラピストやコーチングの専門家に相談して、自己破壊の原因を突き止める。10～15時間で問題を解決できる人を探すとよい。しかし、それができなければ、もっと安い方法もある。
●「インターナショナル・インスティチュート・オブ・トレーディング・マスタリー・インク」も自己破壊に対処するためのワークショップをいくつか開催している。最高水準のパフォーマンスを上げるために自分に必要なツールを学ぶことができる。詳細はhttp://www.iitm.com/ から。
●ランドマーク、ライフスプリング（ノースカロライナ州にある老舗）、ザ・フォーラム、アバターなどの自己啓発ワークショップを試す。これらの大半が一時的な助けにはなるが、同じ効果を持続するのは難しい。しかし、役立つツールを知ることはできる。ただ、アバターだけは例外で、これは持続する。ちなみに、われわれはここに挙げたセミナーのどれとも利害関係はない。

《アクションステップ》

▶第16章を読み返して、すべての投資判断と結果に責任を持てるかを自問する。自分の人生を、自分自身で作っていく決心はついただろうか。
▶投資パフォーマンスを見直す時間を決める。頻度は投資内容によって変わるが、最低でも四半期に一度は行うことにする。この時間に間違いを修正するときは、起こった問題を自分が引き起こしたものとしてとらえ、自分の内面をどうすれば解決するのかを考える。このとき、推奨した資料の助けを借りるとよいだろう。
▶子供たちに、第17章で紹介した賢い金融知識の根本を教える。

子供に経済的自立を達成させるための詳しい情報は、ジャスティン・フォードの「シーズ・オブ・ウエルス」を参照してほしい。これは、http://seedsofwealth.com/van から入手できる。

これまで、経済的自立への旅の地図を紹介してきた。これを読んで学ぶだけでなく、ぜひともこれを実行に移してほしい。最後に、経済的自立への道を今すぐ歩き出すため、次のようなチャレンジを用意した。

まず、今の時間を見てほしい。そして、これから１時間以内に次の３つを書き出すことにチャレンジしてほしい。

１．経済的自立を始める（あるいは続ける）ために、今日することを１つ書く。

２．本書パートⅠのすべての課題を終わらせる日を、具体的に決める。

３．われわれに最新の経過報告をするためのｅメールを出す日を具体的に決める。これには、6カ月以上、１年以内の日付を設定してほしい。

このチャレンジには、自分の計画を進めていくための責任感をつけることと、この過程を楽しむという２つの目的がある。

読者の方々の経済的自立への成功を願ってやまない。

本書に関して、質問や意見、あるいは共著者に関するさらなる情報、本書のなかで紹介した無料の補足資料やレポートなどは、下記から入手できる。

International Institute of Trading Mastery
519 Keisler Drive, Suite 204
Cary, NC 27511
電話　919-852-3994 または 800-852-4486
ファクス　919-852-3942
e メール　info@iitm.com
ウエブサイト　http://www.iitm.com/

■著者紹介

バン・K・タープ（Van K. Tharp）Ph.D.

ジャック・D・シュワッガーのベストセラー『マーケットの魔術師』（パンローリング）で取り上げられた魔術師の１人で、インターナショナル・インスティチュート・オブ・トレーディング・マスタリー（ＩＩＴＭ）主催者。世界的に名高い心理学者で、トレーダーや投資家向けのコーチングも行っている。著書に『魔術師たちの心理学』（パンローリング）、その他、月刊ニュースレターの『マーケット・マスタリー』や無料ｅメールの『タープスソート』、また、『魔術師たちの心理学』や本書の内容を中心としたセミナーをまとめたDVD・ビデオ『魔術師たちの心理学セミナー』（パンローリング）がある。

D・R・バートン・ジュニア（D. R. Barton. Jr.）PE、MBA

ディレクショナル・リサーチ・アンド・トレーディング（ヘッジファンド・グループ）のCOO（最高業務執行責任者）兼リスクマネジャー、およびIITMのチーフインストラクター。「10ミニッツトレーダー」（ニュースレター）の編集者、人気講師、投資家やトレーダー向けセミナーの開発者でもある。

スティーブ・ジュガード（Steve Sjuggerud）Ph.D.

教育プログラムのインベストメント・ユニバーシティ主催者。同プログラムには、25万人の卒業生がおり、発行しているニュースレターの「トゥルーウエルス」には4000人の購読者がいる。ポートフォリオマネジャー、ヘッジファンドマネジャー、株式リサーチディレクターの経験もある。

■監修者紹介

柳谷雅之（やなぎや・まさゆき）

電気通信大学電子情報学専攻博士課程前期卒。遺伝的アルゴリズムの研究に従事の後、1997年10月よりパンローリング株式会社のマーケットアナリストを務める。現在では自ら開発したトレーディングシステムにより、経済的自立を確立。伝説のトレーダー、ラリー・ウィリアムズ氏からも「ドクター・メカニカル」の称号を授かった世界レベルのトレーダーとなる。2004年春には日本システムトレーディング株式会社を設立し、運用ビジネスへの参入を着々と進める。著書に『株はチャートでわかる』、訳書には『ラリー・ウィリアムズの短期売買法』『トレーディングシステム徹底比較』などがある。

■訳者紹介

井田京子（いだ・きょうこ）

米国系銀行勤務とボランティア翻訳を経て、現在に至る。訳書に『ワイルダーのテクニカル分析入門』『間違いだらけの投資法選び』『投資苑２ Q&A』『トゥモローズゴールド』『最強のポイント・アンド・フィギュア分析』『ファンダメンタル的空売り入門』『ヘッジファンドの売買技術』（パンローリング）などがある。

2005年3月3日　初版第1刷発行

ウィザードブックシリーズ ㊻

魔術師《まじゅつし》たちの投資術《とうしじゅつ》

経済的自立を勝ち取るための安全な戦略

著　者　バン・K・タープ、D・R・バートン・ジュニア、スティーブ・ジュガード
監修者　柳谷雅之
訳　者　井田京子
発行者　後藤康徳
発行所　パンローリング株式会社
〒160-0023　東京都新宿区西新宿7-21-3-1001
TEL　03-5386-7391　FAX　03-5386-7393
http://www.panrolling.com/
E-mail　info@panrolling.com
編　集　エフ・ジー・アイ（Factory of Gnomic Three Monkeys Investment）合資会社
装　丁　新田“Linda”和子
組　版　a-pica
印刷・製本　大日本印刷株式会社

ISBN4-7759-7048-8　CK A/46.5